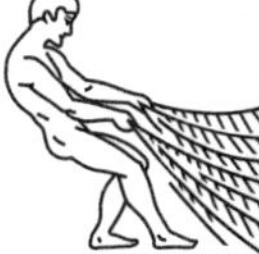

Maarten van Buuren

# EIN RAUM FÜR DIE SEELE

Leben und Werk von Jean-Michel Frank

Aus dem Niederländischen
von Mirjam Pressler

S. FISCHER

Dieses Buch wurde mit freundlicher Unterstützung der Dutch Foundation for Literature herausgegeben.

**N**ederlands
letterenfonds
dutch foundation
for literature

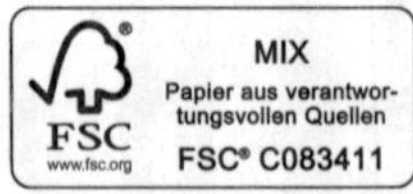


Erschienen bei S. FISCHER

Die niederländische Originalausgabe
erschien 2013 unter dem Titel »Een ruimte voor de ziel.
Opkomst en ondergang van Jean-Michel Frank (1895–1941)«
im Verlag Lemniscaat, Rotterdam


Satz: Dörlemann Satz, Lemförde
Druck und Bindung: CPI books GmbH, Leck
Printed in Germany
ISBN 978-3-10-002437-4

# INHALT

# VORWORT

Während eines Aufenthaltes in New York Anfang 1941 beendete Jean-Michel sein Leben. Er war gerade 46 Jahre alt geworden. Jean-Michel Frank war ein Cousin von Otto Frank, Anne Franks Vater. Die Schicksale der Pariser und der Frankfurter Zweige der Familie Frank zeigen auffällige Ähnlichkeiten in Bezug auf Verfolgung und Vernichtung.

Jean-Michel Frank befand sich in New York, um die Einrichtung des Appartements von Nelson Rockefeller im Rockefeller Centre zu vollenden. Es war die Krönung seines Status als bekanntester Innenarchitekt der damaligen Zeit.

Jean-Michel begann seine Karriere Anfang der zwanziger Jahre des vorigen Jahrhunderts in Paris. Die erste Wohnung, die er einrichtete, war die des Schriftstellers Pierre Drieu la Rochelle. Danach folgten Aufträge von Künstlern, Politikern und Industriellen. Innerhalb weniger Jahre festigte sich seine Reputation als exklusivster, elegantester und kompromisslosester Designer. Aufträge nahm er nur dann an, wenn man ihm freie Hand ließ.

Seine Inneneinrichtungen zeichnen sich durch weitgehende Schlichtheit aus, die von den Auftraggebern mit der Kahlheit einer Klosterzelle assoziiert wurde. Diese Kahlheit stand in umgekehrtem Verhältnis zum Preis. Nur die Allerreichsten konnten sich eine Inneneinrichtung von Jean-Michel Frank leisten.

Das Einrichten bestand hauptsächlich darin, dass Jean-Michel Frank die Appartements oder Häuser, die ihm anvertraut wurden, leerte. Er riss alle Zwischenwände, Verkleidungen, Schränke, Böden und Stuckarbeiten heraus, entfernte alle Möbel und sogar die vorhandenen elektrischen Leitungen. Anschließend ließ er auf den Wänden eine einfache Stuckschicht aus weißem Kalk anbringen. Den Boden ließ er nur intakt, wenn der ursprüngliche jahrhundertealte Parkettboden noch vorhanden war. Dieser Parkettboden wurde mit Sandstrahl bearbeitet. Anschließend brachte er Vertäfelungen an und stellte einige von ihm entworfene Möbel und Lampen auf. Die Wände ließ er kahl; er verbot ausdrücklich, auch nur ein Gemälde oder Porträt aufzuhängen. Die Kombination dieser sparsamen Elemente schuf eine traumhafte Atmosphäre.

Wandverkleidungen, Möbelstoffe, Vorhänge und Teppichböden ließ er entweder aus unvorstellbar prunkvollen Stoffen (Pergament, Taftseide oder Galuchat, dem Leder aus der Haut eines Sandhais) herstellen, oder sie waren von einer extremen Schlichtheit. Für Vasen, Lampen und Spiegelrahmen benutzte er am liebsten Gips. Die meisten Wände ließ er mit einem einfachen Material verputzen. Eine seiner aufsehenerregenden Neuerungen war, dass er Tische und Schränke mit Intarsien aus Stroh ausstattete; für manche Fauteuils oder Sofas benutzte er Stoffe, die normalerweise für die Herstellung von Staubtüchern benutzt wurden. Die Pariser Hautevolee maulte, dass sie ein Vermögen hinblättern musste, um sich von Frank »auf Stroh« setzen zu lassen.

Jean-Michel Frank war umgeben von Freunden, die er am Janson de Sailly, einem exquisiten Gymnasium im 16. Arrondissement, kennengelernt hatte, dem oben erwähnten Schriftsteller und späteren Vorreiter des Faschismus Pierre Drieu la Rochelle, dem Schriftsteller und Herausgeber Léon Pierre-Quint, dem surrealistischen Schriftsteller und Dichter René Crevel und dem Maler Christian Bérard. Später schlossen sich ihnen der Schriftsteller, Maler, Dramatiker und Universalgenie Jean Cocteau und die Komponisten Francis Poulenc und Georges Auric an – um den Kreis der intimen Freunde zu beschränken, die Jean-Michel Frank sein ganzes Leben lang treu geblieben sind.

Mitte der zwanziger Jahre kam er in Kontakt mit dem Ehepaar

Gräfin Marie Laure und Graf Charles de Noailles. Marie Laures Mädchenname war Bischoffsheim. Sie war die Tochter von Maurice Bischoffsheim, einem Bankier deutscher Abstammung. Maurice Bischoffsheim verstarb 1904 im Alter von achtundzwanzig Jahren. Er hinterließ der damals noch keine zwei Jahre alten Marie Laure ein unermessliches Vermögen.

Marie Laures Großmutter mütterlicherseits hieß Laure de Sade und war die Urenkelin von Marquis de Sade. Am Ende des 19. Jahrhunderts betrieb Laure Marie den exklusivsten aufsehenerregendsten Salon in Paris. Proust durfte sie ab und zu besuchen. Er verewigte Laure de Sade als eine der Protagonisten in seinem Roman *Auf der Suche nach der verlorenen Zeit* unter dem Namen Herzogin von Guermantes.

Marie Laure Bischoffsheim war im Besitz des Manuskriptes von *Die 120 Tage von Sodom*, dem äußerst anstößigen Roman, den Marquis de Sade 1785 während seiner Gefangenschaft in der Bastille geschrieben hatte. Sie verwahrte dieses Manuskript, sagte man, in einem ledernen, phallusförmigen Futteral. 1923 heiratete Marie Laure Charles de Noailles, Mitglied einer illustren und jahrhundertealten Adelsfamilie.

Das junge Ehepaar hatte sich zum Ziel gesetzt, einen Salon zu gründen, der den Salon von Marie Laures Großmutter noch übertrumpfen sollte. Dieses Ziel wollten sie erreichen, indem sie eine Gruppe ultramoderner – heute würde man sagen, zeitgenössischer – Künstler an sich banden. Diese Künstler – Poulenc, Satie, Auric, Cocteau, Dalí, Picasso, Mallet-Stevens – stellten im Auftrag des Grafenpaares Kunstwerke her, die einen radikalen Bruch mit der traditionellen Kunst bedeuteten.

Auch Jean-Michel Frank gehörte zu dieser Gruppe. 1925 erhielt er den Auftrag, das obere Stockwerk von Bischoffsheim, dem Haus der Noailles an der Place des États-Unis, neu einzurichten. Dieses Interieur wurde in nationalen und internationalen Kunstzeitschriften ausführlich besprochen. Für Jean-Michel Frank bedeutete es den internationalen Durchbruch.

1930 bekam Jean-Michel das Angebot, die künstlerische Leitung des Unternehmens Adolphe Chanaux zu übernehmen, eine Werkstätte für exklusive Möbel, er wurde Direktor und Geschäftspartner. Von diesem Tag an änderte sich der Stil seiner Entwürfe und seine Lebensweise. Er versammelte eine Gruppe von Künstlern um sich: Alberto und Diego Giacometti, Salvador Dalí, Paul Rodocanachi, Emilio Terry und Christian Bérard, die in seinem Auftrag Lampen, Vasen, Stühle, Tische, Wandschirme entwarfen. Er ließ diese Gegenstände, von denen bis dahin immer nur Unikate hergestellt wurden, in Serie produzieren. Die Lampen und Vasen von Alberto Giacometti und die Stühle und Tische von Paul Rodocanachi und Jean-Michel Frank wurden ein weltweiter Erfolg. Manche Modelle wurden auch noch lange nach dem Zweiten Weltkrieg produziert.

Das Leben Jean-Michel Franks änderte sich unter dem Einfluss seiner neuen Verantwortung als Direktor einer Werkstätte, in der anfänglich fünfunddreißig und später mindestens fünfzig Arbeitnehmer ihr tägliches Brot verdienten. Er wurde ernsthafter, verlor sich nicht länger in lebensgefährlichen Experimenten mit Drogen. Sein Leben bekam buchstäblich mehr Farbe, weil er unter dem Einfluss von Christian Bérard anfing, Entwürfe mit fröhlichen Farben für die Bezüge eines Sofas oder Taburetts, für den Stoffentwurf eines Vorhangs oder eines Teppichs zu benutzen. Die Inneneinrichtungen der zwanziger Jahre waren dagegen einfach und schlicht.

Im selben Jahr 1930 verursachte Marie Laure de Noailles einen Skandal wegen der Vorführung des Films *L'Âge d'or*, der in ihrem und ihres Mannes Auftrag von Luis Buñuel und Salvador Dalí gemacht worden war. Der Schluss des Films bestand aus einer bildhaften Umsetzung des Schlusses von *Die 120 Tage von Sodom*, dem pornographischen Roman von Marie Laures Ururgroßvater. Die Vorführung führte zu heftigen Protesten von rechtsextremen Gruppierungen. Sie beschimpften das rote jüdische Pack und bezeichneten Marie Laure als dessen wichtige Vertreterin.

Dieser Skandal markierte den Beginn des politischen Konflikts zwischen Links und Rechts, der Frankreich im Laufe der dreißiger Jahre in zunehmendem Maße spalten sollte. Als Folge des Skandals wurden Marie Laure und Charles de Noailles vom Adel verstoßen. Marie Laure fasste die Ächtung als Herausforderung auf und schloss sich den Linksextremen an. Sie fing an, die spanischen Kommunisten ostentativ zu unterstützen, unter anderem durch Waffenschmuggel. Das brachte ihr den Spitznamen ›Die rote Gräfin‹ ein. Charles de Noailles zog sich in sein Landhaus in Südfrankreich zurück und brach jeden Kontakt mit Marie Laure ab.

Marie Laure de Noailles und Jean-Michel Frank gehörten zu jenen, die in den dreißiger Jahren von den Rechten wegen ihrer jüdischen Identität und ihrer Verbindungen zu linksradikalen Künstlern, und von den Linken wegen ihrer Verbindungen zum Adel und den Superreichen geächtet wurden.

1935 eröffnete Jean-Michel Frank unter seinem eigenen Namen ein Geschäft in der eleganten Rue du Faubourg Saint-Honoré. Die Fotos, die es von diesem Geschäft noch gibt, bieten von außen Einblick in den Verkaufsraum, in dem die Deckenleuchten, Wandlampen, Stehlampen und Tischlampen von Giacometti ein weiches Licht auf Stühle, Tische, Lampen, Vasen und Wandschirme von Salvador Dalí, Jean-Michel Frank, Christian Bérard und Emilio Terry werfen. Jean-Michel Franks Name prangt in großen Buchstaben stolz über den strengen schwarzen Holzrahmen der Schaufenster.

Dieses Geschäft war das *front-office* für die Werkstatt in der Rue de Montauban, wo die Möbel hergestellt wurden, und für die vielen Wohnhäuser, in denen an der Inneneinrichtung gearbeitet wurde. Jean-Michel Frank stand ab 1935 allein an der Spitze eines umfangreichen Betriebes, der exklusive Möbel, Vasen und Lampen über Vertreter vor Ort in die ganze Welt exportierte.

Im April 1940 verließ Jean-Michel Paris, und nach der Invasion der deutschen Truppen am 10. Mai 1940 reiste er in den Süden. Durch Vermittlung des portugiesischen Konsuls in Bordeaux,

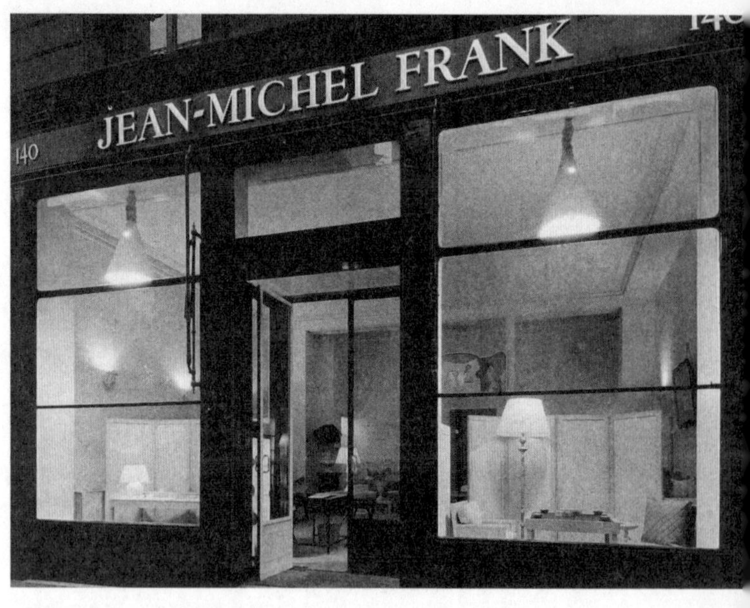


*Das Geschäft an der Rue du Faubourg Saint-Honoré 140.*

Aristides de Sousa Mendes, konnte er sich ein Visum für Portugal beschaffen. In Lissabon fand er ein Schiff, das ihn nach Buenos Aires brachte. Dort vollendete er einen großen Auftrag für den Nahrungsmittelmagnaten Jorge Born, einen unermesslich mächtigen und reichen Mann, der Ländereien in der Größe Belgiens besaß, dem Land, aus dem seine Vorfahren stammten.

In Argentinien erhielt Jean-Michel über Freunde und Mitarbeiter viele Aufträge. Im Dezember 1940 reiste er von Argentinien nach New York, um die Einrichtung des Appartements von Nelson Rockefeller zu vollenden. Auch in New York bekam er ständig neue Aufträge, und er wurde eingeladen, an der School of Fine and Applied Arts Vorlesungen zu halten.

Jean-Michel Franks Selbstmord Anfang März 1941 löste Bestürzung aus. War er denn nicht rechtzeitig dem nahenden Faschismus entkommen? War er denn nicht in Argentinien und den Vereinigten Staaten von unzähligen Bewunderern willkommen geheißen worden? Hatte er denn nicht alles erreicht, wovon er geträumt hatte?

Seine intimen Freunde waren weniger erstaunt. Marie Laure de Noailles meinte, dass die exklusiven Designs ihres Freundes Versuche waren, sein unheilbares *mal de vivre* zu verbergen. Jean Cocteau schrieb ein *In Memoriam*, in dem er sagte, Jean-Michel Frank »ist aus einem Zeitalter gesprungen, das er unbewohnbar fand«.

Warum war das Zeitalter für einen Designer, der es geschafft hatte, dem modernen Wohnen seinen Stempel aufzudrücken, so unbewohnbar geworden?

# LEBENDIG GEHÄUTET

Im Sommer 1932 reiste Jean-Michel Frank nach Amsterdam, kurz bevor Otto Frank dort eintraf, um sein Geschäft zu gründen und Vorbereitungen für die Ankunft seiner Frau Edith und seiner Töchter Margot und Anne zu treffen.

Am 9. August 1932 schickte Jean-Michel von Amsterdam aus eine Karte an Alberto Giacometti. Er habe Delft und Den Haag besucht, schrieb er, sei danach nach Amsterdam weitergereist und habe gerade vor, das Rijksmuseum zu besuchen, fürchte aber, wegen der Sommerhitze und seines »geschwächten touristischen Bewusstseins« einige Säle zu übersehen.

Jean-Michel schickte oft Karten und Briefe an seine Freunde, wenn er im Urlaub war. Ansichtskarten bieten allerdings wenig Raum für Herzensergüsse. Jean-Michel notierte auf dieser Karte an Alberto Giacometti einige Abmachungen, die er in Paris getroffen hatte (er erwähnte nebenbei einen Auftrag von Couturier Lucien Lelong) und beendete seinen Bericht mit der Zusicherung, dass er den Freund sofort nach seiner Rückkehr besuchen würde, vorausgesetzt, dieser befinde sich nicht selbst im Urlaub.

Die Abbildung auf dieser Karte ist allerdings außergewöhnlich. Normalerweise verwendete Jean-Michel Ansichtskarten wie jeder andere auch: die Ansicht des Hotels oder der Stadt, in der er sich gerade befand (»Grüße aus …«), oder die Aufnahme eines Boulevards mit Aussicht auf das Meer, wenn er die Sommermonate an der französischer Südküste oder an italienischen Stränden verbrachte. Die Ansichtskarte vom 9. August weicht von diesem üb-

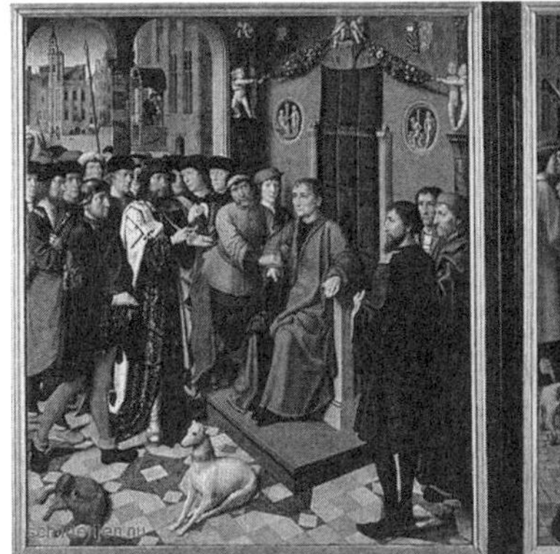

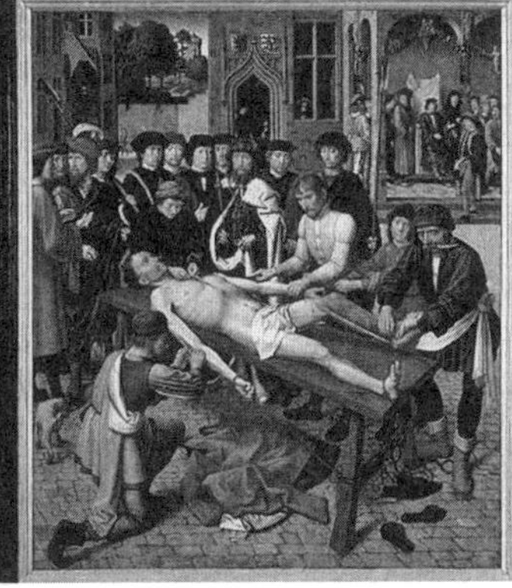

*Gerard David*, Das Urteil des Cambyses, *Diptychon von 1498.*

lichen Muster ab. Sie zeigt ein Gemälde aus dem 15. Jahrhundert, das laut Anmerkung am Rand im Stadtmuseum von Brügge hängt.

Es handelt sich um *Das Urteil des Cambyses*, ein Gemälde von Gerard David. Das Bild bezieht sich auf eine Geschichte von Herodot, in der erzählt wird, wie König Cambyses einen korrupten Richter zur Häutung bei lebendigem Leibe verurteilt. Gerard David stellt diese Geschichte so dar, als spiele sie im Brügge des späten Mittelalters. Das Gemälde ist Teil eines Diptychons. Auf der linken Tafel wird der noch sitzende Richter, erkennbar an seiner scharlachroten Richterrobe, von einem Brüsseler Schultheiß in Anwesenheit des Königs Cambyses, gekleidet in einen Hermelinmantel und mit Krone und Zepter, festgenommen.

Auf der rechten Tafel, die auf der Karte von Jean-Michel Frank abgebildet ist, liegt der verurteilte Richter ausgestreckt auf einem Tisch, nackt bis auf ein kleines Lendentuch, in einer Haltung, die den Henkern Raum lässt, das Urteil zu vollstrecken. Sie sind zu viert; drei von ihnen haben angefangen, die Haut des linken Beines und des linken und des rechten Arms fachgerecht abzuziehen. Der vierte Henker beugt sich vom Kopf des Tisches aus über den

Brustkorb, von dem er die Haut etwa zwanzig Zentimeter aufgeschnitten und die Ränder aufgeklappt hat wie die Seiten eines Buches. Man würde erwarten, dass der vierte Henker mit dem rechten Bein angefangen hätte, doch der Maler hat dieses symmetrische Vorgehen vermieden, um dem Betrachter den Blick auf die untere Hälfte des Körpers nicht zu verdecken.

Hinter dem Tisch mit dem verurteilten Richter, den vier Henkern und dem Assistenten, der mit einem Seil den linken Arm des Verurteilten strafft, damit Henker Nummer zwei seine Arbeit machen kann, ohne durch unerwartete Bewegungen des Opfers daran gehindert zu werden, steht König Cambyses, umringt von den Schöffen aus Brügge. Keiner von ihnen betrachtet die Vollstreckung des Urteils.

Der Blick des Königs schweift in die Ferne, einige Schöffen blicken zu Boden, andere schauen sich gegenseitig an, während sie noch mal bestätigen, wie unverzeihlich der Richter gehandelt hat, wie unerbittlich und streng, aber auch, wie gerecht die Strafe war, die der König ihm auferlegt hat. Auch die Henker schauen den Verurteilten nicht an, das heißt nicht dessen Gesicht; sie konzentrieren sich auf den rechteckigen Dezimeter Haut, an der sie arbeiten, und geben offensichtlich ihr Bestes, um die Haut unversehrt und in einem Stück von dem Unglücklichen abzuziehen. Sie schneiden auch nicht tiefer, als unbedingt notwendig ist: Es fließt kein Blut.

Das ist vielleicht erstaunlich für uns, die wir diese Hinrichtung betrachten, aber nicht für die Henker, die dem korrupten Richter fachgerecht die Haut abziehen, wie ein Jäger einem Kaninchen die Haut abziehen mag. Sie wissen, dass ein nicht zu tiefer langer Schnitt reicht, um die Hand zwischen Haut und Fleisch zu schieben und die Haut hochzuziehen, dann benötigt man kein Messer mehr, sondern zieht die Haut von Bein oder Arm ab wie einen Strumpf oder einen Ärmel. Der erste Henker hat auf diese Weise die Haut des linken Beins gelöst und ist nun dabei, die Haut vom Fuß zu lösen, während er sein Messer zwischen die Zähne geklemmt hat. Er hat gerade die Ferse freigelegt und wird, nachdem er um die Nägel herum einen kleinen Schnitt gemacht hat, um das Lösen zu vereinfachen, die Haut vorsichtig über die Zehen ziehen.

Der verurteilte Richter zeigt keinerlei Emotion, ebenso wenig wie die übrigen Anwesenden. Er ist blass, schaut mit zusammengebissenen Zähnen starr nach oben, die Lippen zu einer Grimasse verzerrt, die als Einzige etwas von dem unsagbaren Leid zeigt, das er erfährt.

Unter dem Tisch liegt die scharlachrote Amtsrobe, die der Richter ablegen musste; ein Teil des weißen Futters öffnet sich. Der Maler hat den Mantel absichtlich so drapiert, dass die Übereinstimmung zwischen dem Mantel unter dem Tisch und der abgezogenen Haut darüber erkennbar wird. Haut und Robe haben die gleiche Farbe, nur in umgekehrter Reihenfolge: weiß außen, rot innen. Der Maler wollte zweifellos die symbolische Bedeutung der abgelegten richterlichen Würde betonen, oder besser: die Tatsache, dass der Richter durch das Verspielen seiner richterlichen Würde auch sein Leben verspielt hat.

Im Hintergrund spielt sich eine Szene ab, die scheinbar nichts mit der Hinrichtung im Vordergrund zu tun hat. Eine Gruppe Männer, offensichtlich jene Schöffen, die auch im Vordergrund abgebildet sind, stehen um einen Sessel herum, der unter einen Baldachin gestellt wurde. Ein Mann in einem scharlachroten Mantel steht neben dem Sessel: Es handelt sich offenbar um den Nachfolger des Richters, der im Vordergrund getötet wird. Die Männer im Hintergrund scheinen die Szene im Vordergrund nicht bewusst wahrzunehmen. Es ist ein Zukunftsbild.

König Cambyses befahl, dass die abgezogene Haut des Richters über den Sessel des Richters gehängt werden solle, um den Nachfolger zu ermahnen, sich nicht ebenfalls der Korruption schuldig zu machen. Und in der Tat: Wenn man genau hinschaut, sieht man, dass die weiße Haut des korrupten Richters wie eine Hemdhose über die Rückenlehne des Richtersessels drapiert ist. Das ist der Grund, warum die Henker so aufmerksam ihre Arbeit verrichten: Die Haut soll in einem Stück gelöst werden, um zukünftigen Richtern als abschreckendes Beispiel zu dienen.

Gehen wir zur ersten Tafel des Diptychons zurück, zur Szene, in der der Richter vom Schultheiß festgenommen wird, dann sehen wir auch hier im Hintergrund eine Szene, die von der Szene im Vordergrund losgelöst ist, denn sie spielt sich nicht im selben Moment ab. Wir sehen einen Mann in der Türöffnung seines Hauses stehen. An der Farbe seines Mantels können wir sehen, dass es der Richter ist. Eine Person in einem dunklen Wams flüstert ihm etwas ins Ohr und steckt ihm etwas zu. Wir erwischen den Richter in dem Moment, in dem er Bestechungsgelder annimmt. Die Szene links im Hintergrund auf der ersten Tafel korrespondiert mit der Szene rechts im Hintergrund auf der zweiten Tafel. Die erste Hintergrundszene spielt sich in der Vergangenheit ab: Sie ist der Anlass zur Festnahme, die auf der ersten Tafel in den Vordergrund platziert wurde. Die zweite Hintergrundszene spielt sich in der Zukunft ab und leitet über zur Hinrichtung, die sich im Vordergrund der zweiten Tafel abspielt.

Gerard David hat die Geschichte des Herodot in vier Szenen zusammengefasst, die sich wie ein Comic von links nach rechts lesen lassen. So wie in einem Comic manche dramatischen Szenen speziell hervorgehoben werden, so hebt auch Gerard David die beiden mittleren Momente der Geschichte zu dramatischen Vordergrundszenen hervor und platziert die Annahme der Bestechungsgelder und das Aufhängen der abgezogenen Haut als Nebenszenen zu beiden Seiten der dramatisch vergrößerten Schlüsselszenen.

Warum wählte Jean-Michel Frank ausgerechnet diese Ansichtskarte? Ich nehme an, weil er sich im verurteilten Richter wiedererkannte. Nicht, dass Jean-Michel etwas Unzulässiges getan hätte, eine Ordnungswidrigkeit oder ein Verbrechen begangen hätte, das er in einer dunklen Ecke seines Gedächtnisses weggesteckt hätte, so wie die Bestechungsszene des Richters weggesteckt ist im Hintergrund der ersten Tafel. Wenn es nur so wäre, denn dann hätte er die Schuldgefühle, die ihn bedrückten, erklären können, während diese Schuld nun durch die einfache Tatsache verursacht zu sein schien, dass er existierte, so wie auch K., die Hauptperson in *Der Prozess* von Franz Kafka, schuldig ist an der Tatsache, dass er existiert. K.s verzweifelte Versuche, sich zu verteidigen, sind zum Misslingen verdammt. Am Ende von *Der Prozess* wird er von Männern in langen Mänteln festgenommen, so wie der korrupte Richter vom Schultheiß von Brügge festgenommen wird.

Jean-Michel Frank wurde von einer namenlosen Schuld ohne Vergehen niedergedrückt. Er muss sich im Richter wiedererkannt haben, der ohne Protest seine Hinrichtung aus demselben Grund erduldet, aus dem K. seinen Prozess und die Hinrichtung erduldet, nämlich weil er Jude war. Jean-Michel muss bemerkt haben, dass die Henker auf dem Gemälde von Gerard David ihre Arbeit mit derselben emotionslosen Fachkompetenz verrichten, wie sie im Alltag einem Hasen oder Kaninchen die Haut abziehen würden. Die Schöffen sind aus beruflichen Gründen anwesend und haben den gleichen ernsten Gesichtsausdruck und den gleichen, in die Ferne starrenden Blick, als würden sie eine Proklamation anhören, die von einem Herold verlesen wird, nachdem ein Trompeter jedermanns Aufmerksamkeit für eine wichtige Mitteilung des Königs erbeten hat. Der König selbst, wie an den Zeichen seiner Würde zu erkennen ist, Hermelinmantel, Krone und Zepter, setzt lediglich das Gesetz um, an das er genau wie alle anderen gebunden ist.

Jean-Michel muss in den Henkern, den Schöffen und dem König die emotionslosen Instrumente des Schicksals erkannt haben. Und ich nehme an, dass dieses Schicksal, diese Erbschuld des Jüdischseins, in beiden Fällen, bei Frank und bei Kafka, erschwert wurde durch ihre Familienumstände. Kafkas Minderwertigkeitskomplex, der ihm bei seiner Geburt als Jude mitgegeben worden war, wurde durch einen autoritären Vater noch verstärkt, dessen erdrückende Anwesenheit den Existenzraum eines Sohns verkleinerte, der auch ohne Vater schon größte Mühe gehabt hätte, einen Fuß auf den Boden zu bekommen.

Jean-Michel Frank hat nie das Trauma überwunden, dass seine beiden älteren, begabteren Brüder innerhalb von anderthalb Monaten im Ersten Weltkrieg umgekommen waren, während er selbst verschont blieb, weil er zu schwächlich war, um an die Front geschickt zu werden; dass sein Vater daraufhin Selbstmord beging und seine Mutter in einer Einrichtung landete. Diese Schuld, Überlebender zu sein, wurde der bestehenden Erbschuld des Jüdischseins hinzugefügt.

Es gibt eine frappierende äußere Ähnlichkeit zwischen Franz Kafka und Jean-Michel Frank: Beide haben die ausgezehrten Gesichter und die großen schwarzen Augen von Menschen mit einem schmerzvoll vergrößerten Bewusstsein, der unerträglichen Überempfindlichkeit des lebendig Gehäuteten.

# TEIL I *Vorgeschichte*

# 1
# COULISSIER IN PARIS

Jean-Michel Frank war der Spross einer Bankiersfamilie. Sein Großvater Zacharias hatte als Bankier im deutschen Landau, nicht weit von der französischen Grenze, Karriere gemacht. Sein Onkel Michael war von Landau nach Frankfurt gezogen, wo er das *Bankgeschäft Michael Frank* gegründet hatte, spezialisiert im internationalen Devisenhandel. Jean-Michels Vater Léon war 1879 nach Paris gezogen, wo er anfing, als Coulissier mit Auslandsaktien und Devisen an der Pariser Börse zu handeln.

Nun, nicht direkt an der Pariser Börse – besser gesagt, in den Kulissen der Pariser Börse, denn dort wurden die Auslandsaktien und Devisen gehandelt, die auf dem Börsenparkett, dem *parquet,* nicht gehandelt werden durften. *Kulisse* und *parquet* müssen hier wörtlich genommen werden. Den Coulissiers war es nicht erlaubt, direkt an der Börse des Palais Brogniart, dem majestätischen Börsengebäude an der Place de la Bourse, zu handeln. Sie mussten heimlich in den Kulissen ihren Handel treiben, das heißt in Cafés in der Nähe des Börsengebäudes oder abends, während eines Spaziergangs, der den Eindruck eines unschuldigen Abendspaziergangs erwecken sollte, denn die Coulissiers wurden von der Polizei beobachtet.

> Die Macht der Gewohnheit und die noch größere Macht der beiderseitigen Interessen brachten abends in der Nähe der Börse oft Kunden, Coulissiers und Spekulanten zusammen, die nicht länger die Köpfe zusammensteckten, wie es früher üblich gewesen

> war, sondern in kleinen Grüppchen auf den Boulevards und den überdachten Ladenpassagen spazieren gingen, die auch bei anderen Abendspaziergängern beliebt waren. Sie sprachen sich an, entfernten sich voneinander und kamen wieder zusammen, je nach Verlauf ihrer Transaktionen, die sie abwickelten, indem sie sich Zahlen ins Ohr flüsterten, sich diese einige Zeit merkten und erst danach in ihre Notizbücher schrieben. Dieses Vorgehen wurde eigentlich nur bemerkt, wenn sich im Parlament ein politischer Zwischenfall ereignete, der die Kurse beeinflusste, oder dies in den Abendzeitungen signalisiert wurde.

So heißt es in einem Bericht des Börsenkommissars an den Präfekten der Pariser Polizei am 3. August 1847.

1853 wurde den Coulissiers erlaubt, das Börsenareal zu betreten. Sie durften ihren Handel zwar nicht im Börsengebäude selbst treiben, denn das blieb für die Börsenmakler reserviert, doch man erlaubte ihnen, sich in den Säulengalerien aufzuhalten, die das Gebäude an allen Seiten umgaben. Hier versammelten sich die Coulissiers bei jedem Wetter, unterteilt in verschiedene Gruppen: In der einen Galerie wurden Termingeschäfte abgewickelt, in der anderen mit Auslandsaktien und Devisen gehandelt, und in einer weiteren fand der Zinshandel statt. Offiziell waren alle diese Handelsformen verboten, aber sie wurden geflissentlich übersehen, weil sie eine natürliche und notwendige Ergänzung zum offiziellen Börsenhandel darstellten.

Die offiziell erlaubten Transaktionen waren einer kleinen Anzahl akkreditierter Börsenmakler vorbehalten. Diese Makler, sechzig an der Zahl, waren in der *Compagnie des agents de change* vereinigt. Sie hatten das Monopol des Börsenparketts und wurden wegen dieses Vorrechts kurz *le parquet* genannt.

Die Börsenmakler mussten die französische Staatsbürgerschaft besitzen, wurden vom Minister ernannt und hatten den Status des *officier ministériel*. Der Umfang der von ihnen dominierten Finanzgeschäfte war enorm. 1880 wurden an der Börse Transaktionen im Wert vom Fünffachen des Bruttonationalprodukts abgeschlossen.

Der Kulissenhandel spielte sich im Schatten dieses Parketts ab. Offiziell war der Kulissenhandel nicht erlaubt, man übersah ihn einfach. Coulissiers waren hauptsächlich Ausländer, größtenteils Deutsche jüdischer Abstammung. Léon Frank schloss sich dieser Gruppe an, die sich in Beruf, Abstammung und Ethnie von den alteingesessenen Franzosen unterschied. Die Existenz als Coulissier spielte sich in berufsmäßiger, sozialer, legaler und räumlicher Hinsicht am Rande ab.

Doch in finanzieller Hinsicht war diese Existenz keineswegs marginal. Die Kulisse erlebte in der Zeit von 1871 bis 1913 eine beispiellose Blüte. Es war die Zeit, in der sich viele deutsch-jüdische Finanzfachleute in Paris ansiedelten, die Zeit, in der auch Léon Frank als Coulissier Karriere machte. Sein Erfolg beruhte auch auf der Verbindung mit der Bank seines Bruders Michael in Frankfurt, die mit englischen und amerikanischen Banken verbunden war, mit denen er Handel trieb.

Die Blüte der Kulisse hatte mehrere Ursachen. Frankreich musste nach dem Debakel des französisch-deutschen Krieges von 1870–1871 Deutschland hohe Reparationszahlungen leisten. Außerdem nahmen die Ausgaben des französischen Staates nach 1871 explosionsartig zu, verursacht durch alle möglichen großen staatlichen Projekte wie der Ausbreitung des staatlichen Eisenbahnnetzes. Der Staat musste in kurzer Zeit viel Geld einnehmen, und das war nur möglich mit Hilfe der Coulissiers, denn nur diese beschäftigten sich mit finanziellen Transaktionen (Terminhandel, Devisenhandel, Sparanlagen), die offiziell verboten waren, die aber die großen Mengen flüssigen Geldes generierten, die für die Staatstransaktionen notwendig waren.

Durch die Zunahme des Terminhandels und des Handels mit Auslandsaktien und Devisen entwickelte sich Paris am Ende des 19. Jahrhunderts zum größten Finanzzentrum der Welt nach London. Der Handel mit Auslandsaktien und Devisen stieg von zehn

Milliarden Francs im Jahr 1870 bis auf dreiundvierzig Milliarden im Jahr 1913.

Im Kampf zwischen Parkett und Kulisse geriet das Parkett immer mehr in Bedrängnis. Das *Règlement d'administration publique* von 1890, dem sowohl Parkett wie auch Kulisse unterworfen wurden, schien das Parkett auf den ersten Blick durch ein strengeres Regelwerk zu bevorteilen. Doch in der Praxis stieg der Umfang des Kulissenhandels auf Kosten des Parketts sprunghaft an. Das *Règlement* von 1890 unterwarf die Transaktionen der Kulisse zwar strengen Regeln, aber es bedeutete auch, dass die Kulissentransaktionen, die bis dahin illegal waren, nun legalisiert wurden. Andererseits blieb die Bestimmung in Kraft, dass Kulissentransaktionen auf dem Börsenparkett nicht erlaubt waren, was wiederum bedeutete, dass Börsenmakler sich nicht mit dem lukrativen Kulissenhandel beschäftigen durften.

In ihrem Zorn über das, was sie als Vorzugsbehandlung und unfaire Konkurrenz betrachteten, entfachten die Börsenmakler eine Pressekampagne gegen die unliebsame Konkurrenz. Sie wiesen auf die ausländische Herkunft der Coulissiers und ihrer Auftraggeber hin und beschuldigten sie, den französischen Nationalinteressen Schaden zuzufügen.

Die Coulissiers verteidigten sich dem französischen Staat gegenüber mit dem Argument, dass Paris *dank* ihrer internationalen Finanztransaktionen der zweitwichtigste Finanzmarkt der Welt geworden war, und dass der französische Zinssatz *dank* dieser starken internationalen Position seit 1870 auf einem stabilen und günstigen Niveau geblieben war.

Die Coulissiers bekamen recht. Mit dem Finanzgesetz von 1893 wurde die Position der Coulissiers noch weiter gestärkt. In den Jahren 1893 bis 1898 ging ein Anteil von mehr als sechzig Prozent der nationalen Finanztransaktionen auf Rechnung der Kulisse; auf die offizielle Pariser Börse, das Parkett, entfielen nicht mehr als fünfunddreißig Prozent. In diesen Jahren muss Léon Frank das Vermögen angesammelt haben, das es ihm ermöglichte, sich zu Beginn des 20. Jahrhunderts aus seinem Kulissengeschäft zurückzuziehen und von seinem Kapital zu leben.

1898 endeten die fetten Jahre der Kulisse. Anlass war die Aktienkrise in den südafrikanischen Goldminen im Jahr 1895. Die Kulisse hatte unter dieser Krise ernsthaft zu leiden, denn ganz besonders der Handel in Goldminenaktien war eine der risikoreichsten Auslandsanlagen, die eine Spezialität der Kulisse waren. Das Parkett blieb unbeteiligt, weil es nicht mit diesen Anleihen handeln durfte. Die Börsenmakler benutzten die Krise, um eine neue Kampagne zu starten, mit dem Ziel, das Gesetz von 1893 wieder abzuschaffen. Sie entfesselten einen Sturm des Fremdenhasses und des Antisemitismus.

Das war kein neues Phänomen. Im Laufe der Zeit hatte das Parkett öfters mit denselben Argumenten Angriffe auf die Kulisse unternommen. Die Coulissiers wurden beschuldigt, das sauer verdiente Ersparte des französischen kleinen Mannes heimlich ins Ausland zu schleusen. Am 23. Februar 1892 beschuldigte Finanzminister Pierre Emmanuel Tirard die Coulissiers in einer Rede vor der Volksvertretung mit folgenden Worten:

> Nein, der Reichtum eines Landes entsteht nicht als Folge von Spekulationen, sondern durch die Arbeit seiner Einwohner: vom Intellektuellen, der diesen Reichtum durch seinen Geist und seine Erfindungen vermehrt, bis hin zum niedrigsten Arbeiter, der es durch die Arbeit seiner Hände tut.
>
> Mir wird gesagt, dass Frankreich seinen Reichtum, um den es beneidet wird, den mehr oder weniger glücklichen Spekulationen, der Unterstützung, die gewisse Vermittler den Staatsanleihen gegeben haben, oder dem Erfolg bestimmter Finanztransaktionen zu verdanken hat. Meine Antwort ist: nein! Diese Situation ist vor allem der französischen Arbeitskraft zu verdanken, seiner ehrlichen, hart arbeitenden, sparsamen, einfachen Bevölkerung, deren stille Tugenden sich in eine fortwährende Neigung zum Sparen umsetzen, ein Spargeld, das dem Vaterland immer zur Verfügung steht.

Im selben Chambre des Députés rief der Abgeordnete Antoine Jourde 1894 zu Folgendem auf:

> Mitglieder der Volksvertretung! Sie würden nie einem ausländischen Offizier den Zugang zu einer unserer Festungen oder einem unserer Waffenlager erlauben. Warum erlauben Sie denn, dass ausländische Spekulanten in die Festung eindringen, die Pariser Börse heißt?

Die Kampagne von 1898 hatte mehr Erfolg als die vorangegangenen Kampagnen. Das Finanzgesetz von 1893 wurde zurückgenommen, und die Folge war, dass das Parkett den Anteil des Finanzmarktes zurückgewann, der in den Jahren davor verlorengegangen war. Während der Jahre 1898 bis 1907 eroberte das Parkett sechzig Prozent des Finanzmarktes zurück, genau den Prozentsatz, den es vorher besessen hatte. In diesem Zeitraum sank der Umfang des Kulissenhandels auf fünfunddreißig Prozent.

Diese fünfunddreißig Prozent standen aber immer noch für ein enormes finanzielles Volumen. Die Kontroverse zwischen den beiden Parteien hielt an und wurde mit den gleichen Maßnahmen und Argumenten ausgefochten, die in den vorangegangenen Jahren zu einem Stereotyp geworden waren: Das Parkett brüstete sich damit, die Interessen der französischen Sparer und die Nationalinteressen Frankreichs gegen die Angriffe von deutsch-jüdischen Spekulanten zu verteidigen.

In den Jahrzehnten um die Jahrhundertwende wurde seitens der Börsenmakler das Gerücht geschürt, dass die Kulisse aus Ausländern bestand, in der Mehrheit deutschen Juden, die sich zu einem Komplott zusammengetan hatten, um die französische Wirtschaft zu unterminieren und den französischen Staat zu destabilisieren. Wie wir oben gesehen haben, war das Gegenteil der Fall. Gerade die Kulisse war es, die dafür gesorgt hatte, dass Paris sich zu einem der wichtigsten Finanzzentren der Welt entwickelt hatte. Diese Position hatte ihrerseits für Stabilität im französischen Finanzsystem gesorgt, nachdem dieses wegen des französisch-deut-

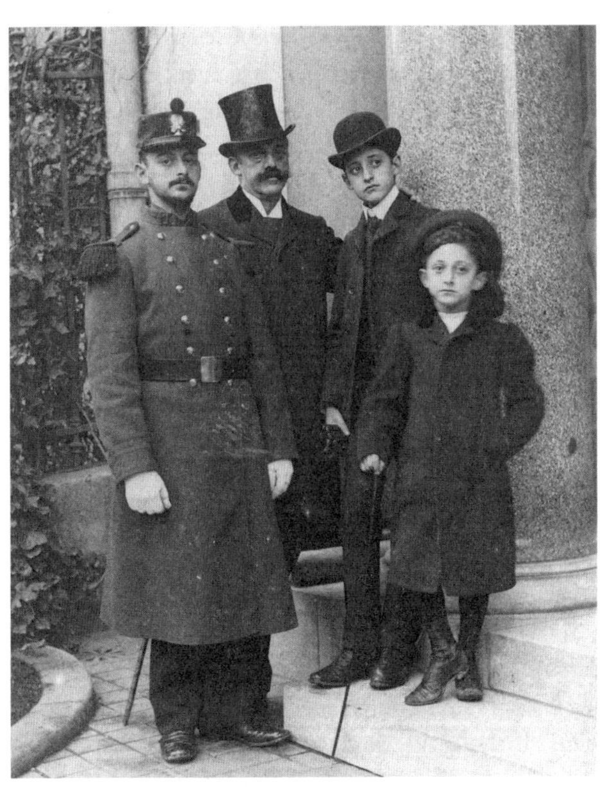

*Léon Frank, umgeben von seinen drei Söhnen: Oscar (links), Georges-Ottmar und Jean-Michel (rechts), etwa 1903. Léon Frank trägt einen dunklen Mantel und einen hohen Seidenhut, Oscar die Uniformmütze eines Unteroffiziers mit einer Kokarde in der französischen Trikolore. Die Hand des Vaters Léon liegt auf der Schulter von Georges-Ottmar, der trotz seines jugendlichen Alters – er kann nicht älter als etwa sechzehn sein – einen dunklen Anzug und eine Melone trägt. Jean-Michel reicht seinem Bruder kaum bis zur Schulter, gegen Oscar wirkt er sehr klein. Wüsste man es nicht besser, könnte man meinen, er wäre ein Mädchen. Das liegt, abgesehen von seiner zarten Gestalt, an dem feingezeichneten Gesicht und den vollen, dunkel gelockten Haaren, die durch einen Hut mit breitem Rand, der einen eigenartigen Kontrast zu den männlich würdevollen Hüten seiner Brüder und seines Vaters bildet, betont werden.*
*Foto Anne Frank Stichting Amsterdam/AFF Basel.*

schen Krieges von 1870 ernsthaft aus dem Gleichgewicht geraten war. Der ehemalige Minister Léon Say versuchte, die Gemüter zu beruhigen, indem er erklärte, dass der Erfolg der französischen Staatsanleihen und die Finanzierung der *grands travaux* in hohem Maße den ausländischen Banken und ausländischen Börsenmaklern zu verdanken waren, insbesondere den deutsch-jüdischen Kulissenhändlern. Aber es half nichts. Am Ende des 19. Jahrhunderts wurden diese vernünftigen Erwägungen durch eine Kombination von Verdächtigungen, Ausländerhass und Antisemitismus überschwemmt und weggewischt.

Der noch fehlende Funke war der aufsehenerregende Prozess gegen Alfred Dreyfus, den französisch-jüdischen Offizier, der Ende 1894 fälschlich der Spionage für Deutschland beschuldigt und zur Verbannung auf die Teufelsinsel verurteilt wurde. Der Prozess gegen Dreyfus hatte zur Folge, dass der latent vorhandene Judenhass sich öffentlich in den Kreisen manifestierte, die am meisten davon profitierten, das heißt in der Finanzwelt.

Devisenhändler, ausländischer Abstammung und Jude. Man füge dieser Dreierreihe das Element Deutsch hinzu, und schon entsteht eine Mischung, gegen die in den Jahren vor dem Ersten Weltkrieg kein Kraut gewachsen war. Léon Frank entsprach allen vier Kriterien. Das Schicksal wandte sich gegen ihn und traf ihn und seine Familie mit verheerender Kraft.

# 2
# EINBÜRGERUNG – AUSBÜRGERUNG

Léon Frank besaß offiziell die deutsche Staatsbürgerschaft. Er war in Landau (Rheinland-Pfalz) geboren und hatte einen deutschen Pass. Aber er fühlte sich eher französisch-deutsch, und seit er nach Paris gezogen war, ganz als Franzose. Er konnte diesen Anspruch auf die französische Staatsbürgerschaft legitimieren. In Artikel 10 des französischen Bürgerlichen Gesetzbuches heißt es kraft eines Gesetzes aus dem Jahr 1851, dass jedes Individuum mit einem französischen Vater, der diese Nationalität umständehalber verloren hat, Anspruch auf die französische Staatsbürgerschaft erheben kann. Nun, Léons Vater Zacharias Frank war 1811 in Niederhochstadt (Landau) als französischer Untertan geboren worden, weil die Pfalz damals französisches Hoheitsgebiet war. Zacharias hatte die französische Staatsbürgerschaft verloren, als die Pfalz 1816 Bayern zugewiesen und 1831 Teil des Deutschen Bundes geworden war.

Léon meinte, es wäre genug, sich auf Artikel 10 des Bürgerlichen Gesetzbuches zu berufen. Die Behörden baten ihn, seinen Anspruch mit seiner Geburtsurkunde und der seines Vaters zu belegen. Léon beantragte Kopien beider Dokumente und gab sie bei den Behörden ab. Danach forderten ihn die Behörden auf, auch noch die Geburtsurkunde seines Großvaters vorzulegen, doch es gelang Léon nicht, auch dieses Dokument ausfindig zu machen. Die Behörden erklärten daraufhin, dass sein Anspruch auf die französische Staatsbürgerschaft unzureichend belegt sei, man betrachte ihn als deutschen Staatsbürger. Wenn er als Fremder Anspruch auf die französische Staatsbürgerschaft erheben wolle, müsse er einen Einbürgerungsantrag stellen. Léon tat dies am 16. November 1914.

In seinem Antrag, formuliert von einem Referendar des Justizministeriums, erklärte Léon, Rentier zu sein und aus »Landau, Bayerisches Rheinland« zu stammen. Weiterhin erklärte er, mit einer Amerikanerin verheiratet und Vater von drei Söhnen zu sein, die alle drei die französische Staatsbürgerschaft bekommen hatten.

Warum er nicht eher einen Antrag auf Einbürgerung gestellt hatte, begründete Léon damit, dass er davon ausgegangen sei, sich auf Artikel 10 des Bürgerlichen Gesetzbuches berufen zu können, da er im Ausland als Sohn eines Franzosen geboren worden sei, der diese Staatsbürgerschaft verloren habe. Sein Vater sei am 8. April 1811 in Niederhochstadt (Niederrhein) geboren worden; in seiner Geburtsurkunde sei ausdrücklich erwähnt, dass sein Vater, also der Großvater des Antragstellers, zu diesem Datum in der erwähnten Gemeinde gewohnt habe, dennoch habe es sich trotz ausgiebiger Suche als unmöglich erwiesen, herauszufinden, wo dieser Großvater geboren worden war.

In seinem Einbürgerungsantrag erklärte Léon Frank weiter, dass sein ältester Sohn Oscar, Anwalt beim Berufungsgericht und ehemaliger Sekretär der Anwaltsbruderschaft, gerade seinen Militärdienst ableiste, und dass sein zweiter Sohn verschiedene Male den Aufforderungen zum Militärdienst Folge geleistet habe, aber ausgemustert worden sei, und dass sein dritter Sohn Jean-Michel demnächst zum Militärdienst eingezogen werden solle. Schließlich erklärte er, schon seit fünfunddreißig Jahren in Frankreich wohnhaft zu sein, keine Beziehung zu seinem Geburtsland zu unterhalten und Frankreich als Vaterland zu betrachten. Er bat den Justizminister ehrerbietig, seinen Antrag wohlwollend zu beurteilen, und erklärte, seine Ehefrau Nanette schließe sich dieser Bitte an.

Offenbar war Artikel 10 des Bürgerlichen Gesetzbuches nicht so einfach, wie Léon gemeint hatte. Es genügte nicht, seine eigene

Geburtsurkunde vorzulegen, aus der hervorging, dass sein Vater 1811 in Niederhochstadt geboren worden war. Er musste auch noch nachweisen, dass sein Großvater in dieser Stadt geboren worden war. Möglicherweise wurde diese letzte Forderung von der Erwägung geleitet, dass es theoretisch möglich war, dass Léons Großvater aus einer anderen deutschen Gegend oder aus einem anderen Land stammte und sich erst im Laufe seines Lebens in Niederhochstadt angesiedelt hatte. Das könnte bedeuten, dass sein Sohn Zacharias, auch wenn er auf französischem Hoheitsgebiet geboren wurde, nicht automatisch Franzose sein musste, denn wenn sein Vater zum Beispiel ein Bayerischer Immigrant war, könnte auch sein Sohn Zacharias die Bayerische Staatsbürgerschaft haben. Es klingt wie eine Schikane, die nur dazu diente, Léons Anspruch auf Artikel 10 des Bürgerlichen Gesetzbuches zu verhindern.

Léons vorläufiger Antrag wurde am 20. November 1914 in einem umfangreichen offiziellen Antrag auf Einbürgerung niedergelegt. Es war in formeller Hinsicht eine Bitte des Justizministers an den Polizeipräfekten, seine Meinung zum Antrag aussprechen zu dürfen. Beamte des Justizministeriums notierten in diesem vier Seiten umfassenden Dokument Daten über Herkunft, finanzielle Situation, Familiensituation und Führungszeugnis von Léon Frank. Sie übernahmen fast alle diese Daten aus Léons vorläufigem Antrag vom 19. November 1914. Mit Ausnahme eines einzigen Details.

Ganz am Anfang des offiziellen Antrags steht unter der Überschrift Familienstand *Geboren in: Landau (Preußen)* und unter *Staatsangehörigkeit des Vaters: deutsch.* Seltsamerweise steht unten auf dem ersten Blatt hinter der Frage nach dem Geburtsort und -datum des Vaters des Antragstellers: *8. April 1811 Niederhochstadt (Rheinland-Pfalz)* und bei der Mutter Nanette Frank, *1842 Landau (Pfalz),* das heißt eine andere Provinzbezeichnung als die oben auf dem Blatt in großen Buchstaben angegebene: *Landau (Preußen).*

Auf dem letzten Blatt stehen hinter der Frage, für welche Personen Léon unterhaltspflichtig sei, nicht nur zwei seiner Söhne, sondern auch vier sogenannte *parents pauvres* (bedürftige Verwandte), seine vier Schwestern:

> Mme Loewi, Rosa, 70 Jahre alt, Wohnort Frankfurt a. M. (Deutschland), amerikanische Staatsbürgerin.
> Mme Loeb, Sophie, 68 Jahre alt, Wohnort Landau, deutsche Staatsbürgerin.
> Mme Reinhard, Lina, 60 Jahre alt, Wohnort Luxemburg, luxemburgische Staatsbürgerin.
> Mme Emmanuel, Caroline, 58 Jahre alt, Wohnort Frankfurt a. M., deutsche Staatsbürgerin.

Ganz unten auf Seite 4 wurde ein Platz freigelassen für die *Begründete Meinung* des Polizeipräfekten. Dieser äußert am 28. Dezember 1914 seine Meinung folgendermaßen:

> Obwohl Herr Frank einen Sohn hat, der gerade seinen Militärdienst ableistet und einen weiteren, der zum Militärdienst aufgerufen, aber ausgemustert wurde, schlägt der Polizeipräfekt dem Justizminister vor, den Antrag dieses Fremden aufgrund seiner deutschen Staatsbürgerschaft bis zum Ende der Kriegshandlungen aufzuheben.
> *Paris, 28. Dezember 1914*
> *Der Polizeipräfekt*

Der Präfekt schickte den Antrag, versehen mit seiner Beurteilung, an das Justizministerium zurück. Dort machten Beamte auf dem Seitenrand des ersten Blattes Notizen für den definitiven Beschluss. Ein erster Beamter notierte am 13. Februar 1915, links von der Angabe *Geboren in Landau (Preußen)*, Folgendes:

> Geboren in Preußen von einem deutschen Vater. Vorschlag, Antragsteller zu informieren, dass Anträge von Untertanen kriegführender Staaten bis zum Ende der Feindseligkeiten vertagt werden müssen, und die von ihm zugesandten Dokumente zurückzuschicken.
> *13–2–15 [Namenszeichen]*

Direkt darunter steht die Notiz eines anderen Beamten, wahrscheinlich seines Vorgesetzten:

> Der Antragsteller, geboren in Preußen, kann seine Herkunft aus dem Elsass nicht nachweisen.
> *16. Februar 1915, W.*

Nun ist die Angabe *Landau (Preußen)* nicht ganz aus der Luft gegriffen. Offiziell war die Pfalz ab 1822 als Provinz dem Königlichen Preußen hinzugefügt worden. Landau befand sich also in der Provinz, die »Rheinpreußen« genannt wurde. Es war 1914 der offizielle Name des Gebietes und blieb es bis 1946. Es gab also einigen Anlass, die Lage Landaus mit dem Provinznamen Rheinpreußen näher zu spezifizieren. Aber nicht mit Preußen. Diese verkürzte Angabe verursachte das Missverständnis, Léon stamme aus dem kriegslustigsten Teil des Deutschen Kaiserreiches. Und sobald dieses Missverständnis einmal in der Welt war, wurde es, zusammen mit dem bereits vorher entstandenen Zweifel an die Herkunft von Léons Vater und Großvater, Anlass für den hohen Beamten des Justizministeriums, daraus zu schließen, dass Léon Frank »seine Herkunft aus dem Elsass (lies: der Pfalz) nicht nachweisen kann«, mit anderen Worten, dass er über seine Herkunft nicht die Wahrheit sagte. Damit war die Sache erledigt.

Der Einbürgerungsantrag besteht aus vier datierten Textteilen, übereinstimmend mit den vier Beschlussfindungsschritten, die mit der Sammlung von Informationen beginnen und mit dem Beschluss enden. Die (bewusst?) irreführende Erklärung über Léon Franks vermeintlich preußische Herkunft im ersten Textteil führt den Antrag von Anfang an in die falsche Richtung, und diese Richtung leitet über Textteil zwei und drei zwangsläufig zur unbefristeten Zurückstellung im Textteil vier.

Am 19. Februar 1915 schickte das Justizministerium ein Telegramm an den Polizeipräfekten, dass Léons Antrag bis zum Ende der Feindseligkeiten ausgesetzt werde. In einem Brief vom 6. März meldete der Präfekt dem Minister, er habe die im Telegramm erwähnten Instruktionen ausgeführt.

Mit diesem Beschluss wurde Léon Frank offiziell als Deutscher bezeichnet, und zwar als Preuße, mit allen Konsequenzen, die das zu Beginn des Ersten Weltkrieges für die in Frankreich verbleibenden Deutschen hatte. Dass Léon schon seit über fünfunddreißig Jahren in Frankreich wohnte und drei Söhne hatte, die die französische Staatsbürgerschaft besaßen, wurde als unwichtig betrachtet. Deutsche, die sich während der Kriegsjahre in Frankreich aufhielten, wurden unter Hausarrest gestellt. Ihre Besitztümer wurden beschlagnahmt, und sie durften nur in Anwesenheit eines Gerichtsvollziehers Finanztransaktionen tätigen.

Man hat angenommen, dass diese Maßnahmen auch auf Léon Frank zutrafen, aber aus späteren Dokumenten des Justizministeriums geht hervor, dass er weder festgenommen wurde, noch dass seine Besitztümer konfisziert wurden. Wie auch immer: Léon Frank geriet durch die Ablehnung seines Antrags in eine missliche Lage. Er wurde Ziel von Verdächtigungen und Anschuldigungen, gegen die er sich nicht wehren konnte, weil er als deutscher Untertan nicht länger das französische Justizministerium beanspruchen durfte. Faktisch war er für vogelfrei erklärt worden.

Versuche, deutsche Juden zum Ziel von Verdächtigungen zu machen, waren in der Zeit um den Ersten Weltkrieg herum, abhängig vom sozialen und finanziellen Status einer Person mehr oder weniger ausgeprägt. Die niederträchtigsten Anschuldigungen waren gegen die wichtigsten in Frankreich lebenden deutsch-jüdischen Bankiers gerichtet. Das ergibt sich nicht nur aus der Behandlung von Léon Frank, sondern auch aus den Erfahrungen von Léons angeheiratetem Cousin Arthur Spitzer, einem Onkel von Jean-Michel Frank.

Arthur Spitzer war eine wichtige Person im Leben von Jean-Michel Frank, weil er sich ab 1915 – dem Jahr, in dem seine Brüder beide auf dem Schlachtfeld fielen, sein Vater Selbstmord beging und seine Mutter psychisch zusammenbrach – lange Zeit um Jean-Michel kümmerte, der damals zwanzig war und am Anfang seiner Laufbahn stand. Er gewährte Jean-Michel und seiner Mutter nicht nur Unterschlupf in seinem Haus, sondern stand ihm auch in den dreißiger Jahren mit Rat und finanzieller Unterstützung bei der Gründung eines eigenen Geschäfts zur Seite.

Arthur Spitzer war 1871 in Sopron, Ungarn, geboren und 1896 nach Frankreich ausgewandert. Sechs Jahre lang arbeitete er als Prokurist in der Bank seines Onkels Kirchheim, der Pariser Bank *Kirchheim & Co.* Im Oktober 1904 gründete er zusammen mit einem englischen Geschäftspartner, Sir Ernest Cassel, eine eigene Bank. Die Bank nannte sich *A. Spitzer & Co.* Arthur Spitzer war der Direktor und als Einziger zeichnungsbefugt. Vom Kapital in Höhe von 3,5 Millionen Francs setzte Ernest Cassel fast vier Fünftel (2750000 Francs) ein, und Arthur Spitzer ein Fünftel (750000 Francs). Nach sechs Jahren war Arthur Spitzer imstande, die Differenz auszugleichen. 1910 wurde das Bankkapital auf sieben Millionen Francs erhöht. Arthur setzte 2750000 Francs ein, Ernest Cassel 750000. Unter Arthurs Leitung entwickelte sich die Bank in kurzer Zeit zu einer der wichtigsten und renommiertesten Banken in Frankreich. 1913 (da war er 42 Jahre alt) wurde sein Privatvermögen auf dreißig bis vierzig Millionen Francs geschätzt. Dass er allgemeine Achtung und allgemeines Vertrauen genoss, ging unter anderem aus der Tatsache hervor, dass er Vorstandsmitglied bei etwa acht großen Unternehmen war.

Arthur heiratete 1903 Olga Wolfsohn, die Tochter von Willy Wolfsohn, dem Geschäftspartner, mit dem Léon Frank ein erfolgreiches Kulissenunternehmen aufgebaut hatte, und von Fanny Loewi, die gleichzeitig Léon Franks Cousine (Tochter seiner Schwester Rebecca) und Schwägerin (Schwester seiner Frau Nanette Loewi) war. Arthur Spitzer verdankte seinen Erfolg unter anderem der Unterstützung seines Schwiegervaters Willy Wolfsohn, mit dem er zusammenarbeitete, und seines Onkels Léon Frank. Er hatte seine Karriere, ebenso wie sein Schwiegervater und sein Onkel, auf Devisenhandel aufgebaut, speziell dem Handel in deutschen und englischen Devisen.

Arthur Spitzer war 1904 zum Ritter des Ordens der *Légion d'honneur* ernannt worden. 1907 hatte er die französische Staatsbürgerschaft erhalten. Das war auch das Jahr, in dem Léons Sohn Georges-Ottmar durch Vermittlung seines Vaters die französische Staatsbürgerschaft bekommen hatte. Oscar Frank war 1904 schon automatisch Franzose geworden, entsprechend dem Gesetz vom 26. Juni 1889, das bestimmte, jedem in Frankreich geborenen Ausländer würde automatisch die französische Staatsbürgerschaft verliehen, sobald er volljährig wurde (damals im Alter von einundzwanzig Jahren). Aber die französische Staatsbürgerschaft schützte Arthur nicht vor Verdächtigungen und falschen Anschuldigungen, geschürt von französischen Bankiers, die, neidisch auf Arthurs Erfolge, die Chance sahen, diesen Konkurrenten in die Enge zu treiben. Unter dem Druck ihrer Verleumdungen wurde Arthur gezwungen, die Vorstandsmitgliedschaft einer Anzahl großer Unternehmen zu kündigen: Crédit Foncier Egyptien, Crédit Foncier Argentin und Société Chimique des Usines du Rhône. Der Finanzminister veranlasste persönlich, dass er auch noch aus dem Vorstand der Société Générale entfernt wurde.

Bei Kriegsausbruch löste Arthur Spitzer sein Unternehmen auf. Den größten Teil seines Vermögens brachte er in der Schweiz unter. Er sorgte dafür, dass seine Frau und die drei Kinder nach Genf umzogen. Nachdem er sie dort in Sicherheit wusste, kehrte er nach Frankreich zurück, um seinen Militärdienst abzuleisten. Am 24. Februar 1915 wurde er dem 164. Infanterieregiment zugeteilt und meldete sich in Verdun, wo sein Regiment stationiert war.

Das reichte nicht, um der Hetze, die gegen ihn entfacht worden war, Einhalt zu gebieten. Am 29. Juli 1915 schickte der Stabschef einer nicht näher genannten Armeeeinheit einen mit Schreibmaschine geschriebenen Brief an den Kriegsminister. Der Schreiber lenkte die Aufmerksamkeit des Ministers auf den Bankier Arthur Spitzer und fügte einen Bericht hinzu, der über Arthur Spitzer verfasst worden war. Dieser Bericht bestand aus zwei Versionen, die erste vom Januar 1913, also zweieinhalb Jahre vor dem Brief, und die zweite von Ende 1913. Die zweite Version ist größtenteils identisch mit der ersten, aber eine halbe Seite länger wegen Korrekturen und Ergänzungen.

Es ist nicht klar, in wessen Auftrag der Bericht geschrieben worden ist, aber alles (die Gründlichkeit der Information, die sachlichen Formulierungen) weist darauf hin, dass es ein offizieller Bericht ist, verfasst von außergewöhnlich gut informierten Beamten, wahrscheinlich Geheimdienstagenten. Der Bericht beschränkt sich strikt auf die Fakten, zum Beispiel die Liste mit acht Unternehmen, in denen Arthur Spitzer Vorstandsmitglied ist, gefolgt vom offiziellen Namen jedes dieser Unternehmen, dem Standort des Unternehmens, dem Jahr, in dem es gegründet wurde, dem Kapital, über das es verfügt.

Der Bericht erwähnt den ungeteilt guten Ruf Arthur Spitzers und seiner Bank. Über Arthur Spitzer selbst sagt der Bericht: »Er empfängt viele Besucher in seinem Haus und scheint über ein sehr ausgedehntes Beziehungsgeflecht zu verfügen. Zu seiner Person wurde nichts Ungünstiges vernommen.« Zu seiner Bank: »Diese Bank hat in der Pariser Börsenwelt eine ausgezeichnete Reputation und genießt großes Vertrauen. Weder bei der Staatsanwaltschaft noch bei den Behörden sind die geringsten Beschwerden oder auch nur die Spur eines Protestes eingegangen.«

Aber diese positiven Daten wurden vom Stabschef in seinem Begleitbrief vom 29. Juli 1915 in ein böses, ja bösartiges Licht gesetzt:

> Ich schicke Ihnen hiermit einen Bericht, der anlässlich einer Untersuchung gegen diese Person, die im Hinblick auf die nationale Sicherheit außerordentlich verdächtig ist. Angesichts Spitzers Bekanntheit ist es nicht nötig, die unheilvolle Wirkung, die sein Auftreten in der französischen Finanzwelt hat, zu skizzieren. Klar scheint aber, dass dieser Agent des deutschen Kaiserreiches den Auftrag bekommen hat, die Macht der französischen Finanzwelt

> zu unterminieren und den französischen Markt zugrunde zu richten. Der Umfang seiner Mauscheleien hat derart zugenommen, dass der Finanzminister eingreifen und der Vorstand der Société Générale dazu aufrufen musste, sich von ihm zu trennen, was am 20. März 1913 stattfand. Innerhalb von etwa zehn Jahren hat Spitzer mit seiner anti-französischen Spekulationen ein Vermögen in Höhe von dreißig bis vierzig Millionen angesammelt.

Der Briefschreiber sät Zweifel bezüglich Spitzers Motiv, sich für den Einsatz an der Front zu melden. Spitzer soll es gelungen sein, sich mit einer Ausrede vom französischen Konsulat in Genf ausmustern zu lassen, aber als er nach Paris zurückkam und erneut vor der Prüfungskommission erscheinen musste, soll diese Kommission ihn entgegen seiner Erwartung für den Dienst an der Waffe für tauglich erklärt haben. Der Brief endet wie folgt:

> Wegen der Kampagne, die gegen ihn entfacht wurde, und wegen der feindlichen Gefühle ihm gegenüber bei den Mitgliedern der verschiedenen Vorstände, zu denen er gehörte, wurde er auf ausdrücklichen Wunsch der jeweiligen Vorstandsvorsitzenden gezwungen, als Vorstandsmitglied der Crédit Foncier Egyptien, der Crédit Foncier Argentin und der Société des Usines Chimiques du Rhône zurückzutreten. Diese Kündigung als Vorstandsmitglied scheint mir nicht auszureichen, um zu verhindern, dass Spitzer weiterhin den französischen Interessen Schaden zufügt; da seine Kungeleien unter das Gesetz vom 7. April 1915 fallen, denke ich, dass es Gründe gibt, ihm die Staatsbürgerschaft zu entziehen.
> *I. O. Stabschef*

Der Brief reichte aus, um einen Prozess in Gang zu setzen, der zum Ziel hatte, Arthur Spitzer die französische Staatsbürgerschaft zu entziehen. Die Außen- und Finanzminister befassten sich persönlich mit Spitzers Dossier.

1918 war die Untersuchung noch immer nicht abgeschlossen. Arthur Spitzer holte Ende 1918 seine Frau und Kinder aus der Schweiz und ließ sich wieder in Paris nieder, diesmal an der Avenue Pierre I. de Serbie. Das bedeutete nicht, dass sein Fall eingestellt wurde. Im Gegenteil. Im Dezember 1918 gab das Gericht den Auftrag zu einer gründlichen Untersuchung mit dem Ziel, Arthur Spitzer die Staatsbürgerschaft zu entziehen.

Die Presse mischte sich ein. *Le Petit Bleu Économique & Financier* publizierte am 11. Juni 1919 einen gehässigen Artikel unter der Überschrift: »Der Witz hat lange genug gedauert. Wann wird das Gericht Arthur Spitzer die Staatsbürgerschaft entziehen?« Warum, fragte sich das Blatt, schleppe sich die Untersuchung schon fast sieben Monate hin, gegen einen Mann, von dem allgemein bekannt sei, dass er sich der »Intrigen zugunsten deutscher Interessen und zum Nachteil des französischen Marktes schuldig gemacht hat«? Jeder weiß, dass Spitzer »aus allen möglichen und denkbaren Gründen die Staatsbürgerschaft entzogen werden sollte«, dass er »als eingebürgerter Franzose eine Gefahr für den Staat war und dass er nach dem Krieg eine noch größere Gefahr werden kann«. Und der Artikel endet mit: »Wer oder was schützt Arthur Spitzer, seine Millionen oder seine Komplizen?«

Der Prozess, um Arthur Spitzer seine Staatsbürgerschaft zu entziehen, wurde erst im Mai 1921 aus Mangel an Beweisen eingestellt.

# 3
# SOLDAT GEORGES-OTTMAR FRANK

Als Deutschland am 3. August 1914 Frankreich den Krieg erklärte, saß Léon Frank in der Falle. Die französischen Behörden hatten ihn als Deutschen gebrandmarkt und beobachteten ihn als potentiellen Spion. Léon ergriff alle Möglichkeiten, um zu beweisen, dass er ein guter Franzose war, der sich loyal für die französische Sache einsetzte. Er half Stiftungen zur Unterstützung französischer Soldaten durch finanzielle Hilfe. Sein ältester Sohn Oscar war als Militär zum Einsatz an der Front aufgerufen worden. Sein zweiter Sohn Georges-Ottmar war zwar wegen akuter Bronchitis ausgemustert worden, aber unter dem Druck der Umstände meldete auch er sich freiwillig als Soldat. Am 15. Februar 1915 wurde er als gemeiner Soldat dem 160. Infanterieregiment zugeteilt.

Das 160. Regiment war von Anfang an an den Gefechtshandlungen beteiligt gewesen. Am 31. Juli 1914 war es von seiner Kaserne in Écrouve (westlich von Toul) ostwärts gezogen, Richtung Elsaß, und nach einem kurzen Aufenthalt in Nancy in das Gebiet verlegt worden, das schon immer für Feldschlachten vorbestimmt zu sein schien, das aber diesmal nicht das einzige und nicht mal das wichtigste Schlachtfeld werden sollte. Am 19. August kam es zum ersten feindlichen Zusammenstoß, etwas westlich des Ortes Morhange auf der Hochebene der Dörfer Baronville, Marthille und Achain. 1833 Soldaten fielen. Wenn man bedenkt, dass die reguläre Stärke des Regiments etwa 2800 Mann betrug, bedeutete dies, dass am ersten Tag der Kriegshandlungen zwei Drittel des Regiments ausgelöscht wurden.

Am 2. November wurden die Soldaten mit dem Zug nach Belgien zu einem Schlachtfeld in der Nähe von Poperinge transportiert. Die Frontlinie folgte in etwa dem Lauf des Flusses IJzer. Das 160. Regiment wurde auf der Höhe von Vormezeele und Sint-Elooi eingesetzt. Am 10. November startete die deutsche Armee auf ganzer Linie einen verheerenden Angriff. Die französischen Regimenter wurden förmlich überrannt. Das 160. Regiment leistete heftigen Widerstand, so heftig, meldet die *Historique du 160e Régiment d'Infanterie 1914–1918*, dass die Soldaten vom vielen Schießen Verbrennungen an ihren Händen erlitten.

Es gab entsetzliche Verluste. Die *Historique* meldet, dass am Morgen des 11. November nur 350 Soldaten zum Appell erschienen, die übrigen waren verwundet oder gefallen. Im Regimentstagebuch, dem *Journal des Marches et Opérations du 160e Régiment d'Infanterie*, steht auf dem Tagesblatt vom 20. November ein *État des pertes des journées 9–10–11 nov. 1914*, mit darunter in kleinen, mit Füllfeder geschriebenen Buchstaben pro Kompagnie die Namen der Gefallenen. Pro Blatt gibt es zwei Spalten mit fünfzig Zeilen und auf jeder Zeile den Namen des Gefallenen und den Ort, wo er gefallen ist. Dieser Ort ist immer Sint-Elooi. Auf mehr als neun Seiten stehen die Namen von eintausendundvierzehn Toten.

Der Krieg hatte erst zweieinhalb Monate zuvor begonnen, und die Anzahl der Gefallenen innerhalb des 160. Regiments betrug schon ein Mehrfaches der Regimentsstärke. Dies ist für einen Außenstehenden schwer zu verstehen. Das 160. Regiment wurde bis zum Ende des Krieges ständig in den Kampf geschickt, doch da war es schon mehrmals völlig ausgelöscht worden. Das war nur möglich, wenn immer wieder neue Soldaten dem Regiment zugeteilt wurden, ungefähr so, wie wenn man unaufhörlich einen Wasserstrahl in einen Eimer mit einem Loch im Boden strömen lässt.

Am 16. Februar 1915 bekam das Regiment zwei Wochen Urlaub im Ort Herzele. In dieser Zeit muss Georges-Ottmar zum Regiment gestoßen sein. Seine ersten Eindrücke des Kampfplatzes können wegen der Zerstreuung, der sich die Soldaten hingaben, täuschend ruhig und entspannt gewesen sein. Oder vielleicht auch nicht. Georges wird sich keine Illusionen gemacht haben, als er sich zu den Soldaten gesellte, die schon froh waren, dass sie noch am Leben waren. Ihre Geschichten müssen eine beängstigende Wirkung auf den jungen Rekruten gehabt haben. Georges wird sich mental für die nächste Schlacht gewappnet haben, aber nichts kann ihn auf die Schrecken von Artois vorbereitet haben, wohin das Regiment am 9. April versetzt wurde.

General Foch, der Oberbefehlshaber der französischen Armee, hatte sich im Frühjahr 1915 zu einer schweren Offensive nördlich von Arras entschlossen, mit dem Ziel, den Höhenzug rund um den Ort Vimy, einige Dutzend Kilometer nördlich von Arras, einzunehmen. Dieser Höhenzug dominierte das tiefer gelegene Gebiet mit den Orten Ablain St. Nazaire und Souchez westlich von Vimy und Neuville St. Vaast und La Targette im Südwesten.

Die deutsche Offensive im Herbst 1914 war im November in Nordfrankreich zum Stillstand gekommen. Die Armeen hatten sich eingegraben. Die deutsche Armee hatte sich auf dem Höhenzug rund um Vimy verschanzt, die französische Armee einige Kilometer südwestlich davon in einer langen Front aus Schützengräben, die sich in Form einer Schleife von Ablain St. Nazaire im Nordwesten über das südlich gelegene Neuville St. Vaast nach Osten hin erstreckten.

Ende April fingen die Franzosen an, hinter dieser Schleife eine enorme Armee zusammenzuziehen. Das bestehende Schützengrabensystem wurde vertieft und auf zwei zentrale Schützengräben erweitert, die mit einem Zwischenraum von ungefähr hundert Metern parallel zueinander verliefen und durch Verbindungsgräben miteinander verbunden waren. Von oben gesehen sah es wie ein enormes Eisenbahngleis aus, bei dem die Schienen durch unzählige Bahnschwellen verbunden waren. Kommandoposten wurden eingerichtet und Wege für den Nachschub der Artillerie und Munitionsvorräte und Versorgungslager angelegt.

Kleine Flugzeuge erkundeten die feindlichen Linien und fotografierten die feindlichen Stellungen; Instruktionen wurden mittels eines für diese Offensive angelegten unterirdischen Telefonnetzes übermittelt. In und um diese Schützengräben wurden drei Armeeeinheiten zusammengezogen. Das 160. Regiment wurde in Frévin-Capelle einquartiert, ungefähr zehn Kilometer westlich der Frontlinie. Ab dem 4. Mai wurde der Angriff durch schweren Artilleriebeschuss vorbereitet. Der Plan war, die Offensive am 6. Mai zu beginnen, doch das Wetter war zu schlecht und der Angriff wurde auf den 9. Mai verschoben.

An dem Tag stürmten die Infanteriedivisionen in einem kombinierten Angriff gegen eine nördliche und eine südliche Front. An der südlichen Front wurde das 160. Regiment zunächst als Reserve gehalten, um das 156. Regiment gegebenenfalls zu unterstützen. Die Truppen sollten von der südlichen Front durch einen Korridor zwischen den Orten Ablain St. Nazaire und Souchez im Norden und Neuville St. Vaast im Südosten vorrücken und im Sturm den Hügel 140 einnehmen, der etwa vier Kilometer weiter das Zentrum des Höhenzugs von Vimy bildete.

Die Deutschen wurden vom Umfang und der Wucht des Angriffs überrascht und zurückgeschlagen. Die französischen Truppen rückten durch den ganzen Korridor bis zum Fuß des Hügels 140 vor. Aber die Ortschaften an beiden Seiten des Korridors waren von den Deutschen zu praktisch uneinnehmbaren Stellungen verstärkt worden, die über unterirdische Gänge miteinander in Verbindung standen. Jede Straße, jedes Haus war zu einem Artellerie- oder Maschinengewehrposten umgebaut worden. Die Franzosen schafften es nicht, diese Ortschaften einzunehmen. Außerdem führten Missverständnisse und mangelhafte Kommunikation dazu, dass den Teilen der Armee, die bis Vimy durchgedrungen waren, keine Verstärkungen folgten, so dass sie in ihrer vorgeschobenen Position isoliert wurden.

Die deutsche Armee schaffte im Laufe des Tages Verstärkungen heran und startete einen Gegenangriff. Am Abend des 9. Mai wurde das 160. Regiment zur Verteidigung des Hügels 123 eingesetzt, auf halber Strecke des Korridors, genau zwischen den Ortschaften Souchez im Norden und La Targette (Ouvrages Blancs) im Süden. Am 10. Mai gelang es dem 160. Regiment, den Hügel 123 zu besetzen. Am nächsten Tag wurde das Regiment bei einem erneuten Angriff auf den Hügel 140 eingesetzt. Die Deutschen hatten in der Zwischenzeit ihre Artillerie in Stellung gebracht und Maschinengewehre auf den Flanken des Hügels installiert.

Soldat Claude Parron vom 26. Infanterieregiment, das zusammen mit dem 160. Regiment durch den Korridor zu Hügel 140 vorrücken sollte, schrieb Folgendes über diesen Angriff in sein Notizbuch:

> Die vorderste Linie der Boches war voll mit Maschinengewehren. Wo mein Regiment angriff, standen mindestens dreißig Deutsche über einer Länge von zwölfhundert Metern, das heißt, genau an der Stelle, die mein Regiment angreifen sollte, denn das war eine der Stellen, die die Deutschen am stärksten verteidigten, weil es für sie eine äußerst wichtige Stelle war, und außerdem fiel das Gelände auf ihrer Seite leicht ab, deshalb eignete es sich hervorragend dazu, Maschinengewehre in Stellung zu bringen.
> Genau so geschah es. Unsere vorderste Linie rückte vor, doch je weiter sie kam, umso mehr Mannschaften fielen, weil sie durch die feindlichen Maschinengewehre niedergemäht wurden. Anschließend wurde unsere zweite Linie zur Verstärkung geschickt, aber auch diese Kameraden fielen, die Sektionen wurden niedergemäht, trotzdem kamen ein paar bis auf etwa dreißig Meter heran, aber die konnten nicht weiter, denn sie wären gefallen, bevor sie ihr Ziel erreicht hätten.
> Nach ungefähr einer Stunde dieses schrecklichen Geschehens und weil sie sahen, dass genauso viele fallen würden, wie sie hineinschicken würden, gaben die Führer den Befehl, den Angriff an der Stelle zu stoppen. Aber diejenigen, die gesund geblieben oder verwundet waren und sich zwischen den beiden Linien befanden, waren gezwungen, dort zu bleiben, und viele von ihnen starben, denn sobald sie sich bewegten, wurden sie von den Boches erschossen oder abgeschlachtet.

Auf diese Weise richteten die Deutschen in nur einer Stunde schreckliche Verwüstungen an, in unserem 1. und 2. Bataillon zählten wir fast achthundert Tote.

Im Regimentstagebuch des 160. Regiments gibt es keinen Bericht über die Operationen vom 11. Mai. Stattdessen sind zwölf Seiten, die normalerweise für die *Historique des faits* reserviert sind, mit den Namen der Gefallenen gefüllt. In der Liste, nach Kompanien geordnet, werden im Ganzen 1244 Gefallene aufgeführt.

Am 23. Mai kehrt das 160. Regiment nach vier Tagen Ruhe in Frévin-Capelle zu seinem zugewiesenen Sektor zurück und startete den Angriff auf Hügel 123, der in der Zwischenzeit von den Deutschen zurückerobert worden war. Der Chronist des 160. Regiments meldet zu diesem Angriff:

Die feindliche Artillerie zerstört unsere Ausgangspunkte. Während einer ersten Angriffswelle erobert das Regiment in einem großartigen Aufmarsch die erste deutsche Linie. Aber die Situation wird kritisch. Die Einheiten links und rechts vom 160. Regiment stecken in ihren Schützengräben fest. Die Schützengräben, die vom 160. eingenommen wurden, geraten einer nach dem anderen unter mörderisches Feuer. Der Feind bestürmt die unglücklichen Angreifer von allen Seiten, vernichtet die Einheiten, die versuchen, ihnen zur Hilfe zu kommen. Die Helden halten vier Stunden lang mit einer großartigen Energie den rasenden Angriffen der Deutschen stand. Als es Nacht wird, gibt der Oberstleutnant den Überlebenden dieser ruhmreichen Operation Befehl, sich zurückzuziehen.

Das Regimentstagebuch reserviert für den Tag des 23. Mai neun Seiten für Listen der Gefallenen. Im Ganzen sind es 799. Auf dem sechsten Blatt steht knapp über der Mitte der linken Spalte der Name Georges-Ottmar Frank, geschrieben Georges Franck.

# 4

# LEUTNANT OSCAR FRANK

Oscar Frank, Jean-Michels ältester Bruder, hatte vor Kriegsausbruch bereits beträchtliche militärische Erfahrungen gesammelt. 1901 war er zum Militärdienst eingezogen worden, diente drei Jahre und wurde im März 1904 als Unteroffizier entlassen. Am 1. August 1914 wurde er als Wehrpflichtiger eingezogen und dem 28. Infanterieregiment zugeteilt. Am 11. November wurde er zum Leutnant befördert.

Das 28. Regiment hatte eine ruhmreiche Geschichte. Auf der Regimentsfahne prangten die Namen Marengo, Austerlitz, Eylau und Sebastopol. Am 7. August zog das Regiment von der Kaserne in Saint-Denis, einer Vorstadt nördlich von Paris, nach Amagne-Lucquy in den französischen Ardennen und von dort aus nach Belgien. Es sollte versuchen, die deutschen Truppen, die von Belgien aus Richtung Frankreich vorrückten, zu stoppen. Am 22. August stießen sie bei den Ortschaften Leernes und Anderlues etwas westlich von Charleroi auf die deutschen Truppen. Bei diesem ersten Zusammenstoß fielen 300 Mann und neun Offiziere; die französischen Truppen waren den deutschen einfach nicht gewachsen. Ab dem 23. August wurden die Franzosen zum Rückzug gezwungen, und es war kein Ende abzusehen.

Auf dem Rückzug in südwestlicher Richtung kam es nach etwa 100 Kilometern bei Guise, einer Ortschaft nordöstlich von Saint-Quentin, erneut zu einem Zusammenstoß mit den vorrückenden deutschen Truppen. Das Ergebnis war verheerend: 16 Offiziere und 706 Soldaten des 28. Regiments fielen.

Die französische Armee zog sich hastig weiter zurück. Das 28. Regiment passierte die Marne am 3. September bei Verneuil; am 6. September überquerte es die Seine bei Nogent-sur-Seine. Die französische Armee war nun auf eine Linie nicht weit von Paris zurückgeschlagen worden. Die Hauptstadt war nicht länger geschützt und lief Gefahr, von den deutschen Truppen eingenommen zu werden.

Am 6. September machte General Joffre einen letzten Versuch, das Blatt zu wenden. Er befahl seinen Truppen, einen Gegenangriff zu starten. Dabei erlitt das 28. Regiment schwere Verluste. An diesem einen Tag starben 301 Mann. Aber das Blatt hatte sich gewendet. Die französischen Truppen überquerten in umgekehrter Richtung die Seine, lieferten am 9. September bei Montmirail eine Schlacht, überquerten am 10. September die Marne und erreichten am 13. September Blerméricourt nördlich von Reims, wo es zu heftigen Auseinandersetzungen mit den deutschen Truppen kam. Die französische Armee wurde zur südlicher gelegenen Ortschaft Loivre zurückgedrängt, danach noch weiter südlich nach Villers-Franqueux. Vom 13. bis 18. September wogte der Kampf hin und her, und es gab schwere Verluste. Das 28. Regiment verlor 390 Mann, 194 davon an einem einzigen Tag, dem 15. September.

»An dem Tag endete der mobile Krieg«, schreibt Leutnant Jouannon des 28. Regiments in seinem Buch *Historique du 28e Régiment d'Infanterie: Campagne 1914–1918*. »An der Frontlinie gibt es noch einige Tage Nachbeben bei den örtlichen Gefechtshandlungen und kommt dann zum Stillstand.« Es war der Anfang des Schützengrabenkriegs. Das 28. Regiment wurde in der strategisch wichtigen Ortschaft Berry-au-Bac, etwa 15 Kilometer nördlich von Reims, im Gebiet des Flusses Aisne stationiert. Dort grub es sich ein und musste die Gefechtstaktiken den neuen Umständen anpassen. Das Niemandsland zwischen den Linien war vermint. Gewehre wurden durch Granaten ersetzt. Für Angriffe auf die kurvenreichen Schützengräben wurden neue und schmutzige Angriffswaffen wie Flammenwerfer und Giftgas entwickelt.

Am 9. Mai wurde die 6. Division, zu der das 28. Regiment gehörte, mit dem Zug nach Amiens verlagert. Von dort aus wurden die Truppen auf Lastwagen nach Aix-Noulette gebracht, fünf Kilometer nördlich von Ablain St. Nazaire und Souchez. Die 6. Division wurde der zehnten Armee hinzugefügt, die sich Anfang Mai für die Artois-Offensive zusammenzog. Das 28. Regiment war Teil der Nordoffensive, das heißt des Angriffs, der aus nordöstlicher Richtung auf den Höhenzug von Vimy stattand. Damals befand sich Oscars Bruder Georges-Ottmar etwa zehn Kilometer weiter südlich im 160. Regiment, das Teil der Südoffensive sein sollte.

Das 28. Regiment zog am 9. Mai aus Berry-au-Bac ab und erreichte ein paar Tage später seinen Bestimmungsort. Am 15. Mai, eine Woche nach Beginn der Offensive, erhielt es den Auftrag, das Dorf Notre Dame de Lorette, nördlich von Ablain St. Nazaire, anzugreifen. Die Truppen stießen auf heftigen Widerstand. Die Gefechte dauerten bis zum 21. Mai, führten jedoch zu keinem wirklichen Ergebnis. Am 17. Mai fielen 56 Soldaten des 28. Regiments. Am 25. und 26. Mai wurde das Regiment zur Eroberung von Bois Carré (einige Kilometer östlich von Neuville St. Vaast) und dreier deutscher Schützengräben bei Saules eingesetzt. Es gab 250 Tote. Am 26. Mai forderte die Armeeführung das Regiment auf, mit letzter Anstrengung die Schützengräben doch noch einzunehmen.

> Le Dechamp, Kommandant der 12. Kompagnie, erhält den Befehl zu einem weiteren Angriff. »Ich werde angreifen«, sagt er zu seinem Befehlshaber. »Ich werde getötet werden, aber ich möchte, dass mein Tod der letzte an diesem Tag sein möge.« Er steigt die Leiter aus dem Schützengraben nach oben, wird von einem Schuss in den Kopf getroffen und fällt tot um. Damit enden die Gefechte an diesem Tag.

So notierte es der Chronist des 28. Regiments. Das Regiment bekam am 27. Mai Urlaub und durfte sich einige Wochen von den schweren Prüfungen der letzten Wochen erholen. Oscar muss zu diesem Zeitpunkt erfahren haben, dass sein Bruder Georges-Ottmar einige Tage davor ganz in der Nähe gefallen war.

Am 15. Juni stand das 28. Regiment als Reserve bereit für einen Angriff auf Ablain St. Nazaire, doch es gab keinen entsprechenden Befehl, und das Regiment konnte im Dorf Fresnicourt (nordwestlich von Ablain St. Nazaire) eine zweite Ruheperiode genießen. Erst am 3. Juli endete dieser unerhörte Luxus. In der Nacht vom 4. auf den 5. Juli musste das Regiment sich in La Targette aufstellen. Die Umgebung war komplett verwüstet. »Alles muss angelegt werden«, meldet der Chronist, »Unterstände, Verbindungsgräben. Der Feind, der die Umgebung perfekt kennt, bombardiert das Gebiet mit unerhörter Heftigkeit. Es ist die Zeit, in der die Drachen* das Gebiet erkunden und ihrer Artillerie ein Zeichen geben, sobald sich die kleinste Gelegenheit zum Schießen gibt.«

Eines dieser Zeichen war womöglich Anlass für die deutschen Geschütze, um am 6. Juli eine schwere Granate in Richtung eines Sektors abzufeuern, aus dem die Signale kamen. Diese Granate traf einen Unterstand für Offiziere, der in Ouvrages Blancs, dem Gebiet direkt über La Targette, fertiggestellt wurde, alle anwesenden Offiziere kamen ums Leben. Einer von ihnen war Leutnant Oscar Frank. Er fiel zwei Kilometer von dem Ort entfernt, wo anderthalb Monate vorher sein Bruder gefallen war.

Die Tagesmeldung vom 6. Juli 1915 im Regimentstagebuch lautet:

> 6. Juli (Dienstag). Truppenstärke 56 Offiziere 2812 Mannschaftsgrade.
> In der Nacht vom 5. auf den 6. feuert der Feind Granaten auf den hinteren Teil Parallele 4 ab.

* Kleine Aufklärungsflugzeuge (Anm. d. Autors).

> Von 15 bis 16 Uhr schwerer Beschuss von Ouvrages Blancs. Eine großkalibrige Granate schlägt ein und explodiert im Offiziersposten der 6. Kompagnie, wobei Hauptmann Chamerot und die Unteroffiziere Gide, Franc und Amiot ums Leben kommen.

Am 11. Juli wird das Regiment nach Hause entlassen und erst am 21. September an einer anderen Front erneut in den Kampf beordert. Die Artois-Offensive war zu Ende. Die Verluste auf französischer Seite im Zeitraum 9. Mai bis 16. Juni betrugen 37 230 Gefallene und 62 270 Verletzte. Die Offensive hatte nichts gebracht. Die französische Armeeführung fügte sich der Überlegenheit der deutschen Artillerie.

Am 7. Juli 1915 schrieb Unteroffizier Istria, ein Freund und Kamerad Oscar Franks, folgenden Brief an Oscars Eltern und seine Witwe:

> 7. Juli
> Herrn und Frau Frank
> und Frau Oscar Frank
>
> Ich habe als Freund Ihres Sohnes Oscar Frank und seiner Ehefrau die traurige Pflicht, Ihnen mitzuteilen, dass ein tragischer Unfall ihn gestern Ihrer zärtlichen Zuneigung entrückt hat.
> Ich habe es Ihnen, arme Ehefrau, von der er uns gegenüber oft gesprochen hat, nicht schreiben können, ich habe seinen gütigen Eltern die Sorge überlassen wollen, Sie auf diese so bittere Prüfung vorzubereiten.
> Gestern, am 6. Juli, wurde er uns gegen 15 Uhr plötzlich und schmerzlos entrückt, indem er unter einen Unterstand begraben wurde, der als Folge der Explosion einer feindlichen Granate einstürzte. Sein Oberst und zwei Offiziere seiner Kompanie erlitten das gleiche Schicksal.
> Nachdem es uns gelungen war, ihre Körper aus dem Schutt zu befreien, erwiesen sich alle Versuche der anwesenden Ärzte, sie wiederzubeleben, als fruchtlos. Der Körper meines armen Freundes wird nicht weit von hier seine Ruhestätte finden. Sobald ich den genauen Ort kenne, werde ich ihn an Sie weiterleiten.

Gestern Abend habe ich ihm den letzten Gruß gebracht, und wenn der Krieg mir die Zeit vergönnt, werde ich eine Blume auf sein Grab legen und Tränen vergießen in Erinnerung an den guten Kameraden, dessen Freundschaft schon von der 17. Kompanie des 274. stammt und die gefestigt und verstärkt wurde durch unsere tägliche Nähe in der 28.
Er war immer tapfer und entschlossen, das Vaterland verliert mit ihm einen seiner tapferen Söhne. Er hatte sich mühsam über die Vorstellung hinweggesetzt, dass er in der Nähe des Ortes kämpfen musste, wo sein Bruder für das Vaterland gefallen war.
Alles, was er an kleinen Gegenständen oder Geld besaß, wird Ihnen über den Sanitätsdienst zugeschickt werden.
Ich richte keine Worte des Trostes an Sie, weil ich weiß, wie groß der Geist der Opferbereitschaft bei all jenen ist, deren Lieben vom Vaterland eingefordert wurden.
Ein Brief liegt bei, der bei ihm gefunden wurde.
Ich neige den Kopf vor dem Leid, das mein Brief mit der traurigen Nachricht Ihnen bereiten wird.

Mit dem Gefühl größter Hochachtung,
J. Istria
Unteroffizier bei der 28. Infanterie
8. Kompagnie Sektor Pastal 81

Oscar Frank hinterließ eine Frau und eine wenige Monate alte Tochter, Alice Frank.

So verloren Léon und Nanette Frank innerhalb von anderthalb Monaten ihre beiden ältesten Söhne. Ihr jüngster Sohn, Jean-Michel, war noch minderjährig, als der Krieg ausbrach. 1913 erhielt er auf Ersuchen seines Vaters die französische Staatsbürgerschaft. Als er im November 1913 einberufen wurde, hatte sein Vater um ein Jahr Aufschub vom Militärdienst nachgesucht und erhalten. Im Oktober 1914 musste Jean-Michel sich erneut melden. Wieder erhielt er einen Aufschub, den er aber jedes Jahr neu beantragen sollte. Die Drohung, zum aktiven Dienst einberufen zu werden, ließ Jean-Michel nicht los.

Die Situation Léon Franks hatte sich wegen des Ersten Weltkriegs noch in anderer Hinsicht verschlechtert. Die Ablehnung seiner Bitte um Einbürgerung bedeutete ja, dass Léon als Ausländer betrachtet wurde, als Deutscher, um genau zu sein, und dass er Gefahr lief, ausgewiesen zu werden. Dass Léon und Nanette französischen Wohltätigkeitseinrichtungen bedeutende finanzielle Unterstützung geleistet hatten und dass ihre beiden ältesten Söhne für Frankreich gefallen waren, änderte nichts an dieser Situation.

Léon Frank erlag dem Druck. Am 15. November 1915, ein halbes Jahr nach dem Tod seiner Söhne, beging er Selbstmord, indem er sich aus dem Fenster seines Appartements stürzte. Seine Frau Nanette versank in einer Depression, aus der sie nie mehr herausfand. Sie wurde in eine psychiatrische Klinik eingewiesen. In den darauffolgenden Jahren lebte sie abwechselnd zu Hauses und in diversen Einrichtungen.

Jean-Michel blieb allein im Appartement an der Avenue Kléber zurück. Die vernichtende Auswirkung, die diese Ereignisse auf ihn hatten, kann man der Tatsache entnehmen, dass er in der ausgedehnten Korrespondenz mit seinen Freunden den Tod seiner Brüder, den seines Vaters und den Zusammenbruch seiner Mutter mit keinem Wort erwähnte.

# TEIL II *Nach dem Krieg*

# 5
# DREI FREUNDE BEI EINEM BOXKAMPF

Paris, Anfang der zwanziger Jahre.

Der Kampf war schon in der zweiten Runde so gut wie entschieden. Éluères Augenbraue war aufgeplatzt; das Fett, mit dem sein Gesicht eingeschmiert worden war, konnte nicht verhindern, dass das Blut aus der Wunde troff, sich mit Schweiß vermischte und in seinen Augenwinkel sickerte. Der Schiedsrichter unterbrach den Kampf. Ein Helfer versuchte, die Blutung zu stillen und die Schwellung in der Größe eines Vogeleis mit einem Instrument zurückzudrängen, das an ein kleines Bügeleisen erinnerte.

Éluères Gegner schlenderte in die neutrale Ecke, lockerte die Arme, drehte den Kopf mal zur einen, dann zur anderen Schulter. Er entspannte sich, oder besser: Er war schon während des ganzen Kampfes entspannt gewesen und hatte damit das Publikum auf subtile Art provoziert.

Das Publikum, kleine Mittelständler in schmuddeligen Anzügen und Arbeiter mit Kappen auf dem Kopf und einer Selbstgedrehten im Mundwinkel, war auf der Seite von Éluère. Sein Gegner, ein baumlanger Chilene, der auf den Namen Quintin Rojas hörte, war angeheuert worden, um Widerstand zu leisten. Er sollte keineswegs gewinnen, schon gar nicht mit solch einer Machtentfaltung.

Der Schlag, mit dem Rojas Éluère erledigt hatte, war eher zufällig gewesen. Ein Haken? Ein direkter Schlag von links? Wahrscheinlich weder das eine noch das andere, oder irgendetwas dazwischen. Rojas zeigte kaum die Kombinationen (links, rechts,

Leber, Kiefer), die man von einem Profi erwarten würde. Seine Fußarbeit war statisch im Vergleich zu Éluère, der ständig in Bewegung war, sich zu seinem Gegner hinbewegte, zurückwich, sich links wegduckte, rechts auswich, aber der physischen Überlegenheit Rojas einfach nicht gewachsen war. Rojas beherrschte die Mitte des Rings und brauchte sich nur mit seinem Gegner zu drehen und seine größere Reichweite auszunutzen, um Éluère mit ständigen Schlägen auf Abstand zu halten, Schläge, die technisch zwar nicht viel boten und meist auf Éluères Verteidigung stießen, von denen aber schließlich doch einer landen musste, wie der, mit dem er Éluères Augenbraue zerschlagen hatte.

Das Zwielicht rund um den Ring hatte sich zu einem fetten Rauch aus Selbstgedrehten und Zigarren verdickt, der sich mit dem Tumult des Publikums mischte. Ein Unwetter schien sich zusammenzubrauen und sich hier und dort in einer schnellen Armbewegung oder einem deftigen Fluch zu entladen.

Der junge Dichter René Crevel, der seine Freunde Christian Bérard und Jean-Michel Frank eingeladen hatte, ihn zu diesem Kampf zu begleiten, wusste, dass der unbekannte Chilene, gegen den Éluère kämpfen sollte, die besseren Chancen hatte. Das war der Grund, warum er sich für diesen Kampf interessierte. Nichts machte ihm so viel Spaß wie der Anblick eines französischen Boxers, der vor den Augen des heimischen Publikums von einem Ausländer niedergeschlagen wurde.

Der Freund, mit dem Crevel in der letzten Zeit Umgang pflegte, war ein dunkler Amerikaner. Das Gerücht machte die Runde, dass Crevel von diesem Amerikaner zur Männerliebe bekehrt worden sei. Crevel war kein richtiger Homosexueller, wie seine Freunde Jean-Michel Frank und Christian Bérard es waren: Männer, die sich nur von Männern angezogen fühlten und die mit Frauen nichts anfangen konnten, auch wenn sie es gewollt hätten. Crevel hatte sich aus irgendwelchen dunklen Beweggründen von einem Frauenliebhaber in einen Männerliebhaber verwandeln lassen, vielleicht galt seine Neigung auch beiden, doch das war nicht ganz klar.

Die Boxkämpfe waren Manifestationen oder, wenn man so will, Materialisationen der gewalttätigen Phantasien, die in Crevels Kopf herumgeisterten. Deswegen machten sie ihm so viel Spaß. »Prima, prima«, sagte er zustimmend nickend, wenn Rojas einen Volltreffer landete. »Hau ihm auf die Schnauze.«

Er formulierte seinen Beifall mit einer sanften, heiteren Stimme, die gegen das Fluchen und Toben unverständlich gewesen wäre, hätten seine Freunde nicht direkt neben ihm gestanden. Crevels leberfarbiger Maßanzug mit Einstecktuch und Seidenhemd stand in bizarrem Gegensatz zu den ungewaschenen Hemden und Hosen der Arbeiter um sie herum. In und um den Boxring hing ein Dunst, in dem sich der Geruch von Schweiß und billigem Tabak mit dem Geruch von Segeltuch und Seilen mischte.

Crevel genoss diese vulgäre Atmosphäre, er schien darin zu versinken wie in einem warmen Bad. In der Zwischenzeit hatten die Trainer die Hocker aus dem Ring entfernt und die Wasserlachen aufgewischt, die auf das Segeltuch gesickert waren, nachdem sie die Schwämme über den Köpfen und Nacken ihrer Kämpfer ausgedrückt hatten. Der Kampf wurde wiederaufgenommen.

»Pass auf, Christian«, sagte Crevel zu Christian Bérard, der neben ihm stand, »das Nette an so einem Schlag auf die Augenbrauen ist, dass der Boxer zwar weiterkämpfen kann, nachdem er von seinem Trainer geflickt worden ist, aber dass sein Blickfeld durch die Schwellung eingeengt wird, die ganz schnell zurückkommt und wie ein dunkles Ei über seinen linken Augenwinkel sinkt. Sobald das passiert, kann er nur noch die Bewegungen sehen, die von rechts kommen. Sein Gegner wird deswegen seine linke Seite mit Haken bombardieren, die Éluère nicht ankommen sehen kann. Und weil Éluère weiß, auf welcher Seite die Schläge ankommen werden, versucht er, seine linke Seite wegzudrehen. Aber das ist lästig, denn Éluère steht, wie fast alle Boxer es tun, links vor ihm. Seine linke Schulter ist zum Gegner hingedreht, und sein rechter Arm ist der Schlagarm, mit dem er die Angriffe eröffnet. Er kann nicht einfach wechseln und sich rechts vor ihm aufstellen, ebenso wenig, wie man von einem Schriftsteller erwarten kann, dass er eben mal eine Seite mit der linken Hand schreibt. Das Einzige, was er tun kann, ist, seine verletzliche linke Seite möglichst einzuengen, aber das bedeutet, dass er nicht mehr mit einem schnellen linken Schlag angreifen kann und häufiger seine langsamere rechte Faust einsetzen muss. Verstehst du?«

Christian Bérard konnte es sich einigermaßen vorstellen, aber die Feinheiten entgingen ihm. Er war auch nicht wegen seiner Leidenschaft fürs Boxen hier, sondern weil René Crevel und Jean-Michel Frank ihn gefragt hatten, ob er Lust habe, sie zu begleiten. Natürlich hatte er Lust, nicht weil er das Boxen liebte, sondern weil er Crevel und Frank bewunderte.

Warum hatten Crevel und Frank ihn eigentlich gefragt, ob er sie begleiten wolle? Das lag daran, dass sie alle drei die Schule Janson de Sailly besucht hatten. Obwohl René Crevel zwei Klassen über Christian Bérard gewesen war, hatten die beiden damals eine Freundschaft geschlossen, die sie durch dick und dünn gehen ließ. Jean-Michel hatte die Schule schon verlassen, als Christian Bérard als kleiner Junge in die erste Klasse kam. Jean-Michel war sieben Jahre älter als Christian, aber er war seit der Schulzeit immer mit René Crevel befreundet gewesen, und über René war er auch mit Christian in Kontakt gekommen.

Warum hatten sie den Umgang miteinander gesucht? Vermutlich deshalb, weil sie alle drei Außenseiter waren. René Crevel war bereits in der Schule zur Legende geworden: Er publizierte Gedichte und unterhielt Kontakte zu Berühmtheiten wie André Gide, der für die damalige Schuljugend den Status eines Gottes hatte.

Auch Jean-Michel genoss einen besonderen Status, aber für eine viel kleinere Gruppe: für Schüler mit künstlerischem Interesse. Jean Frank, wie er meistens genannt wurde, galt als *connaisseur*. Aber weil die meisten Schüler blind und taub waren, wenn es um

Kunst ging, weckte er Misstrauen. Er wurde zum Ziel von Schikanen, konnte sich aber viel schlechter wehren als René Crevel oder Christian Bérard. Alle drei mussten den Terror im Pausenhof aushalten, so dass der Grund für ihre Freundschaft hauptsächlich auf den Schutz zurückzuführen ist, den sie gegen die sie umgebende Barbarei beieinander suchten.

Jean-Michel hatte die Reputation eines Kunstkenners, eines *arbiter elegantiarum*, dessen Meinung eingeholt wurde, wenn es um Entscheidungen zum Ankauf eines Kunstwerkes ging, oder wenn jemand eine Übersicht über die Kunstlandschaft der damaligen Zeit haben wollte. Wer die letzten Entwicklungen auf dem Gebiet der Literatur, Malerei, Schauspiel, Architektur oder Bildhauerei kennen wollte, musste sich an ihn wenden.

Janson de Sailly ist keine Schule in herkömmlichem Sinne. Es ist eine Schulstadt, die sich mitten in Paris über ein Gebiet von dreieinhalb Hektar erstreckt. Sie ist nicht nur eine sehr große, sondern auch eine sehr exquisite Schule. Eine Schule, die typisch ist für das 16. Arrondissement, besucht von Kindern des reichen Bürgertums, des konservativen Bürgertums. Wer das Schulgelände betritt, durch die Gänge der Gebäude geht und drei enorme Innenhöfe, unter anderem den *cours d'honneur* überquert, kann die Atmosphäre, eine Mischung aus Konservatismus, Katholizismus und Nationalismus, förmlich mit Händen greifen.

Auf der Seite der Rue Decamps steht neben der Kapelle eine Statue zur Erinnerung an die Gefallenen des Ersten Weltkriegs, ein Soldat, in den gleichen Militärmantel gekleidet, wie ihn Oscar Frank auf dem Foto von 1903 trug. Aber dieser Soldat trägt außerdem einen Rucksack und einen Gürtel aus festem Leder mit Patronentaschen. In den Händen hält er eine Feuerwaffe, ein Mittelding zwischen Gewehr und Pistole, den rechten Fuß hat er einen halben Meter vorgeschoben. Hinter ihm, auf Kniehöhe, befindet sich ein Stein mit dem eingemeißelten Wort »France«. Die Vermutung, dass es sich um einen Grenzpfosten handelt, wird durch den im Sockel eingemeißelten Text »À la frontière« bestätigt. Der Soldat hält Wache an der französisch-deutschen Grenze, er ist nicht in eine Gefechtshandlung verwickelt und auch nicht kampfbereit. Seine Haltung drückt Wachsamkeit aus. Das könnte auch der Titel der Statue sein.

Auf dem *cours d'honneur* steht ein zweites Monument zur Erinnerung an den Ersten Weltkrieg. Es ist eine gewölbte Tafel mit den eingemeißelten Namen der 247 Schüler und ehemaligen Schüler, die während des Krieges gefallen sind. Einer dieser Namen ist Georges Frank, des älteren Bruders von Jean-Michel, der im Mai 1915 gefallen war.

Während des Ersten Weltkriegs war Janson zu einem Militärhospital umgebaut worden, aus den Klassenzimmern wurden Schlaf- und Operationssäle. Auch danach hielt man die nationalistische Tradition in Ehren. 1944 schlossen sich Schüler des Janson der Freien Französischen Armee von General De Tassigny an. Sie bildeten eine Eliteeinheit aus Fallschirmjägern, kämpften im Elsass, nahmen an der Ardennen-Offensive teil und zogen anschließend mit der Armee des amerikanischen Generals Patton in Deutschland ein. Auch sie bekamen eine Erinnerungstafel auf dem *cours d'honneur.*

Vielleicht war Jean-Michel rein zufällig in dieser Schule gelandet; seine Eltern waren schließlich in eine Wohnung an der Avenue Kléber gezogen, direkt in der Nähe der Schule. Aber es ist eher anzunehmen, dass sein Vater das neue Appartement gezielt ausgewählt hatte, um seinen Söhnen eine leichtere Integration in das französische Bürgertum und Kontakt mit Schülern zu ermöglichen, die ihnen später einmal nützlich sein könnten. Léon Franks Entscheidung für das 16. Arrondissement wird wohl ebenso geplant gewesen sein wie die für Janson, die Schule mit dem urbürgerlichen, urfranzösischen Charakter.

Léon Frank hatte mit dieser Absicht Erfolg gehabt, soweit es die Ausbildung von Oscar und Georges-Ottmar betraf. Aber mit Jean-Michel ging es schief. Es fehlte nicht viel, und man hätte ihn aus der Schule geekelt. Vielleicht hätte er es leichter geschafft, hätte er den robusten Körperbau seiner älteren Brüder gehabt. Das war aber nicht so, er war zerbrechlich, sah aus wie ein Mädchen, sprach wie ein Mädchen und bewegte sich wie ein Mädchen mit Trippelschritten, die seinen Klassenkameraden zufolge einer komplizierten Choreographie zu entspringen schienen.

Man stelle sich das Verhalten pickliger pubertierender Schüler gegenüber einem mädchenhaften Jungen deutsch-jüdischer Abstammung vor und kann sich ausmalen, wie schwierig die Schulzeit eines Buben war, der seinen Mitschülern zufolge aussah wie ein »japanisches Püppchen«.

Dazu kam, dass Frankreich noch immer unter den Folgen der Dreyfus-Affäre litt. Major Alfred Dreyfus war 1895 der Spionage für Deutschland angeklagt, verurteilt, degradiert und nach Deutschland deportiert worden. Doch nicht Dreyfus hatte sich der Spionage schuldig gemacht, sondern ein anderer Offizier. Die Angelegenheit hätte nicht solche Wellen geschlagen, wäre Dreyfus kein Jude gewesen. Das französische Volk sah in seiner Verurteilung eine Bestätigung des verräterischen Charakters aller Juden.

Als Beweise ans Tageslicht kamen, aus denen hervorging, dass Dreyfus unschuldig war, versuchten die Heeresleitung und die Justizbehörden mit aller Macht, am Urteil gegen Dreyfus festzuhalten. Sie fälschten Beweise, ließen Gegenbeweise verschwinden. Es brauchte mehr als zehn Jahre und eine Regierungskrise, bis Dreyfus 1906 rehabilitiert wurde. Der wahre Schuldige wurde zwar identifiziert, aber nicht festgenommen, vor Gericht gestellt und verurteilt.

In den Jahren danach konnten französische Juden etwas aufatmen. Dreyfus war unschuldig, und nicht nur das: Ihm war schweres Unrecht angetan worden, nur weil er Jude war.

Als Jean-Michel in die erste Klasse des Janson ging, sollte die Affäre ihren Höhepunkt noch erreichen. Die französische Bevölkerung war geteilt in Anhänger und Gegner Dreyfus'. Seine Rehabilitierung führte nicht zu einer Abnahme, sondern zu einer Zunahme des Judenhasses.

Jean-Michel war ein leichtes Ziel für die Schikanen seiner Mitschüler. Er sonderte sich ab und machte sich nach Schulschluss sofort auf den Weg, um über die Rue Longchamps rechtzeitig die Avenue Kléber zu erreichen. Das gelang ihm aber nicht immer.

Im letzten Schuljahr hielt er die Schikanen nicht mehr aus. Was war passiert? Vermutlich litt er unter Angst- und Depressionsattacken, die ihn sein ganzes Leben lang nicht loslassen sollten. Jedenfalls blieb er monatelang zu Hause und besuchte die Schule nur noch, um das Abitur zu machen und die Periode abzuschließen, die er als Albtraum erlebt hatte.

Als Jean-Michel sich Jahre später mit Christian Bérard anfreundete und sich mit Bérard und Crevel in das Pariser Nachtleben stürzte, wurde er noch ein einziges Mal an seine alte Schule erinnert. Das war Anfang der zwanziger Jahre. Er folgte einem Aufruf von André Breton, an einer Exkursion zu Orten teilzunehmen, die von Breton als »notorisch lächerlich« an den Pranger gestellt wurden. Breton schrieb: »Die Dadaisten haben beschlossen, Exkursionen zu Orten zu organisieren, die keine Existenzgrundlage haben, wie das Lyzeum Janson de Sailly. Wir werden diese Exkursion benutzen, um einzuschätzen, ob diese Orte möglicherweise vernichtet werden können. Es ist noch nicht zu spät, aber es muss schnell gehandelt werden.«

Was machte Jean-Michel zwischen seiner Schulzeit und dem Anfang der zwanziger Jahre? Er studierte Jura an der Sorbonne. Nach Beendigung seines Studiums trat er als Sekretär in den Dienst des Bankiers Jean-Simon Cerf, eines extravaganten Mannes, der in dubiöse Affären verwickelt war. Aber Jean-Michel fühlte sich nicht wohl in der Welt, in der sein Vater und seine beiden älteren, 1915 gefallenen Brüder Karriere gemacht hatten. Den größten Teil seiner Zeit widmete er der Kunst. Er führte das Leben eines Dandys. Er nahm an Manifestationen von Dadaisten und Surrealisten teil, er verpasste keine der umstrittenen Ausstellungen, der Theaterstücke und Konzerte, die eine Schockwelle im kulturellen Leben der Nachkriegsjahre auslösten.

In dieser Periode muss Jean-Michel sich den Beruf als Innenarchitekt angeeignet haben. Und das, ohne eine Berufsausbildung gemacht zu haben. Innenarchitektur erfordert die handwerklichen Fertigkeiten eines Möbelbauers und Architekten. Jean-Michel muss sie von Natur aus besessen haben, wie der erste Auftrag bewies, den er 1921 ausführte: das Einrichten des Appartements eines guten Freundes, des Schriftstellers Pierre Drieu-la-Rochelle.

Die Innenarchitektur machte er zu seinem Beruf, wobei »Beruf« in Anführungszeichen zu setzen ist: Er führte Aufträge zwar ernsthaft aus (legte sie in Kontrakten fest und hielt sich genau an die vereinbarten Absprachen), akzeptierte aber Aufträge von Freunden nur, weil sie ihm Spaß machten, nicht um damit Geld zu verdienen, denn das hatte er nicht nötig: Sein Vater, der 1915 Selbstmord begangen hatte, hatte ihm ein beträchtliches Vermögen vererbt. Man könnte also sagen, er habe sich im Laufe der zwanziger Jahre zu einem *dilettante* entwickelte, weil er seinen Beruf nicht als Beruf ausübte, sondern als künstlerische Liebhaberei neben zahlreichen anderen Hobbys.

Die Freundschaft Jean-Michels mit dem Maler Christian Bérard war ganz anderer Art als die mit dem Schriftsteller René Crevel. Das Verhältnis zwischen Jean-Michel Frank und René Crevel war von einer Intensität, wie man sie wohl von eineiigen Zwillingen erwartet: ein wortloses, fast telepathisches Verständnis für das Empfinden des anderen. Die Avantgardebewegungen aus jener Periode – Dadaismus, Surrealismus, Kubismus – bildeten das Medium, mit Hilfe dessen sie kommunizierten. Sie brauchten einander nichts zu erklären, einer verstand den anderen ohne ein Wort zu sagen, als stünden sie in ständiger Verbindung über eine geheime Geistesverwandtschaft, an der andere nicht teilhaben konnten.

Christian Bérard fühlte sich, obwohl er Künstler war, auf dem Gebiet der modernen Kunst viel unsicherer. Was die Malerei betraf, hatte er natürlich einiges zu bieten, da konnte er es mit jedem aufnehmen. Aber die Literatur lag ihm nicht. Er bekam Probleme, wenn er Aufträge zum Malen der Bühnenbilder für Theater- oder Ballettaufführungen erhielt. Bérard verstand kaum, um was es sich bei den Stücken handelte. Anfangs gab er sich noch Mühe, die Texte zu lesen, aber sie waren voller Anspielungen auf mythologische Geschichten und augenzwinkernder Verweise auf Theaterstücke anderer Schriftsteller, davon verstand er nichts. Die Theater- und Ballettstücke irritierten ihn. Wenn Jean Cocteau oder Serge Djagilew ihn baten, Dekorationen zu malen, mussten sie Bérard zuerst erklären, um was es bei dem Stück eigentlich ging, und ihm erläutern, welche Art von Dekoration sie sich vorstellten, sonst kam er durcheinander.

In dieser Hinsicht war Christian Bérard das Gegenteil von Jean-Michel Frank und René Crevel. Gegen diese beiden war er ein Analphabet. Warum verstanden sie sich trotzdem so gut? Bérard fragte sich das oft, denn er fühlte sich in ihrer Gesellschaft wie ein dummer Schuljunge. Aber er war ein fröhlicher Mensch. Vielleicht war das der Grund für ihre Freundschaft. »Warum genießt ihr das Leben nicht?«, war die Frage, die ihm immer durch den Kopf ging, wenn er Jean-Michel Frank oder René Crevel begegnete. Bérard besaß noch nicht einmal einen Bruchteil des Geldes, über das die beiden anderen verfügten, aber er genoss seine Arbeit als Kunstmaler, er genoss die drei Kontakte zu den Menschen und er genoss das Pariser Nachtleben. Er muss das ausgestrahlt haben, denn die Wirkung, die er auf seine besten Freunde hatte, ist vielleicht mit der Wirkung der Affen zu vergleichen, die man in Indien in einen Pferdestall bringt, damit sie die naturgemäß schwermütigen Pferde mit ihren Purzelbäumen aufheitern.

Jean-Michel und René Crevel legten viel Wert auf ihr Äußeres. René war ein schöner junger Mann, perfekt frisiert und gekleidet, sein Maßanzug war mit Accessoires geschmückt wie einem Einstecktuch, einer Krawattennadel, einer Blume im Knopfloch. Jean-Michels Erscheinung war viel diskreter. Von weitem glich er eher einem Asketen oder Pfarrer. Er war klein, mädchenhaft zart und hatte millimeterkurzes dunkles Haar. Er trug stets einen dunklen Anzug, von dem man erst aus der Nähe merkte, dass es sich um einen außergewöhnlich eleganten englischen Maßanzug handelte. Darunter trug er ein weißes Hemd, das sehr einfach aussah, sich aber bei näherer Betrachtung als ein Hemd aus Shantung-Seide erwies.

Im Vergleich zu seinen Freunden machte Christian Bérard einen ärmlichen Eindruck. Es gelang ihm nicht, sich ordentlich anzuziehen, und er gab schon früh die Konkurrenz zu seinen geschmackvoll gekleideten Freunden auf. Irgendwann beschloss er, nur noch die Kleidung zu tragen, in der er sich wohl fühlte, und sich nicht länger über die Kommentare der anderen zu ärgern. In späteren Jahren besuchte er elegante Restaurants wie das Maxim's, gekleidet in seinen mit Farbe verschmierten Overall, und hatte seinen ebenfalls farbverschmierten Hund dabei. Bérard war außerdem ziemlich dick und trug einen Bart, in dem immer Krümel oder andere Essensreste hängen blieben.

Es dauerte bis zur fünften Runde, bis Éluère endgültig zu Boden ging. Er war in jeder folgenden Runde weiter verprügelt worden. Crevel genoss es, dass Éluère immer schwächer wurde. Er wies Bérard auf die Striemen hin, die in den Rücken des Boxers gekerbt worden waren, als dieser von seinem Gegner in die Seile gedrängt worden war. Er fuhr abschätzend mit zwei Fingern der linken Hand den Lauf der Striemen nach und machte dabei eine Bewegung, die von einem Streicheln nicht zu unterscheiden war. »Ich würde gern mit der Spitze meines Messers das Muster auf diesem Rücken perfektionieren«, sagte er und nickte Bérard freundlich zu.

Die Liebenswürdigkeit und die verlockende Schönheit, die jeder betonte, wenn es um René Crevel ging, dem zahllose Frauen zum Opfer gefallen waren. Wie viele dieser Freunde, Freundin-

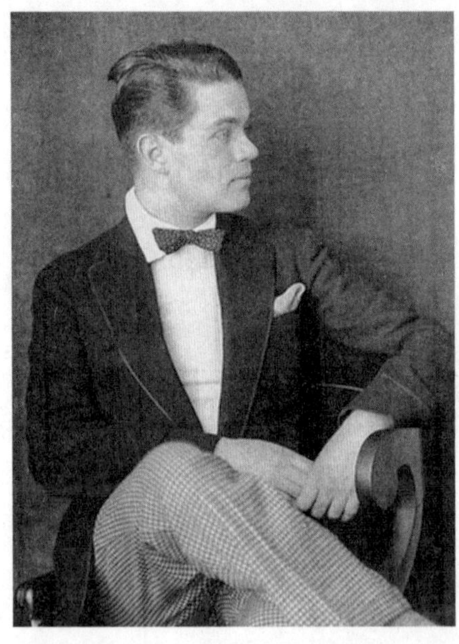

*René Crevel.*
*Foto Berenice Abbott*

nen und Geliebten werden sich der Grausamkeit bewusst gewesen sein, die sich unter dieser Liebenswürdigkeit verbarg? Oder war diese verborgene Grausamkeit vielleicht gerade der Grund dafür, dass sie ihm verfielen? Spürten sie, dass seine Grausamkeit in erster Linie gegen sich selbst gerichtet war? Versuchten sie, ihn vor der Selbstvernichtung zu schützen, zu der er sich unwiderstehlich hingezogen fühlte und gegen die er sich lange zu widersetzen versuchte, indem er seine Grausamkeit auf andere richtete?

Und Jean-Michel Frank? Was suchte der sanfte, äußerst dezente und reservierte Jean-Michel im hinteren Saal des *grand café*, der für diese Gelegenheit zum Boxring umgebaut worden war? Eigentlich müsste man meinen, dass er nichts anderes als Widerwillen gegen dieses Spektakel, das ihm so überaus fremd war, empfunden haben musste. Aber nein, er genoss den Kampf, zwar nicht so ausgelassen wie René Crevel, aber auf seine dezente Art mit einem überdeutlichen Vergnügen, das an seinem Lächeln, seinen leuchtenden Augen, seinem zustimmenden Nicken abzulesen war.

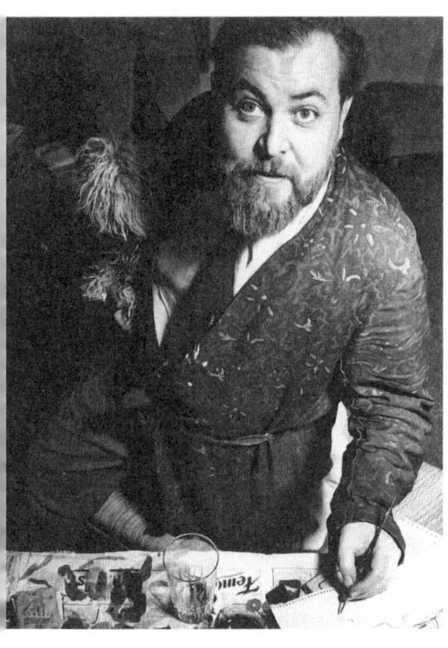

*Christian Bérard.*
*Foto François Kollar*

Crevel und er waren auch in dieser eigenartigen Umgebung Gleichgesinnte.

Jean-Michel Frank muss, wie Crevel, das Zurschaustellen halb bewusster Rachegefühle und Quälereien genossen haben. In der Schlägerei, die vor seinen Augen stattfand, erkannte er wohl die Strafe, der er sich selbst ständig unterwarf. Er lächelte zufrieden und nickte zustimmend, als Éluère, von einem letzten rechten Haken getroffen, bewusstlos zu Boden ging.

Aber Strafe wofür? Was hatte dieser zurückhaltende und äußerst korrekte Mann verbrochen? Es muss wohl ein maßloses und unverzeihliches Vergehen gewesen sein, betrachtet man sein schuldbewusstes Verhalten. Schuldbewusstsein, das war der Eindruck, den Jean-Michel bei allen hinterließ, die ihm begegneten. Seine Person, seine Haltung, sein Auftreten und sein Gesichtsausdruck waren erfüllt davon. Kein Wunder, dass er während seiner Schulzeit so gnadenlos von seinen Mitschülern schikaniert worden war.

# 6
# JEAN COCTEAU ALS RETTER IN DER NOT

Jean-Michel hatte Christian Bérard zur Premiere eines avantgardistischen Theaterstücks eingeladen. Sie könnten nicht fernbleiben, hatte er gesagt. »Jeder ist dort, wirklich jeder.« Wenn Jean-Michel »jeder« sagte, meinte er den kleinen Kreis der Avantgardekünstler, mit denen er befreundet war, also das Gegenteil von dem, was man normalerweise mit »jeder« meint. Das war der Grund, warum Christian die Einladung gerne angenommen hatte, denn abgesehen vom Spaß, den er an solchen Abenden hatte, die nur allzu oft in Schlägereien zwischen den Künstlern und dem empörten Publikum mündeten, vermutete er, dass sich unter »jeder« auch potentielle Käufer seiner Werke befinden könnten. Dafür nahm er gern die Unverständlichkeit eines avantgardistischen Stückes in Kauf.

Alle, die gekommen waren, um etwas Ungewöhnliches zu sehen, kamen auf ihre Kosten. Das Theaterstück spielt auf einem Polizeirevier in der Provinz, in dem Wachtmeister Médor vor sich hin träumt, bis einer seiner Polizisten einen Verdächtigen hereinbringt. Es ist ein Priester, der sich in einem Park danebenbenommen hat. So scheint es zumindest. Aber dann stellt sich heraus, dass der Priester, gespielt von einem älteren Schauspieler, in Wirklichkeit die Marquise von Montonson ist. Sie inspizierte gerade die Gärten ihres Schlosses, als sie von einem übereifrigen Polizisten festgenommen worden war.

Der Wachtmeister kann nicht glauben, dass der Priester in Wirklichkeit eine achtzigjährige Marquise sein soll. Er bittet ihn / sie, sich auszuweisen. Daraufhin bricht der Priester / die Marquise in einen empörten Gesang aus:

Es ist wirklich, um sich tot zu schämen,
Ich, Marquise von blaustem Blut,
bin einfach festgenommen und muss
nachweisen, kein Priester in Soutane zu sein.

Das Stück wird regelmäßig durch derlei fröhliche Lieder unterbrochen, die vom Komponisten Francis Poulenc auf dem Klavier begleitet werden. »Worin besteht eigentlich das Vergehen?«, fragt der Wachtmeister den Polizisten, woraufhin dieser erklärt:

POLIZIST LA PÉNULTIÈME: Dass Frühlingsgefühle in Organismen den Drang entstehen lassen, Handlungen zu verrichten, zu jedweder anderen Jahreszeit nicht kennen; manches Handbuch der Naturgeschichte erhält eine Fülle von Beschreibungen dieses Phänomens bei Tieren.

DIE MARQUISE: Tiere! Tiere! Das wird mir zu viel!

WACHTMEISTER MÉDOR (streng zur Marquise): Bleiben Sie ruhig, Verdächtige. (Zum Polizisten): Zur Sache, bester Freund, zur Sache. Um was handelt es sich?

POLIZIST LA PÉNULTIÈME: Dass es von plausibler Wichtigkeit sei, bestimmte Änderungen zu signalisieren, die der klimatologische Augenblick im Benehmen von Individuen verursacht, die für das geistliche Leben vorbestimmt sind.

*Die Marquise stößt einen nervösen Schrei aus. Wachtmeister Médor klopft wiederholt mit der Hand auf den Tisch, um sie zur Ordnung zu rufen.*

Der Wachtmeister, der endlich wissen will, wen er da vor sich hat, schlägt der Marquise vor, Farbe zu bekennen. Er tut das in Form eines Liedes oder besser eines Duetts mit der Marquise, begleitet von Poulenc:

WACHTMEISTER MÉDOR (Gesang)

Das Priesterkleid macht Sie verdächtig.
Nur allzu oft verbirgt ein Schurke
Die wahre Art seines Geschlechts
Unter den Falten eines Kleides.
Vermeidet dieses Ungemach,
Edle Frau: Entblößt euch.

DIE MARQUISE (Gesang)
Lieber stirbt der Adel,
Als dass er die Hose herunterlässt.

Wie man sieht: ein fröhliches Stück, voller Witz und Unfug. Aber das Publikum war anderer Meinung. Verschiedene Anwesende schrien, dass es eine Schande sei, derartigen Unsinn auf die Bühne zu bringen.

Jean-Michel Frank, Christian Bérard und René Crevel gingen nach der Vorstellung zum Foyer, um den Autoren zu gratulieren. Jean Cocteau und Raymond Radiguet genossen die Empörung, die das Stück beim Publikum verursacht hatte. »Wir haben es geschrieben«, sagte Cocteau, »um die Kritiker auf die Palme zu bringen. Sie empören sich über das wirre Zeug, das Polizist La Pénultième von sich gibt. Nun, die Rolle des La Pénultième haben wir wortwörtlich aus Texten von Stéphane Mallarmé zusammengestellt. Und ich sage jetzt ›wir‹, aber es war Raymonds Idee, den alten Barden einmal auf seinen Platz zu verweisen. Raymond hat das Stück an einem einzigen Abend geschrieben. Alle Kritiker sind darauf reingefallen. Sie schreiben jetzt ihre Kommentare und machen kurzen Prozess mit dem wirren Zeug, das die heutigen Theatermacher von sich geben, und es ist ihnen nicht klar, dass sie damit das Urteil über den Dichter sprechen, den sie selbst heiliggesprochen haben.«

Francis Poulenc gesellte sich zu der Gruppe. Der Komponist legte seinen Arm um Jean-Michels Schulter, drückte ihn an sich und strich mit seiner großen Hand ein paarmal über seine Stoppelhaare. Es war rührend zu sehen, wie der beherrschte, fast eisige Jean-Michel auftaute. Sein Gesicht entspannte sich, bekam etwas Entwaffnendes und Jugendliches. Er lächelte, doch weil ihm das selten geschah, glich sein Lächeln eher einer ungewohnten Grimasse.

Es gab eine intuitive Verständigung zwischen Poulenc und Jean-Michel, aber sie war anders als die zwischen Jean-Michel und Crevel. Crevel war sein Geistesverwandter, sein Seelenzwilling, in dem er seine düsteren Vorstellungen von der Welt, dem Leben und der Kunst widergespiegelt sah. Francis Poulenc war wie ein älterer Bruder oder Vater, aufmerksam, zuvorkommend, sorgsam. Auch mit den anderen Komponisten der Sechsergruppe, speziell mit Darius Milhaud und Georges Auric, verstand sich Jean-Michel ausgezeichnet, und das war erstaunlich, weil er selbst keine Musik ausübte und sein Kunstverständnis in erster Linie der Literatur und der bildenden Kunst galt, weniger der Musik. Auch die Musiker waren an diesem Abend anwesend. Poulenc hatte die Musik zu *Le Gendame incompris* komponiert, Milhaud hatte nach Texten von Cocteau ein Stück für eine Jazzband geschrieben, und Auric hatte für einen Zweiakter von Radiguet, der später am Abend aufgeführt werden sollte, die Musik geschrieben.

»Habt ihr Lust auf einen Lunch bei Gräfin de Noailles?«, fragte Jean Cocteau und blickte in die Runde, um sich an einen der Anwesenden im Besonderen zu richten.

Die Gräfin de Noailles?, fragte sich Christian Bérard. Wer mag das wohl sein? Und wer ist Cocteau, dass er Einladungen ausspricht? »Warum sollte eine Frau von Stand sich dafür interessieren, ein Rudel junger Hunde wie uns zu empfangen?«, fragte er.

»Das werde ich dir erzählen, *cher ami*. Die Gräfin de Noailles ist zwar eine Frau von Stand, wie du richtig sagst, aber die Vorstellung, die du von ihr hast, stimmt nicht mit der Wirklichkeit überein. Die Gräfin de Noailles ist nämlich eine junge Dame von einundzwanzig, die mit Mädchennamen Marie Laure Bischoffsheim hieß. Vor ein paar Monaten hat sie den Grafen Charles de Noailles geheiratet. Das Ehepaar ist jetzt nach Bischoffsheim gezogen, und dort möchte Marie Laure einen Salon gründen, der alle anderen Pariser Salons in den Schatten stellt – und das wird sie schaffen, glaubt mir.«

»Mein Vater war mit dem alten Bischoffsheim befreundet«, sagte Jean-Michel, »aber der starb, als ich noch klein war. Meine Eltern hielten weiterhin Kontakt mit seiner Witwe, das heißt, mit Marie Thérèse, Marie Laures Mutter. Aber als diese ein Verhältnis mit Francis de Croisset begann, kühlte die Freundschaft ab, und meine Eltern beendeten die Beziehung, als Marie Thérèse sich entschied, Croisset zu heiraten.«

»Den Theaterautor Croisset?«, fragte Christian Bérard, froh, auch einmal etwas zum Gespräch beitragen zu können.

»Kein anderer«, sagte Cocteau. »Mein geschätzter Kollege Francis de Croisset, Autor der besten Boulevardstücke der Welt. Ein sehr intelligenter und unterhaltsamer Mann. Wir verstehen uns prächtig. Seine Ehe mit Marie Laures Mutter war ein Skandal, denn Croisset ist ein unverschämter Karrieremensch. Er machte Marie Thérèse den Hof wegen ihres unendlich großen Vermögens, und Marie Thérèse wusste das, aber es war ihr egal. Sie fiel auf Francis herein und erlaubte sich den Luxus, ihn zu kaufen, wenn ich mich so ausdrücken darf. Ihre Mutter, Laure de Chevigné, war entsetzt, aber Marie Thérèse setzte sich durch. ›Damals habt ihr mich mit einem Juden vermählt, weil es euch gut gepasst hat. Aber diesen Juden heirate ich zu meinem Vergnügen‹, schrieb Marie Thérèse an ihre Mutter.«

»Wieso weißt du das alles?«, fragte Christian, der sich nicht zurückhalten konnte.

»Das liegt daran, *cher* Christian, dass Laure de Chevigné, die Großmutter der jungen Gräfin, unserer Nachbarin, ist, das heißt, die Nachbarin meiner Mutter«, antwortete Cocteau. »Als Marie Thérèse sich in eine Beziehung mit Croisset stürzte, hatte sie keine Zeit mehr für das Töchterchen aus ihrer Ehe mit Bischoffsheim. Sie brachte Marie Laure bei ihrer Mutter unter, Laure de Chevigné, so dass Marie Laure praktisch von ihrer Großmutter aufgezogen wurde. Ich habe mich mit meinem Nachbarmädchen wunderbar verstanden. Sie langweilte sich, kam gerne zu mir und war fasziniert von allem, was ich tat. Wir sind innig befreundet, obwohl man sich natürlich fragen kann, ob Marie Laure darunter dasselbe versteht wie ich. Sie hat mir ein paarmal allen Ernstes versichert, dass sie mich liebt. ›Ich liebe dich auch‹, habe ich ihr geantwortet, aber ich glaube, dass sie von mir eine andere Reaktion erwartet hat, als diese Versicherung – die übrigens aufrichtig ist, denn ich mag Marie Laure sehr gern.

Marie Laures Liebe richtet sich vollkommen und bedingungslos auf mich, Jean Cocteau, aber was für ein Cocteau ist das denn? Natürlich der Mann aus Fleisch und Blut, der hier vor euch steht, aber dieser Mann wird von meiner künstlerischen Reputation in den Schatten gestellt, die mich wie eine Aura umgibt. Das ist zumindest der Eindruck, den Marie Laure mir gibt. Wenn sie sagt, dass sie mich liebt, meint sie eigentlich meinen Strahlenkranz. In dem Moment, wenn sie sagt, ›Ich liebe dich‹, ist ihr Blick nicht auf mich gerichtet, sondern auf die Aura, die mich umgibt. Ihre Pupillen weiten sich, als hätte sie Laudanum geschluckt, um möglichst viel Licht einströmen zu lassen. Nun ja, ich bin froh, dass sie Charles de Noailles geheiratet hat. Das vereinfacht meine Beziehung zu ihr.

Marie Laure gönnt mir die Rolle des Talentscouts. Sie will Bischoffsheim zu einer Brutstätte künstlerischer Talente entwickeln, also lässt sie mir freie Hand, Künstler einzuladen, die gerade ihren Durchbruch erleben. Sie macht das, um den Ruf ihrer Familie aufzupolieren, der durch die Ehe ihrer Mutter mit Croisset ein bisschen beschmutzt wurde. Aber sie macht es speziell, um sich vom Salon ihrer Großmutter abzusetzen.« Cocteau schaute sich herausfordernd um.

»Ich hatte einmal das Vergnügen, von ihrer Großmutter empfangen zu werden«, sagte Jean-Michel. »Es waren viele nette Leute da, die mir einen sehr angenehmen Nachmittag bereitet haben, wie Gräfin De Greffulhe, Gabriel Fauré und Anatole France, es war wirklich eine erlesene und unterhaltsame Gesellschaft.«

»Gräfin De Greffulhe ist immer noch Laures beste Freundin«, unterbrach ihn Cocteau. »Ihr Salon ist elegant, vielleicht sogar der eleganteste in ganz Paris, aber den Namen der Personen, die ihn besuchen, kann man entnehmen, dass er irgendwie altmodisch geworden ist, ein Vorkriegssalon. Der Krieg hat einen Bruch verursacht, nicht nur in der Gesellschaft, sondern auch in der Kunst. Die altmodische Musik von Gabriel Fauré und César Franck wurde von der modernen Musik unserer brillanten Freunde Poulenc, Auric, Milhaud und Strawinsky weggefegt. Dasselbe gilt für die bildende Kunst und die Literatur. Wer liest denn jetzt noch Anatole France oder Stéphane Mallarmé? Das ist vom vorigen Jahrhundert, *cher ami*, niemand weiß das besser als du.«

»Und hat Marie Laure jetzt vor, den Stab von ihrer Großmutter zu übernehmen und einen Salon zu gründen, der mit ihrem wetteifern kann?«, fragte Christian Bérard. »Wetteifern? Übertreffen, lieber Christian, und das Schöne ist, dass wir gebeten werden, die Plätze einzunehmen, die von den *monstres sacrés* aus dem Salon von Marie Laures Großmutter besetzt gehalten werden.«

»Ich würde Marie Laure gern kennenlernen«, sagte Jean-Michel. »Kennt sie sich mit der modernen Kunst aus? Ich meine, hast du ihr genügend beigebracht?«

»Ich habe getan, was ich konnte, aber ich habe ihr nicht viel mehr beibringen können, als sie schon wusste. Marie Laure interessiert sich brennend für moderne Kunst, mit einer Vorliebe für alles, was sich gegen den bürgerlichen Geschmack ihrer Klasse wendet. Als kleines Mädchen las sie Edgar Allen Poe, Charles Baudelaire und Barbey d'Aurevilly. Vergesst nicht, dass sie eine Nachfahrin des Marquis de Sade ist. Ihre Großmutter hieß mit Mädchennamen de Sade. Sie besitzt ein äußerst anstößiges Manuskript ihres Vorfahren: *Die 120 Tage von Sodom*. Man sagt, sie verwahre es in einem Lederetui, das die Form eines Phallus hat. Ihr seht: Marie Laure ist aus bestem Hause.«

»War das der Grund, warum Marcel Proust sich so maßlos für ihre Großmutter Laure de Sade interessierte?«, fragte Jean-Michel.

»Das würde mich nicht wundern«, sagte Cocteau. »Das Nette an Proust war, dass er von Sadismus besessen war. In seinen Romanen malt er eine sadistische Szene nach der andern aus, aber die Leser verstehen es nicht, weil er diese Grausamkeiten literarisch so ausschmückt, dass die brutalen Fakten durch Stilblüten verschleiert werden. Ja, es ist gut möglich, dass Prousts Faszination für Laure mit ihrer Herkunft zu tun hatte. Doch das war nicht der einzige Grund, warum er sich für sie interessierte. Laure verkörperte alles, wonach Proust sich sein Leben lang gesehnt hatte: alter französischer Adel, ein stark entwickeltes Gespür für Kunst und ein noch stärker entwickeltes Gespür für Sprache, denn bei Gott, meine Nachbarin hat eine messerscharfe Zunge.«

»Sie muss sich geschmeichelt gefühlt haben, dass Marcel Proust sie so maßlos bewunderte«, unterbrach ihn Christian.

»Im Gegenteil, mein Lieber, im Gegenteil. Marcel Prousts letzten Jahre werden durch die ungerechte Behandlung durch Laure de Chevigné getrübt. Proust hat sie auf eine Weise verewigt, die wenigen Frauen jemals zuteilgeworden ist. Du weißt doch, dass Laure für die Herzogin von Guermantes Modell gestanden hat? ›Ich schreibe nur für Sie‹, hat Marcel ihr in einem seiner Briefe geschrieben. ›Mein nächstes Buch ist nur Ihnen gewidmet.‹ Er bezog sich auf *Die Welt der Guermantes*, das vor ein paar Jahren erschienen ist. Proust sehnte sich so sehr nach einem Wort der Anerkennung, der Bewunderung womöglich, denn das war seine tiefste Triebfeder: der Klasse, die er so maßlos bewunderte, Anerkennung abzutrotzen, aber sie hat nie auf seine Bücher reagiert.

Laure misstraute Proust. Sie hielt ihn für einen Nörgler. ›Er sitzt immer zu Hause. Er redet über Dinge, von denen er nichts versteht. Und dann diese ewig langen Sätze, in denen ich mich verheddere!‹ Sie bekam mehr Briefe von Proust als von jemand anderem, aber sie las sie nie. Proust durfte ihr kein Exemplar von *Die Welt der Guermantes* schicken. Er glaubte, Laure würde ihm übelnehmen, dass er ihre Tochter, Marie Thérèse Bischoffsheim, mit Francis de Croisset in Kontakt gebracht hatte und dass sie sich beleidigt fühlte, als ihre Tochter mit diesem Schmarotzer durchbrannte. Aber die Wahrheit war viel einfacher: Es ärgerte die alte Dame, dass er ihr einen Roman gewidmet hatte. An ihrer Reaktion war ihre Umgebung schuld.

Wie du weißt, liest der Adel nicht. Der Adel hat mit Literatur nichts am Hut, er misstraut Schriftstellern und Künstlern. Vielleicht war Laure de Chevigné tief im Herzen von der Tatsache geschmeichelt, dass Proust ihr in seinem Werk eine Hauptrolle zugewiesen hatte. Sie fragte mich eines Tages sehr diskret, ob ich alle Textstellen markieren könnte, in denen sie nicht vorkam. Ob sie das Proust gegenüber wohlwollender gestimmt hat, weiß ich nicht. Sie hat Prousts Roman nie gelesen, ebenso wenig wie seine Briefe.

Proust hat sich bei mir über Laures gefühlskaltes Verhalten beklagt«, sprach Cocteau weiter. »›Mon cher Jean‹, sagte Proust, als ich ihn in seinem mit Kork ausgekleideten Zimmerchen besuchte, ›womit habe ich das verdient? Laure de Chevigné ist die wichtigste Figur in meinem Roman. Eine größere Ehre kann ich ihr nicht erweisen. Warum reagiert sie darauf so undankbar? Man könnte meinen, ich hätte sie beleidigt.‹ Ich sagte: ›Ach, Marcel, du musst das nicht so ernst nehmen. Der Biologe Jean-Henri Fabre hat berühmte Bücher über Insekten geschrieben und bittet die Insekten doch auch nicht, diese Bücher zu lesen!‹ So sollte man das sehen, glaube ich. Proust hat unsere adligen Freunde bestimmt, nach Spezies klassifiziert und in wunderschönen Kästchen aufgespießt, in denen sie, auf ewig beigesetzt, zu bewundern sind.

Und glaube mir: Alle stehen sie drin, die Menschen, mit denen er Umgang hatte. Francis de Croisset hat er in Bloch verwandelt, den geschickten jungen Mann, der alles tut, um seine jüdische Herkunft zu verbergen, unter anderem, indem er sein Kraushaar glätten lässt und seinen Namen von Bloch in Jacques de Croisier ändert, ein Hinweis auf den Namen unseres Freundes. Mich hat er in der Textstelle verewigt, in der Saint-Loup einfach frech über die Tische eines Restaurants läuft, um Marcels Pelzmantel aus der Garderobe zu holen und ihm auszuhändigen, nachdem er über die Tische zurückgelaufen ist. Es rührt mich, dass er diesen Vorfall zu Papier gebracht hat, denn der Retter in Not, das war ich.«

# 7
# URLAUB MIT MIREILLE HAVET

Jean-Michel Frank und Christian Bérard hatten sich seit der Vorstellung von *Le gendarme incompris* nicht mehr gesehen. Um Weihnachten 1923 herum begegneten sie sich wieder. »Was hast du denn im Sommer und Herbst so gemacht?«, fragte Christian. »Ich habe es mir gutgehen lassen«, antwortete Jean-Michel. »Ich war in Italien, auf Capri, und habe die Sonne, das Meer und die warmen Strände genossen. Nach wenigen Tagen wurde die Erinnerung an Frankreich immer verschwommener. Man liegt auf einem Kieselstrand in der brennenden Sonne und denkt schon bald, dass man nie mehr fort will. Vergangenheit und Zukunft weichen einem Gefühl der Ewigkeit. Man stolpert über die Ruinen von Villen römischer Kaiser: Tiberius, Augustus. Manche Siedlungsspuren reichen zurück bis in die Steinzeit. Das hilft, die eigene Geschichte loszulassen, und die Sonne und das unglaubliche Blau des Meeres tun den Rest.«

Jean-Michel hatte sich in Gesellschaft seiner Freundin Mireille Havet befunden. Mireille galt lange Zeit als Wunderkind. Schon als sie in der zweiten oder dritten Klasse des Lyceums war, schrieb sie Gedichte, die in großen Literaturzeitschriften publiziert wurden, und sie war der Liebling von Guillaume Apollinaire. Kurz danach wurde sie von der Schule verwiesen, weil es in der Schule für Poesie schreibende Wunderkinder keinen Platz gab, hieß es, der wirkliche Grund war ungebührliches Benehmen. Eltern beschwerten sich bei der Schulleitung, dass Mireille Mädchen aus gutem Hause »pervertiere«, wie man es nannte. Ab da entgleiste ihr Leben, oder besser gesagt, ab da nahm sie ihr Leben selbst in die Hand. Ihren Eltern gelang es nicht mehr, ihr zu sagen, was sie zu tun und zu lassen habe. Ihr Vater, ein Kunstmaler, wurde in eine psychiatrische Klinik eingeliefert. »Mein Vater war damals so verrückt«, erzählte sie einmal, »dass er die Fenster unseres Hauses einschlug, um sich mit den Scherben Wunden in die Arme zu ritzen.«

Über Apollinaire lernte Mireille andere große Schriftsteller kennen: André Gide, Colette, von der sie schwärmte, Claudel, Cocteau und ihrer aller Muse Misia Sert. Misia Sert brachte sie mit den Ballets Russes, mit Leónce Rosenberg, mit den Komponisten der Groupe des Six – sie war eng befreundet mit Georges Auric – und mit Jean-Michel Frank in Kontakt.

Misia Sert brachte Mireille auf die Idee, eine Filmkarriere zu starten. »Das ist das Medium der Zukunft«, sagte Misia. »Du möchtest gerne Theaterstücke schreiben und Schauspielerin werden. Dies ist deine Chance. Ich gebe dir die Adresse von Jean de Limur, einem Filmproduzenten.« Und das tat Mireille, aber sie verliebte sich in Jeans Ehefrau, Madeleine de Limur, mit der sie ein stürmisches Verhältnis begann. So ging es ständig mit Mireille: Sie versuchte, eine Karriere aufzubauen, ließ sich aber von Leidenschaften mitreißen, die sie in den unpassendsten Momenten überwältigten.

Kurze Zeit später lernte sie Marcelle Garros kennen, die Witwe des Kriegshelden Roland Garros. Mit ihr begann sie ein Verhältnis, das noch bestand, als sie mit Jean-Michel Frank in Urlaub fuhr. Marcelle zeigte Mireille, wie man Opium nimmt. Später kam Kokain dazu. Noch später Morphin und Heroin. Mireille benutzte diese Stoffe in allen möglichen Kombinationen, je nachdem, was gerade auf dem Markt war.

Im Frühjahr 1923 verstarb Mireilles Mutter, ein fast unüberwindlicher Schlag für Mireille. Sie geriet in eine Depression und bekämpfte sie mit Betäubungsmitteln, rutschte noch tiefer in die

Depression, es war, kurz gesagt, ein Teufelskreis. Aus diesem Grund lud Jean-Michel sie ein, mit ihm nach Capri zu fahren. Sie verbrachten den ganzen Sommer auf der Insel. Sie überließen sich einem Rausch, den sie im Nachhinein ihren *Nachmittag eines Fauns* nannten.

Einer der ersten Besuche, die sie auf Capri abstatteten, galt Baron Jacques de Fersen. Fersen war ein Franzose adliger Herkunft, aber mit schwedischen Vorfahren, von denen einer, Axel de Fersen, ein Verhältnis mit Marie Antoinette gehabt hatte. Sein Großvater war der Gründer der Fersen-Stahlfabriken im Norden Frankreichs. Als Jacques zwanzig wurde, erbte er ein unermessliches Vermögen. Er war einer der meistgesuchten Heiratskandidaten.

Aber Jacques interessierte sich mehr für Männer und Literatur (er schrieb ein paar Gedichtbände und Romane) als für heiratsfähige Mädchen. Er organisierte Feste mit *tableaux vivants*, bei denen er Schüler der vornehmsten Pariser Schulen, unter anderem auch Schüler des Janson de Sailly, nackt aufstellte. Das geriet ihm zum Verhängnis, denn das französische Gesetz war zwar viel nachsichtiger als das englische, was die Beziehungen zwischen Männern betraf, aber wenn man etwas mit Jungen im schulpflichtigen Alter anfing, machte man sich der Päderastie schuldig und wurde schwer bestraft. Jacques wurde der Organisation von »schwarzen Messen« und der »Verletzung der Sittlichkeit von Personen männlichen Geschlechts« beschuldigt. Der Prozess verursachte großen Wirbel. Jacques kam mit einer Gefängnisstrafe von einem halben Jahr und einem geringen Bußgeld davon. Die Familien der Jungen, die bei den Festen dabei gewesen waren, zogen die schlimmsten Beschuldigungen zurück, um den Umfang des Skandals in Grenzen zu halten.

Jacques Reputation war dahin. Er zog nach Capri, kaufte dort ein Grundstück neben der Villa Jovis, dem Landhaus von Kaiser Tiberius, und beauftragte einen seiner Freunde, eine Villa zu bauen, die ganz seinen Wünschen und Präferenzen entsprechen sollte. Das Resultat war verblüffend: ein neoklassizistischer Palast mit einer Treppe, die so breit war wie eine Schnellstraße und zu einer Galerie mit ionischen Säulen führte, an deren Ende ein Eingangstor auftauchte, bestehend aus schmiedeeisernen Doppeltüren mit eingearbeiteten Bleiglasfenstern, die mit orientalischen Motiven geschmückt waren. *Amori et dolori sacrum*, ließ Jacques über die ganze Breite der Säulengalerie einmeißeln. »Der Liebe und dem Schmerz geweiht.« Der erste Stock bestand zur Hälfte aus einer mit grünen und weißen Majolica gefliesten Terrasse, die Aussicht auf den Golf von Neapel bot. Die Zimmer von Baron Jacques und seinem Freund Nino Cesarini führten auf diese Terrasse.

Als Mireille und Jacques abends bei der Villa ankamen, kreisten Mückenschwärme um die Laternen. Baron Jacques war äußerst liebenswürdig. Er fragte nicht nach dem Zweck ihres Besuchs, sondern bat sie, einzutreten, und führte sie über eine breite Marmortreppe zum Souterrain. Dort befand sich ein Raum, den er speziell zum Rauchen von Opium hatte errichten lassen. Der Baron war ein eingefleischter Opiumraucher; es war kaum zu glauben, wie viel er rauchte: dreißig bis vierzig Pfeifen am Tag. Ein Wunder, dass er sich noch auf den Beinen halten konnte. Vielleicht hatte Opium ja eine konservierende Wirkung. Auf diesen Gedanken konnte man jedenfalls kommen, wenn man Jacques de Fersen sah. Er war ein schlanker, blasser Mann, der aussah wie dreißig, aber schon über vierzig war. Nur aus der Nähe bemerkte man, dass seine Augen starr waren, mit geweiteten Pupillen. Vermutlich sah er die Menschen nur halb oder auch gar nicht, weil sie sich für ihn in der Welt des Opiums auflösten.

Er machte es sich mit seinen Gästen im Souterrain bequem, das etwas bizarr wirkte. Eine Ecke des Gebäudes war um den Felsen herum gebaut worden, auf dem die Villa stand, so dass der Felsen in das Haus einzudringen schien. Die Böden bestanden aus Majolicafliesen in hellen Farben. Die Säulen und Bogengewölbe waren mit Blumenmotiven verziert. An die Wände hatte Jacques chinesische Schriftzeichen in einem goldfarbenen Mosaik anbringen lassen. Unlängst hatte er dem Opium einen Gedichtband mit dem Titel *Hei Hsiang* (das schwarze Parfüm) geweiht. Der kreisförmige Raum wurde von Laternen aus gelbem Glas beleuchtet. Die Idee der *décadence* tauchte im Kopf der Besucher von allein auf, vor allem, wenn sie eine Opiumpfeife geraucht hatten.

Jacques stellte Mireille und Jean-Michel genügend Opium zur Verfügung, um es wochenlang aushalten zu können. Damit hatte sich ein wichtiges Problem gelöst.

Sie zogen in ein Hotel, das von einer bunten Gesellschaft aus Amerikanern, Deutschen, Engländern, Franzosen und Italienern bevölkert war. Größtenteils waren es Familien mit halbwüchsigen Töchtern, wie die halb russische, halb englische Familie Sykes und ihre Tochter Olga. Mireille erzählte, dass Olga unerwartet auf sie zugekommen sei und gesagt habe, sie wolle mit ihr schlafen.

Mireille und Jean-Michel teilten sich ein Appartement. Das war gemütlich, aber es gab Probleme, wenn Mireille auf der Jagd gewesen war und mit Beute heimkehrte. Am Tag darauf war Claudia Philipponi an der Reihe, die schöne Tochter eines römischen Ehepaares, das bei ihnen im Hotel wohnte. »Claudia ist sehr begabt für die Liebe«, sagte Mireille. »Sie ist verlobt und bewahrt ihre Unschuld für ihren Verlobten, sagt sie. Aber Küsse auf den Mund und Zungenküsse gehören offensichtlich nicht dazu.« Dann folgte Julia Barnes, ein wirklich reizendes Mädchen, aber streng bewacht von ihrer Mutter. Gerade als Mireille mit ihr etwas ausmachen wollte, schickte ihre Mutter sie auf ihr Zimmer. »Meinst du, es gelingt ihr, heute Nacht noch hierher zu kommen?«, fragte Mireille, und Jean-Michel sagte: »Mach dir keine Sorgen, sie möchte es viel zu gern.«

Kurz darauf klopfte es an die Tür. »Das wird Julia sein«, sagte Jean-Michel. Aber es war das Dienstmädchen, das einen Brief von Olga abgab. Ob Mireille diese Nacht bei ihr vorbeikommen wolle? Mireille schrieb eine Antwort, sie wolle versuchen, frühmorgens in Olgas Zimmer zu sein. Um halb fünf schlich sie zu ihr. Olga fing an zu weinen, als Mireille sagte, dass sie eigentlich keine Zeit habe und gerade dabei sei abzureisen. Das war typisch für Mireille. Hatte sie eine Frau erst einmal erobert, ließ sie sie warten. Je mehr Tränen, je mehr Klagen, desto besser. Sie genoss die Idee, dass jemand sie vermisste, mehr als sie die Eroberung selbst genoss. Schmerz und Genuss waren sich sehr nahe. Vielleicht war die Villa Lysis deshalb der Liebe und dem Schmerz geweiht.

»Komm«, sagte Jean-Michel, als Mireille wieder heruntergekommen war, »es ist fünf Uhr. Höchste Zeit, dass wir uns auf den Weg machen.«

Mireille fuhr zurück nach Paris. Als ihr Zug im Gare de Lyon einfuhr, wurde ihr wieder schmerzlich klar, wie sehr sie ihre Mutter vermisste, und erneut versank sie in einer Depression. So war es immer. In Paris sehnte sich Mireille nach Süditalien, in Süditalien sehnte sie sich nach Paris.

Sie schrieb Jean-Michel an seine italienische Adresse. Sie versuchte, mit dem Opiumrauchen aufzuhören, um an ihrem neuen Roman weiterarbeiten zu können, aber ihr Kummer und die Anwesenheit von Marcelle Garros machten diese Absicht zunichte. Außerdem bildete Mireille sich ein, sie könne besser schreiben, wenn sie ab und zu Opium rauchte, als wenn sie das nicht tat. »Ein paar Züge an der Pfeife erhellen mein Leben wie ein Leuchtturm«, schrieb sie. Jean-Michel antwortete, sie sei herzlich willkommen, falls sie nach Italien zurückkehren wolle. Inzwischen habe er die Villa angemietet, die sie sich ein paar Wochen zuvor angeschaut hätten. Sie kam sofort. Er holte sie am Bahnhof von Neapel ab. Sie fielen sich in die Arme, und Jean-Michel war glücklich, sie wiederzusehen.

Die zweite Unterkunft war völlig anders als die erste. Hatte es mit der Jahreszeit zu tun? Es war mittlerweile Ende August, die Touristen fuhren allmählich nach Hause. Für Jean-Michel hatte der Nachsommer einen besonderen Reiz. Blumen, die am Verblühen waren, Pilze und dazu Spinnweben, auf denen sich der Nebel zu kleinen Kristallen verdichtete, so dass sie aussahen wie die Perlen einer Halskette. Diese Atmosphäre entsprach seiner Stimmung. Mireille fühlte sich weniger wohl. Sie vermisste die sengende Hitze des Hochsommers, den Trubel der Touristen mit ihren plappernden Kindern. Hatte es mit der Villa zu tun, in die sie gezogen waren? Vermisste sie das Hotel, den täglichen Kontakt mit den anderen Gästen und ihren Töchtern? Auf jeden Fall lechzte sie nach den »jungen Mädchen in der Blüte ihres Lebens«, die sie bei ihrem ersten Aufenthalt so sorglos gepflückt hatte.

Mireille konzentrierte sich jetzt auf ihr Innenleben, wie sie sagte, sie schrieb Gedichte, vertiefte sich in ihr Tagebuch, machte den Entwurf für einen Roman. Sie und Jean-Michel verbrachten die Zeit mit Freunden, Alexander Iacovleff und Consuela Suncin, einer Amerikanerin salvadorianischer Herkunft. Consuela war, trotz ihrer zweiundzwanzig Jahre, gerade Witwe geworden. Ein schönes Mädchen, diese Consuela, aber so amerikanisch! Sie sprach außerdem kaum Französisch. Sie behalfen sich mit einer Mischung aus Spanisch, Englisch und Französisch. Jean-Michel tat sich da leichter als Mireille. Consuela verliebte sich in Alexander, der aber nichts von ihr wissen wollte. Mireille nutzte die Gelegenheit für Annäherungsversuche Richtung Consuela und scharwenzelte einige Tage um die junge Amerikanerin herum. Schließlich sagte sie zu ihr, es sei jetzt an der Zeit, sie würde schon nicht gleich sterben.

Zu ihrem Erstaunen war Consuela einverstanden, aber sie wollte zuerst baden. Sie kam in einem typisch amerikanischen Seidennachthemd zurück, und ihr Gesicht drückte eine Mischung aus Opfer und fleißiger Schülerin aus. Sie legte sich auf das Bett, sagte Mireille, und spreizte brav ihre Beine. Und Mireille, die aus Langeweile dieses Abenteuer angefangen hatte, dachte: Das wird nichts. Was für ein prüdes und scheinheiliges Völkchen sind doch die Amerikaner. Bei der Liebe kennen sie nur die konventionellen und groben Körperbewegungen. Sie küssen nur mit den Lippen und wissen nicht, was ein Zungenkuss ist. Mireille spürte, wie ein unbändiges Lachen in ihr aufstieg, bezwang es aber und überging Consuelas angespannte Nerven. Ihrer Meinung nach wusste Consuela nicht einmal, was ein Orgasmus war.

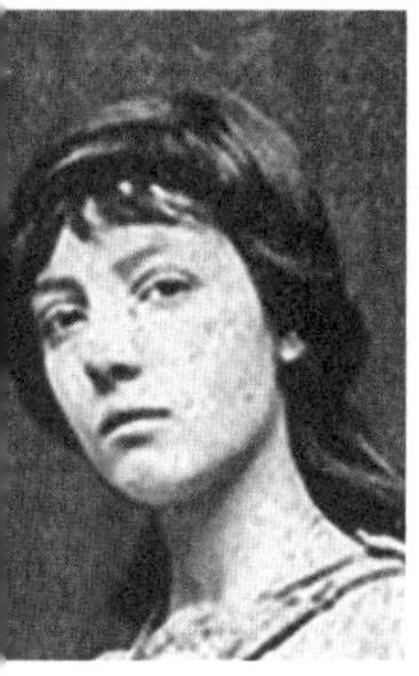
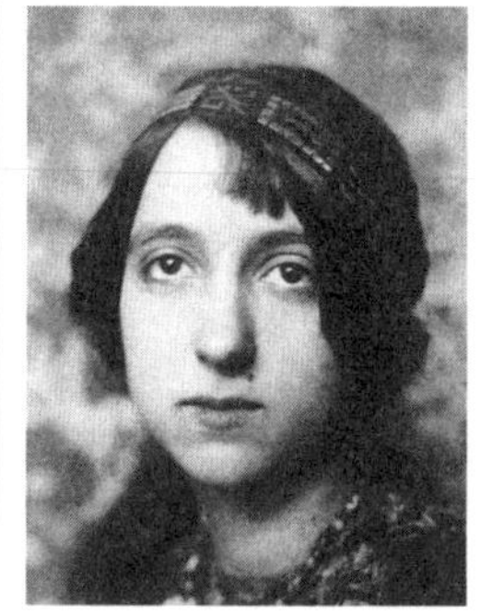
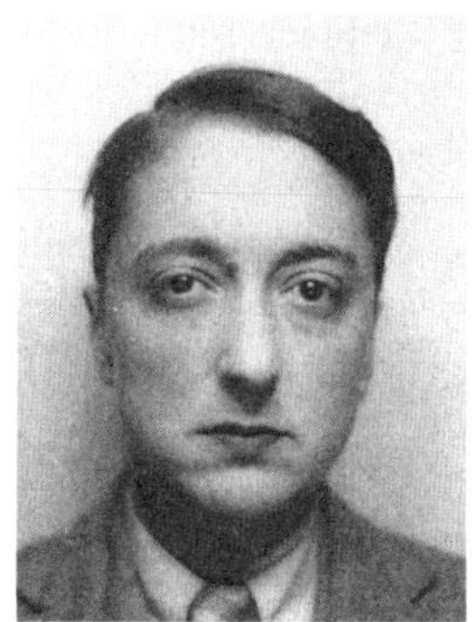

*Mireille Havet 1910, 1917 und 1934*

Nach diesem Abenteuer, das sich übrigens auf einige wenige Scharmützel beschränkte, besserte sich Mireilles Stimmung. Dennoch vermisste sie die »animalische Sehnsucht« ihres ersten Aufenthalts, wie sie es formulierte. Sie fühlte sich einsam. Sie schrieb ständig Briefe nach Hause, Briefe, die den vergeblichen Signalen einer Ertrinkenden an vorbeifahrende Schiffe glichen. Diese Briefe unterschrieb sie mit »Robinson«.

Mireille und Jean-Michel hatten keine Ahnung, was sie erwartete, als sie Ende September Capri verließen, um über einen Umweg nach Paris zurückzukehren. Der Umweg bestand aus einer Reise entlang der Küste Siziliens. In Palermo begegnete Jean-Michel einigen Freundinnen: Olga N. und der kleinen Paulette Bergasse, die unlängst einen Dingler geheiratet hatte und nun also offiziell Frau Dingler hieß. Es war Liebe auf den ersten Blick zwischen Mireille und Olga. Die beiden Frauen umarmten sich mit einer Sehnsucht, die Jean-Michel erstaunte, denn Mireille erregte sich zwar bei Eroberungen, ließ sich aber nie mitreißen, und ihre Gefühle kühlten schnell ab. Doch diesmal war es anders. Sie wurde von Olga völlig in den Bann gezogen, wurde von etwas mitgerissen, das stärker war als sie selbst.

Jean-Michel hatte nichts dagegen. Im Gegenteil, er genoss die Art und Weise, wie Mireille sich in ihre Abenteuer stürzte. Sie war einfach nicht zu bremsen. Sie war sein Gegenpol. Doch diesmal kam es zu Komplikationen, die ihre Beziehung auf die Probe stellten. Da gab es zum Beispiel die kleine Paulette. Paulette und Olga waren sich anderthalb Jahre zuvor begegnet. Paulette, damals noch ein Schulmädchen, verliebte sich heftig in Olga. Aber Olga war nicht frei, und außerdem war Paulette nicht ihr Typ. Sie gab Paulette einen Korb, doch diese klammerte sich an sie.

Paulette wohnte damals noch bei ihren Eltern. Sie kam aus einer vornehmen Familie, ihre Mutter stammte von den Napoleons ab. Paulette wollte weg von ihren Eltern, über ihr eigenes Vermögen verfügen und frei sein, um Olga überallhin zu folgen. Deshalb heiratete sie den erstbesten Mann, dem sie begegnete, und das war der erwähnte Dingler. Sie teilte ihrem Ehemann mit, dass sie nicht die Absicht habe, mit ihm ins Bett zu gehen, und traf sich am Abend ihrer Hochzeit mit Olga. Die Familie war völlig aufgelöst wegen dieser nicht standesgemäßen Heirat. Dingler seinerseits akzeptierte Paulettes Bedingungen: Er akzeptierte auch, dass Paulette Olga folgen würde. Während der gemeinsamen Reisen von Olga und Paulette passierte nichts zwischen den beiden, außer dieser schwülen, distanzierten Leidenschaft seitens Paulette.

So waren Olga und Paulette nach Sizilien gekommen. Dort verliebten Olga und Mireille sich leidenschaftlich ineinander und zeigten ihre Gefühle hemmungslos. Abends gingen alle, drei Freundinnen und Jean-Michel, in das Zimmer im Hôtel des Palmes, das Jean-Michel und Mireille reserviert hatten. Es gab zwei Betten. Im einen lagen Mireille, Olga und Jean-Michel, im anderen lag Paulette. Es war schon schlimm genug, dass Jean-Michel das Bett mit Olga und Mireille teilen musste, doch es war absolut unerträglich, dass Paulette vom anderen Bett aus zusehen musste, was geschah.

Dazu kam noch, dass Jean-Michel Olga überhaupt nicht mochte. Eine Frau ohne Manieren, launisch, mürrisch, unangenehm im Umgang, ganz zu schweigen davon, mit ihr in einem Zimmer eingeschlossen zu sein. Dennoch war es genau das, was passierte. Olga und Mireille beschlossen, bis Paris zusammenzubleiben.

Nach der Nacht in Palermo reisten alle vier mit dem Schiff nach Agrigento, von dort aus mit der Eisenbahn nach Syrakus. In Bicocca vergaßen sie im Trubel des Umsteigens zwei ihrer zwölf Koffer. Der eine enthielt Mireilles Manuskripte, der andere Kokain und Opium und das notwendige Zubehör. Sie entdeckten ihren Irrtum, als der Zug mit dem Ziel Syrakus bereits aus dem Bahnhof fuhr. Die Atmosphäre war zum Schneiden. In Syrakus telegraphierten sie nach Bicocca. Wie durch ein Wunder wurden die Koffer gefunden. Das war einer der vielen Momente, in denen sie drauf und dran waren, sich zu trennen. Vermutlich war es Paulettes Opium, das sie zusammenhielt.

Olga war hässlich. Jean-Michel konnte es kaum ertragen, dass Mireille wegen so einer hässlichen Person in Ohnmacht fallen konnte. Das sagte er ihr auch. »Olga hat eine Art zu schauen und zu handeln, die mich umwirft«, antwortete Mireille. »Es ist etwas in ihrem Blick, sie schaut mir selten direkt in die Augen, sondern beobachtet mich aus den Augenwinkeln. Sie hat etwas Anrüchiges, etwas, das mich wahnsinnig erregt. Liebe? Warum nicht? Olga ist hässlich. Ich bin die Erste, die das zugibt. Aber ich habe nichts gegen sie. Du unterschätzt die Macht hässlicher Frauen.«

Ihre Urlaubsgeschichte bekam noch eine letzte dramatische Wendung. Einige Wochen nachdem sie nach Paris zurückgekehrt waren, erhielten sie die Nachricht, dass Jacques de Fersen gestorben war. Er hatte Selbstmord begangen, indem er mit Kokain angereicherten Champagner trank, in ebenjenem Opiumzimmer, in dem er sie einige Monate zuvor empfangen hatte.

Einen Monat später verstarb plötzlich Raymond Radiguet, erst zwanzig Jahre alt, durch ein dummes Missgeschick. Während seines Urlaubs mit Jean Cocteau war er an einer Infektion erkrankt. Cocteau machte sich Sorgen und ließ seinen Freund untersuchen. Der Arzt stellte eine Grippe fest und verschrieb heiße Grogs. Aber Radiguet litt an einer fiebrigen Typhuserkrankung, und als man das diagnostizierte, war es bereits zu spät. Er starb am frühen Morgen des 12. Dezember.

Jean-Michel und Mireille besuchten gemeinsam Cocteau, um ihm sein Beileid auszusprechen. Cocteau war untröstlich. Man musste sich fragen, ob er diesen Schock jemals überwinden würde. Bereits am nächsten Morgen läutete Mireille erneut bei ihm. »Paulette ist tot«, sagte sie. Olga hatte Mireille informiert, dass sie wegen Paulettes Gesundheit besorgt war. Olga und sie hatten Paulette einen Monat zuvor besucht und sich über Paulettes mangelnde Hygiene gewundert.

»Sie lässt sich gehen«, hatte Mireille gesagt. »Wenn man so viele Betäubungsmittel nimmt wie Paulette, läuft das auf Selbstmord hinaus.« Nach dem gemeinsamen Urlaub hatte Paulette sich scheiden lassen wollen, um ihr weiteres Leben unter ihrem eigenen Namen zu führen. Ihr Mann war einverstanden. Das Urteil des Richters über den Scheidungsantrag stand noch aus, als Paulette starb. Sie starb als Frau Dingler und wird bis in alle Ewigkeit unter diesem Namen in Erinnerung bleiben. Sie war gerade zweiundzwanzig geworden.

# TEIL III *Roaring Twenties*

# 8
# EIN RAUM FÜR DIE SEELE

Marie Laure Bischoffsheim heiratete am 12. Februar 1923 den Burggrafen Charles de Noailles. Das gräfliche Paar zog in das monumentale Gebäude am Place des États-Unis in Paris, wo Marie Laures Mutter und ihr Mann Francis de Croisset bis dahin gelebt hatten.

Ferdinand Bischoffsheim, Marie Laures Großvater, hatte Ende des 19. Jahrhunderts den Bau eines *hôtel* in Auftrag gegeben, eines Gebäudes, das sich stilistisch an den französischen Palästen des 17. Jahrhunderts orientieren sollte. Er wollte, dass sein Haus um eine monumentale Treppe herum gebaut werden sollte, einer Treppe, die zu einer Galerie mit dorischen Säulen führte. Die Maße des Tors für die Kutschen, die Treppe, die Galerie und der Ballsaal sollten sich, wie er den Architekten Ernest Sanson beauftragte, an den Palästen von Ludwig dem XIV. ausrichten. Das gefiel Sanson, denn dessen Entwürfe waren eine gelungene Kombination der Grandeur des 17. Jahrhunderts und des modernen Komforts. Sanson hatte am Ende des 19. Jahrhunderts Dutzende derartiger Gebäude in Paris errichtet.

Ferdinand Bischoffsheim war ein mächtiger reicher jüdischer Bankier und Kunstsammler, der bei der Einrichtung seines Hauses weder Kosten noch Mühen scheute. Er importierte einen Ballsaal aus einem Palast in Palermo, das heißt, er ließ ihn in Italien ausbauen und am Place des États-Unis wieder aufbauen, einschließlich des mit allegorischen Bildern bemalten Plafonds aus dem 18. Jahrhundert.

Charles und Marie Laure de Noailles setzten Marie Laures Ambitionen, die sie seit ihrer Kindheit gehegt hatte, in die Praxis um. Sie machten aus Bischoffsheim ein Zentrum der künstlerischen Avantgarde. Sie luden junge, vielversprechende Künstler ein: René Crevel, Francis Poulenc, Christian Bérard, Georges Auric, Jean-Michel Frank und Jean Cocteau. Jean-Michel war insofern eine Ausnahme unter diesen Gästen, als dass er, wie Marie Laure, Spross einer jüdischen Bankiersfamilie war.

Marie Laure de Noailles hatte den gleichen Hintergrund wie Jean-Michel Frank. Ihr Großvater, der Bankier Ferdinand Bischoffsheim, in Brüssel geboren, hatte in der belgischen Politik eine wichtige Rolle gespielt. Am Ende des 19. Jahrhunderts war er nach Paris gezogen. Dort wurde sein Sohn, Maurice Bischoffsheim, Marie Laures Vater, geboren. Er sollte eigentlich das Imperium seines Vaters übernehmen, doch dieser Plan misslang. Maurice heiratete Marie Thérèse de Chevigné. Ihre Tochter Marie Laure wurde im Jahr nach der Hochzeit geboren, und zwei Jahre später starb Maurice Bischoffsheim im Alter von neunundzwanzig Jahren. Sein Vater Ferdinand war untröstlich nach dem Tod seines einzigen Sohnes.

Die Bischoffsheims stammten ursprünglich nicht aus Belgien, sie waren aus Deutschland gekommen, aus der Pfalz, wo Marie Laures Urgroßvater Jonathan zu Beginn des 19. Jahrhunderts in Mainz geboren worden war. Ihre Urgroßmutter stammte aus Frankfurt. In den dreißiger Jahren des 19. Jahrhunderts zogen diese Urgroßeltern nach Brüssel, wo Jonathan als Bankier und später als Senator Karriere machte. Ihr Sohn Ferdinand trat die Nachfolge seines Vaters als Bankdirektor an und wurde ebenfalls Senator im Königreich Belgien.

Jean-Michels Familie stammte auch aus der Pfalz, wie die Bischoffsheims. Léon Frank, jüngster Sohn des Zacharias und Vater von Jean-Michel, zog Ende der siebziger Jahre des 19. Jahrhunderts nach Paris, um dort eine Karriere als Bankier aufzubauen.

Léon Frank wohnte zunächst in der Rue Rossini Nr. 3. Dort

wurden seine drei Söhne geboren. Von dieser Adresse im Zentrum von Paris ging er jeden Tag über die Rue de Richelieu zu Fuß zur Börse. Um die Jahrhundertwende zog die Familie in ein vornehmes Haus im 16. Arrondissement an der Avenue Kléber, am linken Ufer, zwischen Seine und Bois de Boulogne. Die Avenue erstreckte sich vom Arc de Triomphe bis zum Trocadéro. Von diesem Haus aus, das Léon Frank gemietet hatte, konnte man den Eiffelturm sehen.

Das 16. Arrondissement war ein neues, elegantes Wohngebiet. Die meisten Häuser stammten aus der Jahrhundertwende, auch das Haus, in dem die Familie Frank lebte. Es war 1892 erbaut worden und unterschied sich von den Häusern im alten Zentrum durch die Verwendung einer leichteren Steinart und einem strengeren Baustil, der wegen der geschwungenen Linien und der gelegentlichen Pflanzen- und Blumenmotive zeigte, dass der Jugendstil nicht unbemerkt an Paris vorbeigegangen war.

Es ist wohl kein Zufall, dass Ferdinand Bischoffsheim zur gleichen Zeit sein »Bischoffsheim« bauen ließ, einen Steinwurf weit entfernt von der Avenue Kléber, an der Place des États-Unis. Man kann nicht sagen, dass Léon Franks Haus an der Avenue Kléber zur gleichen Kategorie gehörte wie Bischoffsheim. Bischoffsheim entzieht sich jeder Kategorie, in der sich größere und kleinere Häuser normalerweise unterscheiden, zum Beispiel »Haus«, »Herrenhaus«, »Villa«, oder »*hôtel*«, wie die vornehmen Häuser mit Zugangstor und Innenhof in Paris genannt werden.

Um dem Leser einen Eindruck von der Bedeutung dieses modernen Palastes zu verschaffen: 1918 stellte der damalige Bewohner, Francis de Croisset, Bischoffsheim dem Präsidenten Wilson der Vereinigten Staaten zur Verfügung. Dieser bewohnte für die Dauer der Friedensverhandlungen mit seiner Delegation die *résidence Croisset*, zum maßlosen Ärgernis der alten Laure de Chevigné-de Sade, die zusehen musste, wie der Emporkömmling Croisset sich durch das Vermögen und das Haus ihrer Tochter Zugang zu den höchsten Kreisen verschaffte.

Für die kleineren Mahlzeiten wurde in Bischoffsheim das Antichambre im Erdgeschoss benutzt. Dort wurden die Mittagessen serviert, zu denen das gräfliche Paar seine Künstlerfreunde einlud. 1924 waren Charles und Marie Laure de Noailles mit dem Fertigstellen des größten künstlerischen Unternehmens ihres Lebens beschäftigt: dem Bau des Landhauses in Hyéres. Es war eines der ständigen Gesprächsthemen bei den Einladungen, vor allem wenn neue Gäste wie Jean-Michel Frank und Christian Bérard anwesend waren.

Nachdem die Gäste am Tisch Platz genommen hatten und Jean-Michel sich nach dem Anlass für dieses enorme Projekt erkundigt hatte, informierte ihn der Graf: »Meine Mutter hat uns zur Hochzeit ein Landgut in Hyères geschenkt. Das Terrain gehörte zum ehemaligen Kloster Saint-Bernard. Wir sind schon sehr weit mit dem Bau. Ich glaube, dass die Villa Bernard, wie wir unser neues Landhaus genannt haben, unseren Wünschen entsprechen wird, und Marie Laure wird mir erlauben, ›ich‹ zu sagen, denn obwohl wir beide gleichermaßen passionierte Anhänger der Kunst sind und versuchen, die Kunst zu stimulieren und zu fördern, haben wir uns auf eine Art Aufgabenverteilung geeinigt: Marie Laure widmet sich der bildenden Kunst und ich mich der Architektur. Villa Bernard bietet uns die Gelegenheit, in einem Projekt zusammenzuarbeiten, das *farouchement moderne* sein wird. Modernität ist das, was uns in künstlerischer Hinsicht verbindet.«

»Sie können sich vorstellen, was für eine Herausforderung das für uns beide ist«, mischte sich die Gräfin ein. »Bischoffsheim ist ein Museum. Es enthält eine wunderschöne Sammlung von Kunstwerken, das ist in erster Linie das Verdienst unserer Großeltern. Wir sind die Bewahrer ihres Erbes, und das ist schon in Ordnung, aber solch ein Museum voller alter Meister weckt in uns das unbezwingbare Bedürfnis, alles umzukrempeln und zum Beispiel eine Jazzband zu engagieren, die einen Abend lang nach Herzenslust in der Eingangshalle schmettern darf.«

Ein Lakai, der unbemerkt ins Zimmer geglitten war, bot Aperitifs an. Der Graf hob das Glas und sprach den Wunsch aus, dass dieses vergnügliche Beisammensein der Beginn zahlreicher künftiger Begegnungen sein möge, bei denen seine Frau und er die Gelegenheit haben würden, die freundschaftlichen Bande zu festigen. »Es ist unsere Bestrebung, Bischoffsheim zur Heimstätte eines avantgardistischen Clans zu entwickeln, dessen Vorreiter Sie sein sollen.« Und er schloss mit den Worten: »Wer weiß, wozu wir unter Ihrer inspirierenden Führung fähig sein werden.« Dabei nickte er jedem Gast freundlich zu.

»Vorläufig scheint es uns das Vernünftigste zu sein, unseren Drang nach Neuem auf Hyères zu konzentrieren«, fuhr die Gräfin fort. »Das Projekt ist auf den Weg gebracht worden, die Pläne sind genehmigt, die Designer unter Vertrag genommen.«

»Marie Laure fasst in wenigen Worten zusammen, was ein Leidensweg war, wenn man es so nennen will«, sagte ihr Ehemann. »Wir wollten absolut den besten und modernsten Architekten engagieren. Mies van der Rohe war unsere erste Wahl. Wir sind mit dem Auto nach Berlin gefahren, um ihm unseren Plan vorzulegen. Er sei nicht schlecht, sagte er. Aber er hatte so viel zu tun, dass wir zwei Jahre hätten warten müssen, bis wir an der Reihe gewesen wären. Danach haben wir uns an Le Corbusier gewandt und ihm unseren Plan unterbreitet. Auch er hätte gern eine Villa in den Hügeln von Hyères gebaut, aber als er erklärte, dass er Häuser als ›Wohnmaschinen‹ betrachte und vorhabe, dieses Konzept auf unser Haus in Hyères zu übertragen, wurden wir misstrauisch, nicht sosehr wegen der rücksichtslosen Modernität seiner Ansichten, sondern wegen seiner Weigerung, die Auswirkungen mit uns zu besprechen. Er duldete keine Einmischung in die Entwürfe, die er für uns machen würde, und das war für mich inakzeptabel, denn es geht schließlich um unser Haus, das Haus, in dem wir wohnen wollen. So kamen wir schließlich auf Robert Mallet-Stevens, einen außergewöhnlich talentierten Architekten. Er hat schon mit dem Bau unserer Villa angefangen, die ein Monument moderner Architektur werden wird.«

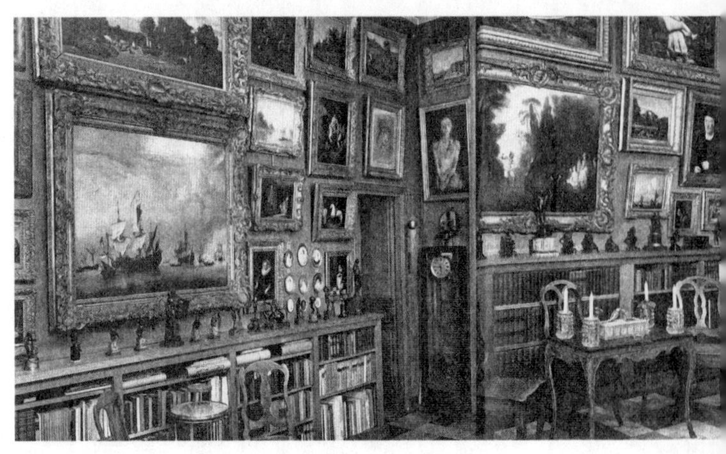

*Bischoffsheim. Antichambre im Erdgeschoss. An den Wänden Gemälde von u. a. Willem van de Velde, Delacroix, Watteau, Decamps, Moreau, Cuyp, Magnasco, Monticelli.*

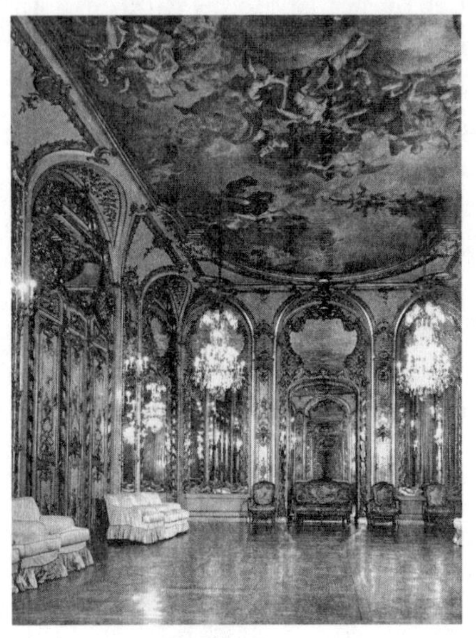

*Bischoffsheim, Ballsaal im ersten Stock, der aus einem Palast in Palermo stammt. Die Deckenmalereien sind von dem neapolitanischen Maler Francesco Solimena.*

»Villa Bernard wird das moderne Gegenteil von Villa Bischoffsheim sein«, sagte die Gräfin. »Die Wände unseres Speisessaals in Hyères werden kahl und weiß sein, ganz anders als die Wände des Speisesaals in Bischoffsheim, die vom Boden bis zur Decke von klassischen Gemälden bedeckt sind und dadurch abgedunkelt werden. Schaut euch doch mal um: Kein einziger Quadratzentimeter blieb ungenutzt.«

Die Gräfin hatte recht. Tapeten waren in diesem Zimmer überflüssig. Die exklusivsten Gemälde hingen direkt neben-, über- und untereinander. Die Reihenfolge schien von der Überlegung bestimmt zu sein, möglichst viele Gemälde aufzuhängen und die Bilder nahtlos aneinander anschließen zu lassen, etwa so, wie ein Fliesenleger alles genau austüftelt, bis die Natursteine, die er für den Boden benutzt, perfekt aneinander anschließen. Die Tapeten dieses kleinen Esszimmers bestanden unter anderem aus Gemälden von Delacroix (*Susanna im Bade*), Rubens (das sublime *Atalanta und Meleager*), Alessandro Magnasco (*Sabbath*), Rembrandt (eine Studie für sein *Susanna und die beiden Alten*), ein Stillleben von Braque, *Fête galante* von Watteau, ein zweites von Delacroix (*Medea*), ein drittes von Delacroix, das *Der Blinde von Jericho* heißt und wegen seines Titels (und der französischen Aussprache von Jéricho) zu Unrecht für ein Bild von Géricault gehalten wurde), zwei Bilder von Albert Cuyp, eines von Van der Heyden, eines von De Keyser, des weiteren Bilder von Degas, Moreau, Monticelli und so weiter. Es war überwältigend. Und dann gab es auch noch die zahllosen Manuskripte und Erstausgaben in den Bücherschränken, und Hunderte von Nippes, kleinen Skulpturen, Porzellan und Silberzeug auf diesen Schränken. Eine kahle, weiße Wand, ja, das wäre wirklich das andere Extrem, aber doch auch sehr erholsam.

»Das absolute Gegenteil«, wiederholte die Gräfin. »Was mich am meisten interessiert, ist das Zusammenspiel von Architektur und Malerei in Hyères. Ich bin davon überzeugt, dass Malerei und Architektur aufeinander zuwachsen werden, und dass, wie soll ich sagen, ein Zusammenspiel daraus entstehen wird, das man piktorale Architektur oder architektonische Malerei nennen könnte.«

Die Gräfin richtete sich an niemanden im Besonderen. Sie skizzierte eine Perspektive, die sie mit ihrem Mann wohl schon oft erörtert hatte, denn dieser nickte zustimmend.

»Wie soll ich mir eine piktorale Architektur vorstellen?«, fragte Bérard, dem es nicht peinlich war, nachzufragen, wenn er etwas nicht verstand.

Die Gräfin erklärte es. »Ich habe durch meine Kontakte mit Léonce Rosenberg, unserem sympathischen Kunsthändler, die Bedeutung piktoraler Architektur erkannt, und durch unseren Architekten Mallet-Stevens, oder vielleicht besser durch die Kontakte zu den Künstlern, die sie vertreten: eine Gruppe Niederländer, die sich unlängst in Paris niedergelassen haben, Theo van Doesburg, Piet Mondrian und Sybold van Ravesteyn, haben mich von der Wichtigkeit der piktoralen Architektur überzeugt. Mallet-Stevens hat sie für unsere Villa in Hyères unter Vertrag genommen. Van Doesburg und Van Ravesteyn machen Entwürfe für die Inneneinrichtung. Mondrian ist in erster Linie Kunstmaler, aber seine Ideen scheinen großen Einfluss auf die ganze Gruppe auszuüben. Über Rosenberg haben wir ein Gemälde von ihm gekauft, das wir in Hyères aufhängen werden. Das Interessante ist, dass ihre Ideen über Architektur und Malerei zu einem Ganzen zusammenfließen werden.«

Jean-Michel ließ seinen Suppenlöffel ruhen und hörte der Gräfin aufmerksam zu. Christian Bérard hatte den Blick auf den Teller gesenkt. Er mochte theoretische Betrachtungen nicht besonders, er verstand sie auch nicht. Er nahm einen Löffel Suppe und dachte dann, dass er vielleicht doch nicht weiteressen sollte, wenn seine Freunde eine Diskussion mit Gastgeber und Gastgeberin anfingen, deshalb ließ er den Löffel wieder sinken und schaute sich um. Sein Blick wurde von einer Meereslandschaft von Willem van de Velde gefangengenommen. Sein Mund drohte aufzuklappen. Er schaute Jean-Michel an, der ihm gegenübersaß. Jean-Michel hatte die Diskussion mit zunehmender Aufmerksamkeit verfolgt.

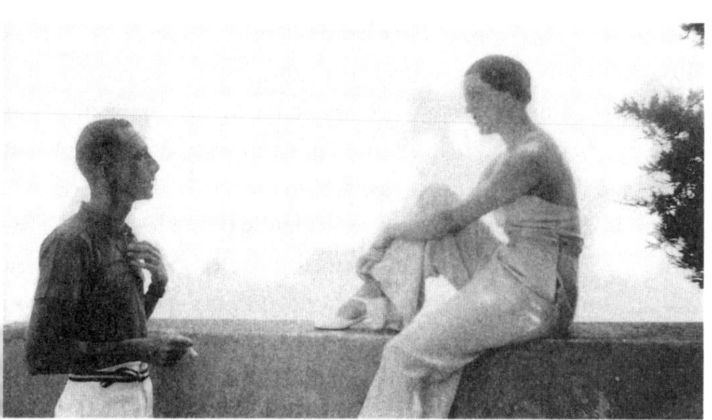

*Foto von Jean-Michel Frank und Marie Laure de Noailles um 1935, aller Wahrscheinlichkeit nach aufgenommen in Villa Noailles, Hyères. Foto Anne Frank Stichting Amsterdam / AFF Basel.*

»Entschuldigung, lieber Jean-Michel«, unterbrach sich die Gräfin selbst, »ich plappere hier über ein Thema, in dem Sie spezialisiert sind. Francis hat mir von Ihren revolutionären Ideen zur Innenarchitektur erzählt. Können Sie uns dazu etwas sagen? Welchen Zweck hat Ihrer Meinung nach die Architektur?«

Nach einer längeren Pause, in der er über die Frage nachdachte, die er offenbar nicht erwartet hatte, sagte Jean-Michel: »Einen geistigen Zweck. Wir gehen meist davon aus, dass Wohnungen für unser körperliches Wohlbefinden gebaut werden. Wir betrachten sie als Verlängerung unseres Körpers. Das ist ein Missverständnis. Architektur schafft Raum für die Seele.«

Für einen Moment wurde es am anderen Ende des Tisches still. Christian Bérard meinte zu sehen, wie diesmal der Mund des Grafen aufzuklappen drohte. »*Cher ami*«, sagte er zu Jean-Michel. »Ich bin ein leidenschaftlicher Anhänger der modernen Architektur, aber ich gehe davon aus, dass sie mir maximalen Komfort bietet. Was machen wir hier gerade? Genau. Wir essen in einem Raum, der dafür eingerichtet ist. Gleich werden wir unsere Konversation in einem Salon fortsetzen, der zu diesem Zweck mit bequemen Fauteuils ausgestattet ist, und heute Abend gehen wir in ein Schlafzimmer für unsere Nachtruhe. Esszimmer, Wohnzimmer, Schlafzimmer: Diese Worte verweisen in aller Einfachheit auf die körperlichen Bedürfnisse, mit denen in erster Linie beim Bau eines Hauses gerechnet werden muss.«

»Ich bin der Letzte, der das verneinen würde, Herr Graf«, antwortete Jean-Michel. »Komfort scheint mir ein Schlüsselwort zu sein, aber die Frage ist, was wir unter Komfort verstehen. Wir gehen davon aus, dass unser Komfort zunimmt, wenn wir einen Herd von La Cornue in unsere Küche stellen, eine Couchgarnitur aus Hirschleder in unser Wohnzimmer, ein Schwimmbad in unseren Garten und in unser Schlafzimmer ein Bett, das in drei verschiedene Positionen verstellt werden kann. Aber wenn wir so denken, verpassen wir unser Ziel. Der erste Zweck einer Wohnung ist, einen Raum zu schaffen, in dem unser Geist sich lösen und zur Ruhe kommen kann, wie ein Hund, der sich in seinen Korb legt. Das verstehe ich unter Komfort.«

»Und wie glauben Sie, das zu erreichen, *cher ami*?«

»Indem wir realisieren, dass wir unseren Komfort auf einem Gebiet suchen müssen, das jenseits unserer körperlichen Bedürfnisse liegt. Nehmen Sie ein Schlafzimmer. Darin soll natürlich ein Bett stehen, in dem man komfortabel schläft, aber es ist viel wichtiger, bei der Einrichtung eine Atmosphäre anzustreben, in der der Geist zur Ruhe kommt und sich in einem Raum entfaltet, in dem er sich wohl fühlt. Das Gleiche gilt für das Esszimmer und das Wohnzimmer.«

»Ich bin gern bereit, Ihnen bezüglich der Beziehung zwischen Raum und Komfort zu folgen«, sagte der Graf, »und was ich mir dabei vorstelle, ist ein Raum, in dem mein Körper sich wohl fühlt wie ein Hund in seinem Korb. Mein Geist folgt dann von ganz allein, scheint mir. Was ist das für ein Raum, der meinem Geist entsprechen soll? Sie glauben doch nicht, dass mein Körper meinem Geist hinterherläuft, oder täusche ich mich? Was muss ich mir unter geistigen Räumen vorstellen?«

»Am wichtigsten ist der Rauminhalt, sind die Maße: Wie verhalten sich Länge, Breite und Höhe zueinander. Dann spielt das Licht eine große Rolle: die Größe der Fenster und der Lichteinfall. Licht beeinflusst den Raum, man kann die beiden eigentlich nicht getrennt voneinander betrachten. Schließlich sind es noch das Material und die Farben der Wände, der Teppichboden und die Möbel.«

»Aber die Möbel stehen nicht an erster Stelle?«

»So ist es. Möbel haben eine dienende Funktion, was den Raum betrifft. Sie sind, wenn ich mich so ausdrücken darf, eine Funktion des Raumes.«

Der Graf hatte während dieses Frage- und Antwortspiels die Augenbrauen immer höher gezogen. Er war es gewöhnt, seine Gesprächspartner mit seinen radikal modernen Ansichten zur Architektur zu verblüffen und betrachtete sich zu Recht als einer ihrer wichtigsten Fürsprecher. Und jetzt zeigte dieser schmächtige junge Mann ihm eine Perspektive, die seine überragte oder in eine andere Richtung wies, entweder in die Vergangenheit oder in die Zukunft. Er wurde ein wenig unsicher und sagte in dem Versuch, wieder an Boden zu gewinnen: »Was würden Ihre Pläne für das Zimmer bedeuten, in dem wir jetzt sitzen?«

»Es vollkommen leer machen«, sagte Jean-Michel, der ein Grinsen nicht unterdrücken konnte. »Die Gemälde von den Wänden, Nippes von den Schränken, Schränke weg. Den Tisch und die Stühle würde ich ersetzen, oder besser: Ich würde sie aufbewahren und schauen, in welchem anderen Raum sie womöglich zu ihrem Recht kommen können.

Materie, Körper und Zeit müssen durch die Architektur aufgehoben werden. Schafft die Architektur das nicht, ist sie tragisch. Tragik hat meiner Meinung nach mit dem Ausmaß zu tun, in dem unsere Körper an die Materie, an die Zeit angepasst werden. Architektur kann uns von den Einschränkungen befreien, die uns von der Natur auferlegt werden. Das nenne ich geistige Architektur.

Das meinte auch die Gräfin, wenn ich mich nicht täusche, als sie von piktoraler Architektur sprach. Die Niederländer, die Sie für Hyères unter Vertrag genommen haben, streben in ihren Bildern und Bauprojekten nach der gleichen Abstraktion. Sie haben ihre Bilder zu einem Gleichgewicht von Flächen und Linien vereinfacht und wenden diese Logik sowohl in der Malerei wie in der Architektur an. Wie Sie wissen, hat Léonce Rosenberg unlängst eine Ausstellung mit dem Thema organisiert: die zeitgenössische niederländische Architektur. Die Niederländer reduzieren Malerei und Architektur auf ihre elementarsten Prinzipien: Linien, Flächen und Farben, und sie beabsichtigen damit die gleiche geistige Wirkung, wie sie mir vor Augen schwebt.«

»Wenn ich Sie richtig verstehe«, sagte der Graf, »verdanken Malerei und Architektur ihre meditative Wirkung der Harmonie von Linien und Flächen?«

»Darauf kommt es an, aber die Niederländer meiden das Wort Harmonie. Harmonie ist ihrer Meinung nach zu statisch. Sie reden lieber vom Gleichgewicht gegensätzlicher Kräfte. Das ist das Urprinzip, auf dem Kunst ihrer Ansicht nach beruht. Den Niederländern zufolge stehen sich Kunst und Natur gegenüber. Der Gegensatz zwischen horizontalen und vertikalen Linien oder Flächen ist Ausgangspunkt aller Kunst, weil gerade Linien in der Natur nicht vorkommen, ebenso wenig wie gerade Ecken. Diese Prinzipien wider die Natur kommen am besten in der Architektur zum Ausdruck, weil Architektur von Kombinationen von horizontalen und vertikalen Flächen ausgeht.

Ihre Idee ist nun, dass die vertikalen und horizontalen Flächen Kräfte ausüben, die vom Architekten derart einander gegenübergestellt werden, dass sie sich aufheben. Die klassische Philosophie spricht von der *isostheneia*, der ›gleichen Kraft‹ zweier Argumente, die sich aufheben, wenn sie einander gegenübergestellt werden. Dieser Begriff hat mich schon immer angesprochen, weil die klassische Philosophie ihn als Technik empfiehlt, um den Geist aller Sorgen zu entheben und zur Seelenruhe zu bringen. Und Seelenruhe ist genau das, was mir bei den Projekten, die mir anvertraut werden, vor Augen schwebt.«

»Ihre Argumentation ist beeindruckend, junger Freund«, sagte der Graf, »aber sie macht mir auch Sorgen. Während Ihrer Rede kam mir das Bild der Abtei von Sénanque vor Augen, des Zisterzienserklosters nordwestlich von unserem Haus in Hyères. Kahle Räume, in denen asketische Mönche an ihrem Seelenheil arbeiten. Ich bin froh, dass Sie mich über die tieferen Absichten unserer niederländischen Freunde informiert habem. Da bin ich wenigstens vorgewarnt. Und ein vorgewarnter Mann kann sich schützen.«

# 9
# DAS APPARTEMENT VON NANCY CUNARD

Es wurde bereits erwähnt, dass Jean-Michel Frank dank einflussreicher Frauen Karriere gemacht hat, Frauen wie die Burggräfin Marie Laure de Noailles, die Couturière Elsa Schiaparelli, die Dichterin Mireille Havet und die Verlegerin Nancy Cunard, um die prominentesten Frauen aus seiner näheren Umgebung zu nennen. Sie waren dominante, man darf ruhig sagen herrschsüchtige Charaktere. Jean-Michel genoss es, ihnen zu gefallen, und er genoss die dienende Position, in die er sich hineinmanövrierte. »Dienend« ist eigentlich nicht das richtige Wort, denn er setzte seine dienstbereite Haltung dazu ein, diese Damen zu beraten und ihnen auf eine Art zu helfen, die ihm sehr viel Einfluss auf ihr Alltagsleben verschaffte, so dass man sich fragen kann, wer wem diente.

Wie auch immer: Nancy Cunard war der Prototyp einer Frau, in deren Nähe Jean-Michel sich einnistete wie eine Katze auf dem Schoß ihrer Herrin. Nancy entsprach allen Anforderungen, die man an eine Frau stellen konnte. Sie war die äußerst wohlhabende Enkelin von Samuel Cunard, dem Gründer der Reederei Cunard Line. Noch dazu war sie eine Dichterin, die in ihren jungen Jahren Ezra Pound, T. S. Eliot und Wyndham Lewis kennengelernt hatte. Nach der Publikation ihres ersten Gedichtbandes, *Parallax*, war sie von London nach Paris gezogen, wo sie die Gesellschaft von Surrealisten und Dadaisten suchte. Sie hatte einen aufsehenerregenden Verlag gegründet, war eine der ersten streitbaren Feministinnen, aktiv in diversen politischen Gruppierungen und

Emanzipationsbewegungen, und sie war eine notorische Drogenkonsumentin. Nancy Cunard war das fleischgewordene Symbol der *Roaring Twenties.*

Nancy wurde von zahllosen Fotografen und Malern verewigt. Sie war mit Man Ray befreundet, der wunderschöne Fotos von ihr gemacht hat. Auf den meisten dieser Bilder ruht Nancys Kinn auf den gefalteten Händen, was trefflich ihre Arme in Szene setzt die bis über die Ellenbogen mit Dutzenden breiter Armreifen aus Kunststoff und Metall verziert sind. Ihre Arme erwecken den Eindruck, als würden sie aus kunstvoll konstruierten Rohrsegmenten mit Scharnieren bestehen, ungefähr so, wie Fernand Léger damals seine Modelle in Kompositionen aus Rohren und Hülsen zerlegte.

Nancy kaufte ein großes Appartement in einem Haus aus dem 17. Jahrhundert auf der Île Saint-Louis, einem der ältesten und schönsten Orte von Paris. Man übersieht diese Insel in der Seine fast, weil sie im Schatten der viel größeren Île de la Cité mit den nationalen Monumenten liegt, die alle Aufmerksamkeit auf sich zieht. Auf der Rückseite der Notre Dame befindet sich eine kleine unauffällige Brücke, mit der die größere Insel die kleinere wie ein Beiboot hinter sich herzuziehen scheint.

Nach ihrer Ankunft in Paris begann Nancy ein Verhältnis mit Louis Aragon, einem der frühesten und lautesten Surrealisten. Aragon wunderte sich darüber: »Ich glaubte verliebt zu sein«, sagte er. »Ich hatte mich zu einem Schatten der Frau gemacht, die bei mir hereingeweht war wie Zugluft in ein Zimmer. Sie erzählte mir von ihren Liebhabern, und ich schwieg über meine mittelmäßigen Abenteuer.« Nancy Cunard war eine Ausnahme, weil sie sich vor allem zu Männern hingezogen fühlte, sie verschlang sie förmlich. Das ließ Aragon in einem frechen Büchlein durchschimmern, das auf seinen Erfahrungen mit Nancy beruht und das er *Le Con d'Irène* nannte.

Louis Aragon machte Nancy Cunard mit Jean-Michel Frank bekannt. Es hatte gleich zwischen Nancy und Jean-Michel gefunkt, wie es so häufig zwischen einer herrschsüchtigen Frau und

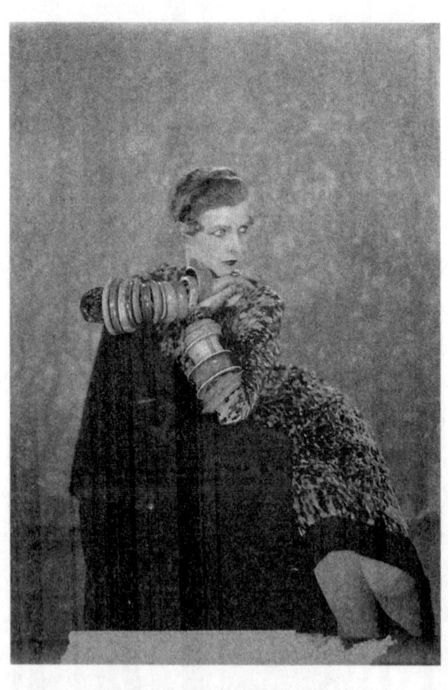

*Nancy Cunard, 1926, fotografiert von Man Ray.*

dem diskreten Innenarchitekten passierte. Nancy beauftragte ihn mit der Einrichtung ihres Appartements in der Rue Regrattier. Die Fertigstellung dieser Arbeit wurde mit einem Einweihungsfest für die Pariser *beau monde* gefeiert.

Nancys Feste wurden reichlich mit alkoholischen Getränken begossen und mit ›coco‹ bestäubt. Den Besuchern war nicht klar, dass es sich bei diesem Fest um die Einweihung der neuen Inneneinrichtung handelte, das mag der Grund sein, dass sie das Interieur so unerwartet traf. Unvorbereitet, wie sie waren, konnten sie lange den eigenartigen Eindruck nicht benennen, den die neue Umgebung auf sie machte, eine Unsicherheit, die zusätzlich dazu beitrug, dass diese Wahrnehmung noch lange nachwirkte.

Fachmännisches Können bestimmte den ersten Eindruck. Was auch immer man von der Inneneinrichtung halten mochte: Ein Blick reichte, um die Besucher davon zu überzeugen, dass hier ein Fachmann, nein, ein Meister Hand angelegt hatte. Das war eigenartig, denn wo hatte Jean-Michel Frank, ein Bankierssohn, der am liebsten seine Nase in Bücher steckte, Theatervorstellungen besuchte oder in Nachtclubs ging, diese Fachkenntnisse erworben? Aber es gab keinen Zweifel: Der Schöpfer dieser Inneneinrichtung musste ein außerordentlich tüchtiger Fachmann sein.

Es ist schwer, mit Worten die Wirkung zu beschreiben, die Jean-Michels Design erzeugte. Ein Besucher war verwirrt, wenn er versuchte, den Eindruck zu formulieren, den die Einrichtung auf ihn machte, ihm fehlte dazu das notwendige Vokabular.

Nancys Appartement war Teil eines Gebäudes aus dem 17. Jahrhundert, in dem die Böden, Wände, Türen und Decken im Laufe der Jahrhunderte auf verschiedene Arten tapeziert, beklebt, mit Holz verkleidet und gefliest worden waren.

Jean-Michels erster Schritt war gewesen, diese ganzen Verkleidungen aus dem Appartement zu entfernen, die Vertäfelungen, Wände, Schränke und Tapeten. Er hatte sogar die Böden herausreißen lassen, die vor nicht allzu langer Zeit gelegt worden waren. Das Einzige, das er intakt gelassen hatte, waren die ursprünglichen Innen- und Außentüren aus dem 17. Jahrhundert. Die Wände und Decken hatte er so weit abkratzen lassen, bis der ursprüngliche Stuck bloßgelegt worden war. Den ließ er reinigen und restaurieren, so dass die Wände und die Decke frisch aussahen, aber das Craquelé noch zu sehen war. Auf den Boden, auf dem ursprünglich Parkett gelegen war, hatte er Terrazzolit legen lassen. Die Türen und Sockelleisten wurden abgelaugt. Alles, was im Laufe der Jahrhunderte auf das Holz gestrichen, gemalt und geschmiert worden war, wurde entfernt, und Jean-Michel hatte ausdrücklich verboten, die gereinigten Türen mit Wachs einzureiben. Das Holz und die Maserung sollten optimal zur Geltung kommen. Den bestehenden Kaminsims hatte er herausbrechen lassen und durch einen neuen aus weißen Keramikkacheln ersetzt, die farblich kaum vom umgebenden Stuck zu unterscheiden waren.

In diesen kahlen Raum hatte er einige wenige Möbelstücke gestellt. Um den offenen Kamin herum war eine Sitzecke eingerichtet worden, bestehend aus einem von ihm entworfenen Sofa und zwei von ihm entworfenen *Comfortable*-Fauteuils: schlichte, mit weißem Leder bezogene Möbel. In der Mitte der Sitzecke stand ein ebenfalls von ihm entworfener Salontisch mit zierlichen schmiedeeisernen Füßen und einer lederbekleideten Tischplatte. Die Zimmerwände und die Decke hatte er frei gelassen, weder Bilder noch etwas anderes hing an den Wänden, und keine Lampe an der Decke.

Dennoch war die Beleuchtung zauberhaft schön, das lag an den Schirmlampen, die Jean-Michel auf zwei schwarze antike, halbmondförmige Tischchen und auf einen antiken Flügel an einer der Fensterwände gestellt hatte. Diese Lampen verdienen eigentlich ein eigenes Kapitel, ich beschränke mich auf die Bemerkung, dass Jean-Michel fünf verschiedene Lampen installiert hatte, durch deren Pergamentschirme sich ein fast ockerfarbenes Licht verbreitete.

An der Rückseite der hochmodernen weißen Couch stand ein antiker Schreibtisch, ein zierliches schwarzes Möbelstück aus dem 18. Jahrhundert. Der Stuhl dazu war ein Louis-XVI-Möbel mit vielen Rundungen und goldenen Wölbungen, die Kissen entsprachen dem Stoff und dem Design der Armpolsterung und der Rückenlehne. Dieses Sitzmöbel sah aus, als treibe es in der Leere wie auf Wasser. Der Schreibtisch, so schien es, suchte Schutz bei der Sitzecke, gegen die er lehnte, aber der Stuhl hatte den Halt verloren, er schwebte durch die Leere.

»Architektur muss sich von der Zeit, von der Geschichte lösen«, hatte Jean-Michel während des Essens beim Grafen und der Gräfin de Noailles gesagt. Er bezog sich dabei wohl auf die zeitlos moderne Architektur nach Art der Villa Bernard in Hyères, aber das Appartement von Nancy Cunard stimmte nicht mit dem Bild überein, das der Graf und die Gräfin von ihrer Villa skizziert hatten. Nancy Cunards Appartement war nicht zeitlos und auch nicht modern im Sinne dessen, was man sich Mitte der zwanziger

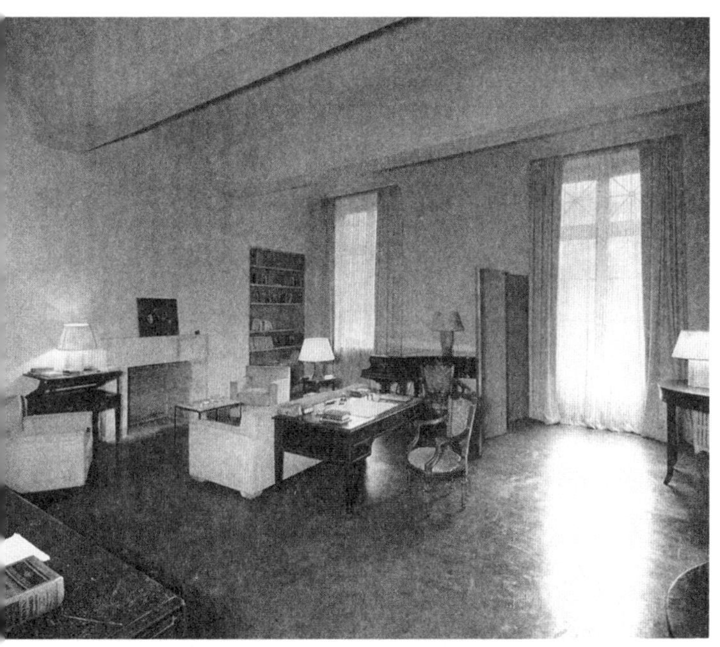

*Das Appartement von Nancy Cunard in der Rue Le Regrattier, Paris, umgebaut und neu eingerichtet von Jean-Michel Frank in 1924.*

Jahre darunter vorstellte. Das Interieur war keine Verleugnung der Geschichte, sondern eher ein kompliziertes Spiel mit Hinweisen auf diese Geschichte.

Die hochmoderne Couch stand Rücken an Rücken mit einem Schreibtisch aus dem 18. Jahrhundert; die ebenso modernen Schirmlampen standen auf Tischchen aus dem 18. und einem Flügel aus dem 19. Jahrhundert, der Louis-XVI-Stuhl trieb auf einem Meer aus Terrazzolit. Konnte man ein Interieur modern nennen, in dem die moderne Sitzecke, der synthetische Boden und die avantgardistischen Schirmlampen mit Türen aus dem 17. und Möbeln aus dem 17., 18. und 19. Jahrhundert kollidierten? War die Absicht der modernen Architektur laut Le Corbusier, van der Rohe und Jourdain nicht eher, dass das Interieur

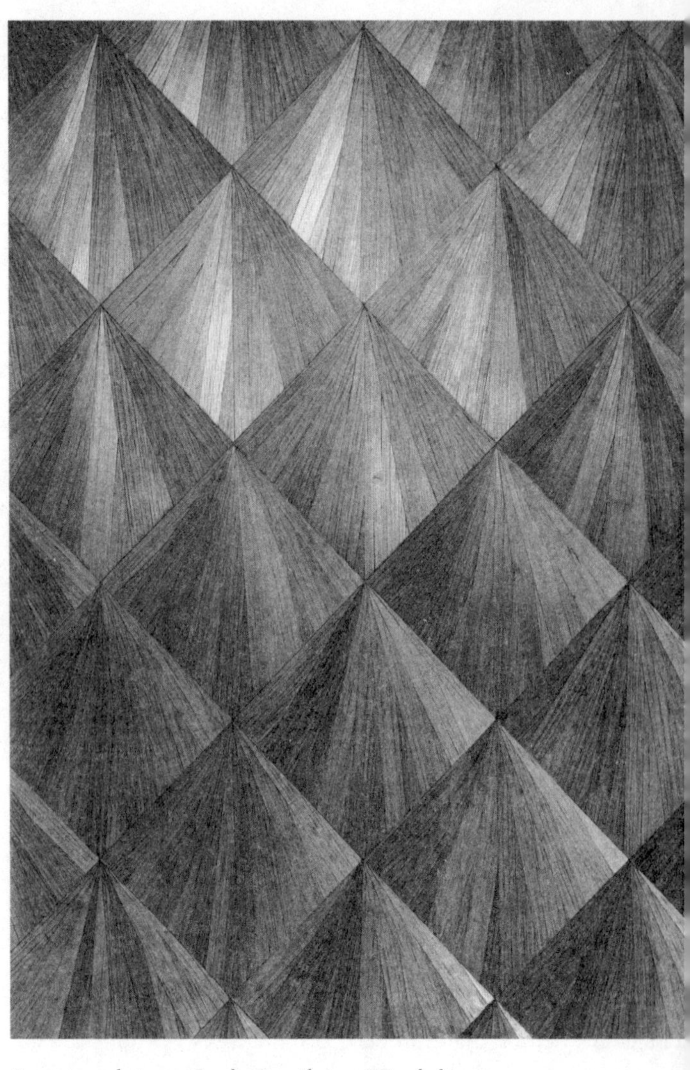

*Intarsienarbeit aus Stroh. Detail eines Wandschirms von Jean-Michel Frank.*

eine Einheit bilden und der Idee des neuen Wohnens folgen sollte?

Jean-Michels Entwurf schien im Widerspruch zu dieser Vorstellung zu stehen. Konnten seine Möbel und Lampen modern genannt werden, wenn er sie auf eine solche Art zusammenstellte? Stellte diese Kombination nicht eher die vermeintliche Modernität in Frage?

Das Interieur formte zwar eine Einheit, aber sie war anders und viel komplizierter als die Inneneinrichtungen von Le Corbusier oder Jourdain. Jean-Michel Franks Inneneinrichtung war eine Kombination von Alt und Neu, und die alten Möbel hatten, gerade weil sie kein Ensemble bildeten, etwas Fragmentarisches: Es waren beispielhafte Zeugnisse aus der französischen Geschichte.

Wenn man Jean-Michel Franks Möbel mit den Fauteuils, Stühlen, Sofas, Schreibtischen, Tischen und Schränken anderer berühmten Designer aus der Zeit vergleicht, wird einem bewusst, dass seine Interieurs von der Wahl des Materials bestimmt waren. Die Sitzmöbel der Designer, vereinigt in der *Union des Artistes*, bestanden aus einem Gerüst aus verchromtem Stahl. Das Holz der Schränke, Tische und Schreibtische war mit Lack und Politur veredelt. Bei ihnen blitzte, glänzte und strahlte alles. Bei ihnen bestand das »Modern« zu einem wichtigen Teil aus diesen glänzenden Oberflächen. In den Interieurs von Jean-Michel blitzte oder glänzte nichts. Das hatte mit dem Material zu tun, das er verwendete, und mit der Art, wie er es behandelte.

Die Oberfläche des Salontisches in Nancys Appartement sah aus wie ein Mosaik aus kleinen länglichen Fliesen, um ein ovales Zentrum herum angeordnet. Das Material verlangte förmlich danach, berührt zu werden, wenn auch nur dazu, den Anfasser davon zu überzeugen, dass er es nicht mit Naturstein, sondern mit einer Art Leder zu tun hatte.

Die Tischplatte bestand aus länglichen Lederstücken, durch deren Mitte eine Spur weißer Tupfer lief. Sie waren wie Speichen um eine Nabe angeordnet. Und weil die Mitte dieser Nabe aus einem

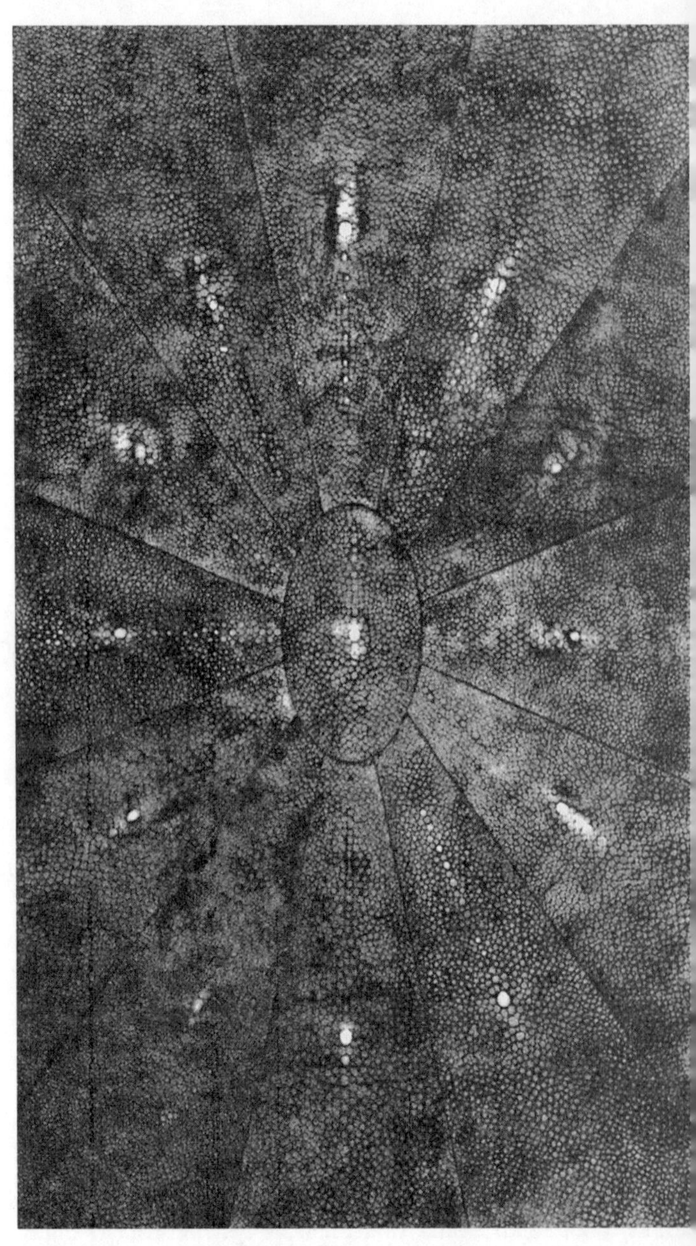

*Tischplatte mit Intarsienarbeit aus Galuchat. Detail.*

Ring mit den gleichen weißen Tupfern bestand, ähnelte das Design der Tischplatte einer Sonne, deren diffuse Strahlen mühsam einen dunklen Nebel durchdringen. Die Tischplatte war aus Galuchat hergestellt worden, einem sehr feinen Leder aus der Haut eines kleinen Hais, des Sandhais, der in unseren Meeren nicht vorkommt und deshalb aus China importiert werden musste. Im 18. Jahrhundert entwickelte der Instrumentenmacher Jean-Claude Galluchat eine Technik, um diese Haihäute zu Leder zu präparieren, mit dem er besondere Instrumentenkästen verkleidete. Galluchats Technik war verlorengegangen, wurde aber Anfang des 20. Jahrhunderts vom Möbelhersteller Adolphe Chanaux wiederentdeckt. Diesen Adolphe Chanaux hatte Jean-Michel mit der Herstellung des erwähnten Tisches beauftragt.

Wegen der Schirmlampen war Nancys Appartement ziemlich dunkel. Um die richtige Atmosphäre zu schaffen, hatte Jean-Michel fünf Lampen herstellen lassen, die genau das richtige Licht gaben. Für die Lampenschirme hatte er Pergament gewählt, denn Pergament lässt ein diffuses und angenehmes Licht durchscheinen. Aber es gibt sehr viele Pergamentsorten. Jean-Michel probierte verschiedene Sorten aus und entschied sich für Eselleder, weil die Haut von Eseln eine Art Pergament liefert, das ein amberfarbiges, nach Gelb tendierendes Licht verbreitet.

Diese Farbnuancen mussten genau gewählt werden, denn die Farbe des Lichts sollte zu den Farben der Böden, Wände, Türen und Schränke passen. Die Farbskala in Nancys Appartement changierte von gedämpftem Weiß und Ocker zu Beige und Hellbraun, in Nuancen, die etwa den Farben einer Kamee entsprachen, aber das sind unzureichende Vergleiche, bedenkt man den Reichtum an Nuancen, die jedes Material enthielt. Es war schwer zu sagen. Etwas zwischen Braun, Beige und Gelb, aber diese Art von Bezeichnungen wurden der Dynamik an Farben nicht gerecht, denn die Zusammensetzung und Intensität der Farbe variierte mit dem Lichteinfall. Wenn man daran vorbeiging, schien das Muster zu tanzen.

Durch das Licht passierte etwas mit dem Schränkchen. Die Wirkung war mit der Intarsienarbeit vergleichbar, den Mustern aus kleinen Holzstückchen, die an Reihen aufeinandergestapelter Blöckchen erinnerte, eine Verzierung, die früher oft an Schränken angebracht wurde, zum Beispiel an den Rändern. Wenn man die Blöckchen etwas länger betrachtet, bekommt man den Eindruck, sie seien die Stufen einer Treppe, die man hinauf- und hinuntersteigen könne. Doch noch bevor man damit beginnt, geschieht etwas Eigenartiges: Die Treppenstufen sind auf einmal keine Stufen mehr, sondern werden zu Decken der Blöckchen, zu denen man von unten hinaufschaut. Danach werden es wieder Stufen, die man hochsteigen kann. Diese Veränderungen in der Wahrnehmung geben einem ein angenehmes, leicht schwindelerregendes Gefühl.

Es war tatsächlich eine Art Intarsienarbeit, nicht mit Holzstückchen, sondern mit Stroh und Roggen, eigentlich mit Abfall.

Jean-Michel ließ die weggeworfenen Halme nach Farben sortieren und anschließend bearbeiten. Das war eine Heidenarbeit. Jeder Halm musste erst der Länge nach aufgeschnitten, dann flach gebügelt und mit einer Art Bügeleisen angesengt werden. Anschließend wurden die Streifen von Mitarbeitern des Ateliers sortiert und so geschnitten, dass sie Fächer- oder Würfelmuster formten. Es war eine Geduldsarbeit, denn die Halme, die zu diesen Fächern oder Würfeln verarbeitet wurden, changierten stets von hell nach dunkel, und das musste jedes Mal auf genau dieselbe Art passieren, denn nur dann entstand diese besondere optische Wirkung. Von all seinen Entwürfen fand Jean-Michel diesen am besten gelungen. Das lag vermutlich daran, dass er Abfall in etwas Kostbares und Ursprüngliches veränderte.

Jean-Michel benutzte fast immer Naturmaterialien: Holz, Schilfrohr, Leder oder Pergament, die er so bearbeiten ließ, dass ihre natürlichen Eigenschaften optimal zur Geltung kamen. Er konservierte dieses Material, mumifizierte es, wenn ich es so formulieren darf. Mumifizierung, das war der Eindruck, den die dunklen, äußerst harten Rahmen der Türen aus dem 17. Jahrhundert, das körnige Muster des Galuchats und das gelbliche Licht der Pergamentschirme erweckten.

Der Raum erzeugte eine außergewöhnliche Wirkung durch die Kombination von Eindrücken, die nicht nur durch Form und Stil der einzelnen Möbelstücke hervorgerufen wurden, sondern auch durch das Material, aus dem sie hergestellt worden waren, die Art, wie sie sich anfühlten. Die Farbnuancen waren derart aufeinander abgestimmt, dass sich ein Interieur vom anderen weniger durch die Art der Möbel als durch das Farbspektrum unterschied: lachsfarben im einen, ockerfarben im anderen, beige oder hellbraun im dritten. Das Farbspektrum war der wichtigste Grund dafür, dass Jean-Michel in manchen seiner Entwürfe bronzefarbene Türen anbringen ließ.

# 10
# MARIE LAURE DE NOAILLES UND JEAN COCTEAU: EINE IDYLLE

Liebe. Jedes Leben wird durch sie bestimmt, niemand begreift, wie sie funktioniert. Doch jeder spricht über Liebe mit dem Gehabe eines Sachverständigen. »Was meinst du damit?«, frage ich manchmal, wenn jemand sagt, er liebe jemanden von ganzem Herzen. Der Gefragte schaut mich dann erstaunt an und sagt, dass er sich unwiderstehlich zu der Person hingezogen fühle. »Sie hat sich in meinen Kopf eingenistet«, erklärt er mir. »All meine Gefühle und Neigungen konzentrieren sich auf sie, für lange Zeit, und das ist Liebe«, sagt er. »Weißt du das denn nicht?« Und dann fügt er hinzu, dass diese Gefühle nicht beantwortet werden müssten. Zumindest nicht wirklich. Es sei sogar nicht gut, wenn die Geliebte die Gefühle überschwänglich beantworte, sagt er, denn dann erlösche die Liebe. Sie solle lieber sparsam reagieren. Das stachle seine Gefühle noch weiter an. Abstand sei geboten, so mein Informant.

Im Allgemeinen mag das wohl so sein, aber wenn ich Menschen im Besonderen betrachte, vor allem Jean-Michel Frank, René Crevel, Marie Laure de Noailles oder Jean Cocteau, und mich frage, was Liebe in ihrem Leben bedeutete, dann stocken die Worte, und die Gedanken bleiben in einem so undurchdringlichen Urwald stecken, dass jeder sich darin verirren würde, vor allem die Betroffenen selbst.

Nehmen wir Marie Laure de Noailles. Die Liebe ihres Lebens, das hat sie immer wiederholt, war Jean Cocteau. Sie lernte ihn kennen, als sie bei ihrer Großmutter Laure de Chevigné wohnte, in der Rue d'Anjou. Die Chevignés und die Cocteaus waren Nachbarn. Großmutter Laure war mit Jean Cocteaus Mutter befreundet. Marie Laure betete ihren dreizehn Jahre älteren Nachbarssohn Jean an. Er machte Furore als Dichter und Theaterschriftsteller. Ihrer Meinung nach war er mehr als ein Mensch aus Fleisch und Blut. Er schien vom Himmel herabgesunken zu sein; sie nannte ihn einen »Erzengel«.

Es ist gar nicht so seltsam, dass ein junges Mädchen für einen Nachbarssohn schwärmt, der von allen als Wunderkind verehrt wird. Aber Marie Laure betete Jean Cocteau ihr ganzes Leben lang an. An ihrem sechzehnten Geburtstag erzählte sie ihrer Mutter, Jean und sie hätten vor zu heiraten. Ihre Mutter erschrak und beschwerte sich bei ihrer Nachbarin Cocteau, weil sie meinte, Jean sei drauf und dran, sich eine reiche Erbin unter den Nagel zu reißen. Doch das sei überhaupt nicht der Fall, versicherte ihr Frau Cocteau. Es sei ein Traum von Marie Laure.

Jean machte keinen Hehl daraus, dass er Männer liebte. Marie Laure lernte seine Freunde kennen. Mit einigen von ihnen schloss sie sogar Freundschaft, zum Beispiel mit Raymond Radiguet. Cocteaus Vorliebe für Jungen hatte keinen Einfluss auf Marie Laures Liebe, sie war davon überzeugt, dass Jean und sie heiraten würden. An diesem Traum hat sie bis zu ihrem Tod festgehalten. Ich gehe davon aus, dass Marie Laures Liebe echt war. Aber was ist Liebe in diesem Fall? Wenn man die Gemeinplätze betrachtet, die üblicherweise zum Thema Liebe vorgebracht werden, und sich darauf konzentriert, was Liebe für jemanden im Besonderen ist, stößt man nach zwei Schritten schon auf unlösbare Rätsel.

Fühlte Marie Laure sich körperlich zu Jean hingezogen? Zweifellos. Doch von körperlicher Intimität zwischen diesen beiden war nie die Rede. Für Jean war sie das kleine Nachbarmädchen, das ihn anbetete; er pflegte die Freundschaft mit ihr und tat gut daran, denn sie gab ihm Aufträge für Theaterstücke und Filme und bezahlte ihn fürstlich.

Jean Cocteau war die einzige Liebe in Marie Laure de Noailles'

Leben. Wie ist das möglich? Proust suggerierte eine Antwort. Am Anfang seines Romans *Eine Liebe von Swann* fügte er den äußerst talentierten Dandy Charles Swann ein. Er erzählte, wie Swann sich in Odette verliebte, eine Frau, die überhaupt nicht »sein Typ« war. Swann fühlte sich nämlich zu Bauerntöchtern, Küchenmädchen und Verkäuferinnen hingezogen, die einen angenehmen, volkstümlichen Kontrast zu der künstlerischen Welt von Museen, Galerien, Theatern und Bibliotheken bildeten, in denen er seine Zeit verbrachte. Odette war das Gegenteil eines einfachen Mädchens aus dem Volk; sie war eine Kokotte mit den Ansprüchen einer Dame aus dem Bürgertum.

Und doch verliebte sich Swann in sie, stärker noch: Sie wurde die Liebe seines Lebens. Das liege daran, sagte Proust, dass Odette eine bestimmte Haltung einnahm, als sie die Radierungen betrachtete, die Swann eines Tages für sie mitbrachte. Diese Haltung entsprach haargenau der Haltung einer Frauenfigur auf einem Fresko Botticellis in der Sixtinischen Kapelle. Diese Übereinstimmung verblüffte Swann so sehr, dass er eine Reproduktion dieses Freskos auf seinen Schreibtisch stellte, sozusagen als Porträt Odettes. Durch diese Übereinstimmung bekam Odette Zugang zu der künstlerischen Welt Swanns, von der Frauen ausgeschlossen waren, der einzigen Welt, die für ihn wirklich zählte. Die unvergängliche Welt der Kunst wurde auf eine Frau in Swanns unmittelbarer Umgebung projiziert. Die Welt unerreichbarer Ideen schien plötzlich ihre Inkarnation in einer Frau aus Fleisch und Blut zu finden. Swanns Liebe kristallisierte sich auf der Grenze, an der sich die beiden Welten berührten.

Ich gehe davon aus, dass etwas Ähnliches in der Liebe von Marie Laure zu Jean Cocteau passierte. Spielte Francis Croisset eine Rolle beim Entstehen dieser eigenartigen Liebesgeschichte? Ich schließe es nicht aus. Croisset, der zweite Ehemann ihrer Mutter, war Marie Laures Vertrauter. Croisset war außerordentlich erfolgreich als Schreiber von Boulevardstücken. Er war sehr beliebt, sowohl bei Frauen als auch bei Männern, und profitierte von der

Verliebtheit (oder Liebe?) von Marie Laures Mutter, als er eine der reichsten Frauen Frankreichs heiratete. Nachdem die Ehe geschlossen war, schaute er sie nicht mehr an. Croisset regte die Phantasie aller Menschen an: Er duellierte sich für Liebhaberinnen, nahm am Krieg teil, kam mit einer Verwundung zurück, von der jeder gehört hatte, ohne etwas Genaues zu wissen. Er sei ein »Operettenmajor«, spotteten die Leute, ein »Melodramasoldat«, doch zugleich faszinierte er alle, nicht nur seine Stieftochter Marie Laure.

Marie Laure heiratete mit einundzwanzig völlig unerwartet Graf Charles de Noailles. Sie kannte Charles kaum. Es war eine Laune. Sie wählte einen Ehemann und eine Familie, als würde sie einen Knoten durchschlagen, der nun einmal durchgeschlagen werden musste. Charles schien ein geeigneter Kandidat zu sein. Er war von altem Adel, hatte höfliche Manieren und beherrschte die Kunst der Konversation, obwohl seine Gespräche ziemlich unpersönlich blieben. Er beschränkte sich auf eine nette, aber oberflächliche Konversation, um ja nicht auf das rutschige Terrain der Intimität zu geraten. Charles eignete sich als Vater für ihre Kinder. Das war alles. Ich nehme an, dass Marie Laure Charles de Noailles heiratete, um ihre Beziehung zu Jean Cocteau aufrechtzuerhalten. Und es ist wohl nicht ausgeschlossen, dass sie das alles mit ihrem zukünftigen Ehemann besprach, dass sie ihre Beziehung zu Cocteau sozusagen als Bedingung in ihren Ehevertrag aufnahm.

Jean-Michel Frank war für Marie Laure ein Geistesverwandter. Doch während ich bei Marie Laure noch raten kann, welche Rolle die Liebe in ihrem Leben spielte, taste ich bei Jean-Michel im Dunkeln. Jean-Michels Liebesleben? Die Frage klingt absurd und fast unanständig. Warum eigentlich? Weil Jean-Michel ausstrahlte, dass das, was man unter »Liebesleben« verstand, nicht zu ihm passte, oder besser gesagt, dass das, was die Menschen unter Liebe verstanden, ihm nicht beschieden war. Er schien jede Hoffnung aufgegeben zu haben. Das Bild, das vor mir aufsteigt, wenn ich versuche, mir eine Vorstellung des geistigen Raums zu machen, in dem er sich bewegte, ist die vollkommene Finsternis, in die nach der Bibel die Ungläubigen geworfen werden. Oder das einer Wüste, weit entfernt von Städten und Dörfern, in denen die Parias, die aus dem indischen Kastensystem fielen, sich früher aufhalten mussten, Parias, die eigentlich keine Menschen waren und die die Spuren ihrer Fußstapfen verwischen mussten und deren Schatten nicht in Berührung mit normalen Sterblichen kommen durften.

Die Welt, in der Jean-Michel Frank lebte, war eine Welt ohne Liebe, eine Welt ohne Gott, eine Welt, die ihn verleugnete. Sich selbst zu verwischen war die unbewusste, vielleicht halbbewusste Triebfeder hinter den Dingen, die er tat. Aber weil ein Mensch nun einmal nicht ohne Sehnsüchte leben kann, hatte sich sein Gefühlsleben auf die Kunst gerichtet. In dieser Hinsicht unterschied er sich nicht wesentlich von Marie Laure. Ich denke, dass ihre Seelenverwandtschaft darauf beruhte. Sie suchten ihr Heil in der Kunst. Beide. Marie Laure versuchte sich zu retten, indem sie ihr Leben in ein künstlerisches Spektakel transformierte; sie investierte all ihre Liebesenergie in »hysterische Vorstellungen«, wie Edward James es ausdrückte.

Jean-Michel erschuf auch eine Szenerie, aber diese war leer. Wenn seine Interieurs etwas ausdrückten, dann war es ein Gelübde, sich vom weltlichen Leben fernzuhalten, um einer geistigen Erlösung willen. Die Bemerkung von Charles de Noailles über die Übereinstimmung von Jean-Michels Interieurs und den kahlen Räumen eines Zisterzienserklosters war sehr treffend – abgesehen vielleicht davon, dass die Klosterzellen Teil eines Lebens in Askese waren, der sich die Mönche in der Aussicht auf ihr geistiges Heil unterwarfen, während die gleiche Askese von Jean-Michel in Erwartung des Todes ausgeübt wurde.

# 11

## DER UMBAU VON BISCHOFFSHEIM

Mitte der zwanziger Jahre fragte Marie Laure Jean-Michel, ob er Lust habe, das obere Stockwerk von Bischoffsheim neu einzurichten. Das war eine ungeheure Herausforderung, weil Jean-Michel seine Zisterzienserräume in ein Palais einfügen musste, das eher einem Museum oder einem Lagerraum glich. Sein Interieur hätte perfekt in die Villa Bernard gepasst, aber die Entwürfe dafür waren bereits fertig, als Jean-Michel und Marie Laure sich kennenlernten. Jean-Michel akzeptierte den Auftrag, machte Entwürfe und war über ein Jahr lang mit dem Umbau von Bischoffsheim beschäftigt. Er räumte den Salon, das Antichambre und das Boudoir im ersten Stock aus, ließ alle Boden- und Wandbedeckungen entfernen, bis nur noch die kahlen Wände und Fußböden übrig waren, und machte einen maßstabgerechten Entwurf, den er, nachdem er Marie Laures Zustimmung eingeholt hatte, in den Werkstätten von Adolphe Chanaux in Auftrag gab.

Im Boudoir ließ er Täfelungen mit Intarsien aus Stroh anbringen. Darauf hängte er drei längliche Wandteppiche aus dem 18. Jahrhundert, in Beauvais hergestellt, eigentlich Banner, die zu den Möbelstücken passten, die er darunterstellte. Die Banner endeten ungefähr einen Meter über dem Fußboden, aber sie schienen sich in zwei Louis XVI.-Fauteuils, die mit dem gleichen Stoff in den gleichen halb dekorativen, halb mythischen Mustern bezogen waren, fortzusetzen. Das mittlere Banner endete an einem eleganten Tischchen aus derselben Periode.

Genau gegenüber dem Boudoir, an der anderen Seite des

Treppenhauses, lag der Ballsaal: ein beeindruckender Raum, der aus einem Palais aus Palermo aus dem 18. Jahrhundert stammte. Jean-Michel richtete das Boudoir als Übergangsraum ein, eine Schleuse, die vom 18. Jahrhundert auf der einen Seite durch bronzene Türen ins 20. Jahrhundert auf der anderen führte.

Wenn man durch diese Türen ging, stand man direkt im Universum Jean-Michel Franks. In diesem Raum befand sich kein einziges Gemälde, kein einziges Kunstwerk, das die Aufmerksamkeit vom Raum selbst abgelenkt hätte. Die Wände waren vom Boden bis zur Decke mit Pergament bekleidet, in einer Farbe, die ins Gelbe spielte und eine perfekte Harmonie mit dem Schrank bildete, der mit Intarsien aus Stroh bezogen war, und mit den vier doppelten Bronzetüren, dem ebenfalls mit Strohintarsien bedeckten großen Tisch in der Form eines umgedrehten U und dem kleineren bronzenen u-förmigen Salontisch, der eine Replik davon bildete. Dem Kamin, aufgebaut aus kleinen Glimmerfliesen, gegenüber stand das von Jean-Michel Frank entworfene, mit elfenbeinfarbenem Leder bezogene Sofa.

Die Atmosphäre dieses Raums wurde nicht durch die einzelnen Möbelstücke bestimmt. Was zählte, war die Komposition, oder besser die Art, auf die alle Einzelteile zusammen eine Stimmung erschufen, die eine unmittelbare Wirkung hatte, ohne dass man hätte sagen können, wodurch dieser Effekt hervorgerufen wurde oder woraus er genau bestand. Es war ein kompliziertes Zusammenspiel zwischen den Materialien (außergewöhnlichen und kostbaren Materialien wie Pergament und Bronze in Kombination mit einfachen wie Stroh und Jute), den Farben (eine Kombination vom Elfenbeinweiß des Sofaleders, des gedämpften Ockers vom Pergament, den bronzefarbenen Türen und dem zur Holzfarbe changierenden Gelb der Strohintarsien) und dem Licht.

Vielleicht war das Licht der wichtigste Bestandteil der Stimmung, die der Salon ausstrahlte. Licht war die Komponente, die am wenigsten Aufmerksamkeit auf sich zog, durch die sich Jean-Michel Frank aber noch stärker auszeichnete als durch die Entwürfe seiner Möbel, Wände und Türen. Jede einzelne seiner Lampen war ein Meisterwerk. Erst nach längerer Zeit wurde dem Besucher bewusst, wie viel Raffinesse diese scheinbare Schlichtheit in sich barg. So gab es eine Lampe, deren Fuß aus kleinen, aneinandergeklebten Glasplättchen bestand, die in einen bronzenen Fuß montiert waren. Vom Lampenschirm herab fiel ein geheimnisvolles Licht auf diese schwer zu ergründenden Glaswürfel. Der Fuß einer anderen Lampe bestand aus einem großen Stück unbehandelten Rosenquarzes.

Mein Favorit ist eine Lampe, von der ich zuerst nicht begriff, wie sie gemacht war und aus welchem Material sie bestand. Es sind Elfenbeinlamellen, die Jean-Michel auf einem Bronzefuß angeordnet hat, so dass der Fuß selbst nicht mehr sichtbar ist. Diese sechs Lamellen beugen sich einander zu wie die Blätter einer Blume und dämpfen das Licht, das sich in ihrem Herzen befindet.

Der einzige Schmuck, den Jean-Michel zugestand, waren zwei Blumensträuße. Sie standen in Vasen, die für alles, was damals so bezeichnet wurde, eine Beleidigung bedeuten mussten. Es waren Batteriebehälter. Jean hatte sie in einer Garage aufgetrieben und als Blumenvasen in eine scheinbar einfache, aber unbezahlbar luxuriöse Inneneinrichtung eingeführt. Heute sind wir an diese Batteriebehälter gewöhnt; wir vergessen, wie revolutionär sie in jener Zeit waren, in der Jean-Michel Frank sie zum ersten Mal verwendete. Es machte ihm Vergnügen, kostbares Material zu erniedrigen und Abfallmaterial zu kostbarem Bekleidungsmaterial zu erhöhen. Pergament benutzte er als Tapeten, Galuchat als Tischbedeckung, seine Sofas bezog er hingegen mit Baumwollstoff für Staubtücher, als Vorhänge benutzte er eine Art Jute, und Blumen stellte er in Batteriebehälter.

Das Interieur wurde von Man Ray fotografiert. In der *Vogue*, in *Art et Industrie*, in *L'Art dans la Maison* und in *House and Garden* erschienen Artikel. Bischoffsheim war ein vorläufiger Höhepunkt in der Karriere, die Jean-Michel fast unbemerkt in den vorhergegangenen Jahren aufgebaut hatte. Er wurde schon seit geraumer Zeit von der Pariser kulturellen Elite als ein Orakel auf dem Gebiet der Wohnungseinrichtung betrachtet; ihm folgte ein kleiner Hofstaat von Bewunderern. Doch Bischoffsheim machte ihn international bekannt.

Wie fand Marie Laure ihr neues Interieur? Sie genoss die Aufmerksamkeit, die der Entwurf weckte, und ihren Ruf, kompromisslos modern zu sein; sie genoss – vielleicht am meisten – den Bruch mit der kulturellen Tradition ihrer Eltern und Großeltern. Doch die Frage, ob sie das Interieur selbst genoss, ist ebenso schwer zu beantworten wie die Frage, ob sie einen neuen Liebhaber genoss. Vielleicht nahm sie einen neuen Liebhaber, am liebsten einen bekannten Künstler, nicht wegen des Genusses, den sie selbst von ihm erwartete, sondern wegen des Genusses, sich mit ihm in der mondänen Welt zu zeigen. So gesehen genoss sie wohl Jean-Michels Interieur. Doch wenn man dieses Genießen als Eingehen auf die Stimmung beschreibt, die Jean-Michel in Bischoffsheim geschaffen hatte, dann wird klar, dass Marie Laure dafür nicht empfänglich war. Ihr Geist verfügte nicht über die Wellenlänge, mit der sie sich auf die Sphäre geistiger Erleuchtung hätte einlassen können, die Jean-Michel mit seinen Interieurs beabsichtigte.

Ehrlich gesagt gehe ich davon aus, dass die Stille dieser Räume sie bedrückte. Sie brauchte eine Bühne, Vergnügungen, große Worte und dramatische Gesten. Sie scherte sich nicht um Jean-Michels Intentionen. Nach einiger Zeit begann sie, Bilder an die Pergamentwände zu hängen, Figuren und Nippes auf die Strohintarsien des Schreibtisches und auf das Galuchat des Tischs zu stellen. Innerhalb weniger Jahre waren die Wände von Bildern bedeckt: drei phantastische Leinwände von Salvador Dalí, ihrer letzten Entdeckung; einem großen Porträt, das Christian Bérard von ihr und ihrer Tochter gemalt hatte und das sie zu Bérards unaussprechlichem Stolz über Dalís *Das Alter von Wilhelm Tell* hängte; ferner ein großes Porträt, das Balthus von ihr gemalt hatte, dazu Bilder von Tschelitschew, Rubens und fünfzehn weitere kleinere Gemälde.

Der Kaminsims und der Tisch standen bald voller kleiner Skulpturen und Silberarbeiten. Der Tisch wurde beladen mit Stapeln kostbarer Manuskripte und Kunstkataloge, mit Kerzenständern, einer griechischen Vase, mit Drucken, Fotos, Karten und Briefen. Die Bronzetüren dienten als Schwarze Bretter für Plakate und Berichte.

Das Leben Marie Laures nahm, kurz gesagt, seinen gewohnten Gang. Böse Zungen behaupten, das habe zu einem Streit zwischen Jean-Michel und Marie Laure geführt, aber das stimmt nicht. Jean-Michel wusste von Anfang an, dass Marie Laure sein Interieur nicht intakt lassen würde. »Ich habe mein Werk vollendet«, sagte er beim Diner, das Marie Laure anlässlich der Fertigstellung gab. »Du kannst jetzt mit dem Abriss beginnen.«

Marie Laures eigenes Leben geriet kurz nach der Vollendung von Jean-Michels Interieur unvermutet in einen heftigen Strudel. Jean Cocteau begann ein Verhältnis mit Nathalie Paley, der Tochter des Erzherzogs Paul Alexandrowitsch, eines Bruders von Zar Nikolaus III., und Olga Karnowitschi, Prinzessin von Paley. Nathalie war die bildschöne Ehefrau des Couturiers Lucien Lelong. Marie Laure war niedergeschmettert. Dass Jean Cocteau, die Liebe ihres Lebens, sie mit Männern »betrog«, das ging ja noch an. Aber mit einer Frau? Jeder erwartete, dass dies den Todesstoß für ihre Beziehung zu Jean Cocteau bedeutete, doch so war es nicht. Im Gegenteil. Marie Laure blieb ihm treu, trotz oder vielleicht gerade wegen der Tatsache, dass sie von Eifersucht verzehrt wurde.

Die Affäre zwischen Jean Cocteau und Nathalie Paley hatte noch eine weitere Folge: Marie Laure brach mit ihrem Ehemann Charles. Ihre Beziehung hatte schon lange gekränkelt. Nach der Affäre Cocteau-Paley führten Marie Laure und Charles getrennte Leben. Ihre Freunde richteten die Briefe nicht länger an das Ehepaar Noailles, sondern an Monsieur oder Madame.

Marie Laure begann ein Verhältnis mit dem neunzehnjährigen

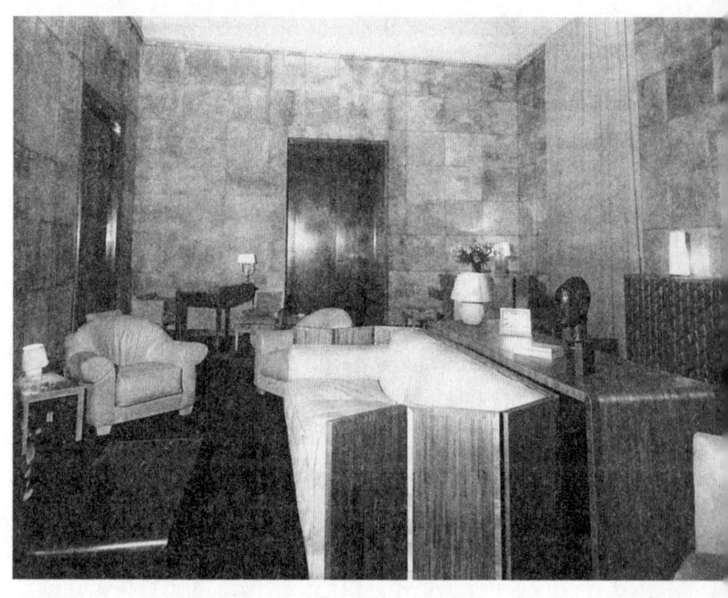

*Salon Bischoffsheim um 1926, nach dem Umbau und der Einrichtung durch Jean-Michel Frank. Wandbekleidungen aus Pergament, Türen aus Bronze, Schrank, großer Tisch und Wandschirm bekleidet mit Intarsien aus Stroh, Sofa aus weißem Leder, niedriger Tisch aus Bronze. Foto: Man Ray.*

Konzertpianisten Igor Markevitch. Igor besaß eine zarte Gesundheit: Er litt an einer Lungenkrankheit und musste sich regelmäßig in Schweizer Sanatorien erholen. Marie Laure nahm ihn unter ihre Fittiche. Igor seinerseits schien vor allem von ihrem schnellen Bugatti eingenommen gewesen zu sein, ihrem Palais mitten in Paris, ihrem Landhaus in Hyères und den unbegrenzten Möglichkeiten, die ihm ein Verhältnis mit der Gräfin bot. In den folgenden Jahren begleitete Marie Laure ihren Schützling durch alle Städte Europas, in denen er Konzerte gab. Sie bekam den Spitznamen Marie Laure d'Agoult, nach Marie d'Agoult, jener Gräfin, die ein Jahrhundert davor die Geliebte des jungen und kränklichen Franz Liszt gewesen war.

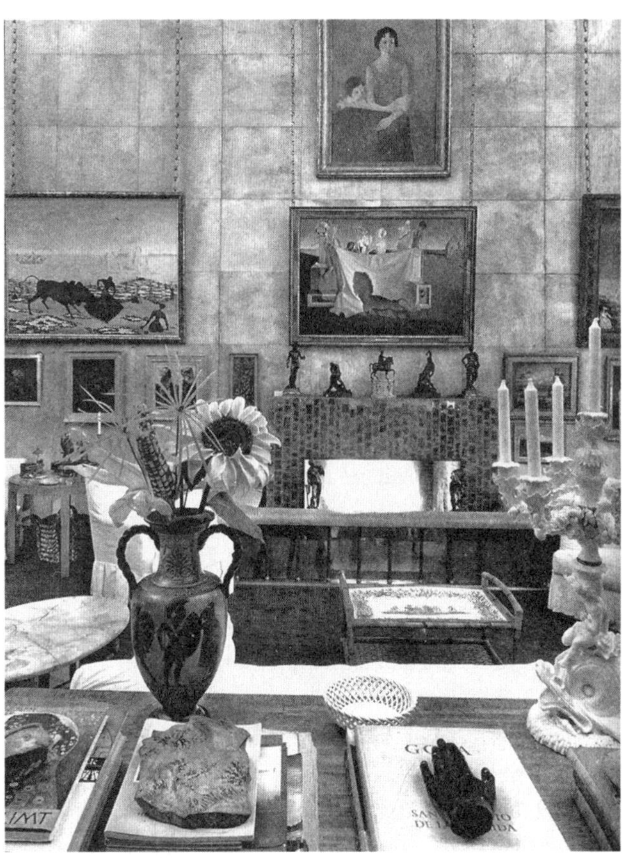

*Salon Bischoffsheim um 1964. Von der ursprünglichen Inneneinrichtung Jean-Michel Franks ist, außer den Fragmenten der Pergamentwände, nur noch der Kamin sichtbar, der aus kleinen Glimmerfliesen besteht. Über dem Kamin hängt Salvador Dalís* Das Alter von Wilhelm Tell. *Über diesem prachtvollen Gemälde hängt das Porträt von Marie Laure de Noailles und ihrer Tochter, gemalt von Christian Bérard.*

# 12
# JEAN-MICHEL FRANKS ZUSAMMENBRUCH

Im Frühjahr 1929 mietete Léon Pierre-Quint ein Appartement im achten Stock eines neuen und luxuriösen Komplexes an der Avenue Rodin. Er bat seinen Freund Jean-Michel Frank, das Appartement einzurichten. Jean-Michel hielt sich damals gerade in San Francisco auf, um die Einrichtung des Penthouses von Templeton Crocker zu leiten.

»Ich möchte dich bitten, mein Appartement einzurichten, zumindest wenn sie dir in den Staaten nicht einen allzu großen Heiligenschein verpasst haben«, schrieb Pierre-Quint ihm am 13. Februar jenes Jahres. »Übrigens wird es noch eine Weile dauern, bis du anfangen kannst«, fügte er in einem Brief vom 4. April hinzu. »Vorläufig ist mein Appartement nicht mehr als ein leerer Raum über einem Häuserblock, der erst zwei Stockwerke hoch ist.« Jean-Michel konnte seine Arbeit erst beginnen, nachdem das Appartement im Laufe des Jahres 1930 fertiggestellt worden war. Pierre-Quint zog Ende Februar 1931 von seiner alten Adresse an der Rue Spontini an die Avenue Rodin.

Schriftsteller-Dichter-Verleger Léon Pierre-Quint stand Ende der zwanziger Jahre auf dem Höhepunkt seines Ruhmes. Nach einem Debüt als Romanschriftsteller und einer erfolgreichen Karriere als Autor von Artikeln über Literatur, Kultur, Wirtschaft und Politik war Léon Pierre-Quint im Frühjahr 1923 zum literarischen Direktor des Verlages Éditions du Sagittaire ernannt worden. Er bekam die Leitung des Literaturfonds, einen Posten, den er vom jungen André Malraux übernahm, und leitete schon bald zusammen mit Philippe Soupault die *Collection Européenne*, eine Reihe europäisch orientierter Literaturausgaben, die einen Spin-off der ebenfalls von Le Sagittaire herausgegebenen Zeitschrift *Revue Européenne* bildeten.

Pierre-Quint baute in kurzer Zeit ein verblüffend gutes Verlagsprogramm mit Autoren auf, die zu internationalen Größen heranwachsen sollten, die aber in den zwanziger und dreißiger Jahren erst am Anfang ihrer Karriere standen: François Mauriac, Pierre Drieu la Rochelle, Paul Claudel, Henri de Montherlant, Tristan Tzara, Rabindranath Tagore, Maxim Gorki, Gabriele d'Annunzio, Henry James, William Butler Yeats, Panait Istrati, Czeslaw Milosz, Gilbert Keith Chesterton, Luigi Pirandello, Frank Wedekind, Rainer Maria Rilke, Miguel de Unamuno. Er hatte eine besondere Vorliebe für die Werke der Surrealisten: André Breton, Robert Desnos, René Crevel, Roger Vitrac, Benjamin Péret, Michel Leiris, Antonin Artaud, Jules Supervielle, Blaise Cendrars, Victor Ségalen, Henri Michaux, Louis Aragon.

1927 trat Philippe Soupault als Mitredakteur zurück. Léon Pierre-Quint wurde Verlagsdirektor. Dieses Jahr wurde sein Wunderjahr. Er brachte sage und schreibe fünfundfünfzig neue Titel heraus. Diese Leistung sollte er nie mehr erreichen. Um 1930 wendete sich das Blatt. Die Wirtschaftskrise schlug zu und traf Le Sagittaire, der sich auf ein Verlagsprogramm von exklusiven Literaturausgaben und kostbaren Kunstbänden spezialisiert hatte. In der Periode von 1932 bis 1940 brachte Pierre-Quint insgesamt fünfundfünfzig Titel heraus, genau so viele, wie er in dem einzigen Jahr 1927 veröffentlicht hatte. Die Zeit, in der Pierre-Quint beschloss, an die Avenue Rodin zu ziehen und seinen Freund Jean-Michel Frank zu beauftragen, sein neues Appartement einzurichten, war der Übergang von den fetten zu den mageren Jahren.

Jean-Michel Frank und Léon Pierre-Quint waren Jugendfreunde, die sich in vielerlei Hinsicht so ähnelten, dass sie Doppelgänger hätten sein können. Léon Pierre-Quint, der eigentlich

Léon Steindecker hieß, war im selben Jahr wie Jean-Michel Frank geboren worden. Er war der Sohn eines reichen jüdischen Bankiers, der an der Rue de la Bourse ein Büro hatte, an derselben Börse, an der Léon Frank, Jean-Michels Vater, eine Karriere als Coulissier aufgebaut hatte, ganz in der Nähe der Rue Rossini, wo Jean-Michel geboren war. Die Familie Steindecker war 1911 an die Avenue Victor Hugo im 16. Arrondissement gezogen. Ungefähr sieben Jahre zuvor war auch die Familie Frank aus dem Pariser Zentrum in das 16. Arrondissement gezogen.

Léon und Jean-Michel lernten sich kennen, als beide 1903 Schüler des Lyceums Janson de Sailly wurden. Bei Léon zeigten sich in dieser Periode die ersten Anzeichen einer Knochentuberkulose, die seine Knie befiel und ihn zu langen Erholungskuren im Badeort Berck-Plage an der Nordseeküste zwang. Es war eine Krankheit, die zu einer lebenslangen Behinderung führte und unter anderem die Ursache dafür war, dass er zu Beginn des Ersten Weltkriegs ausgemustert wurde. Jean-Michel wurde wegen seiner »faiblesse constitutionnelle« ausgemustert. Jean-Michel und Léon waren beide exzellente Schüler, beide künstlerisch begabt, mit einem extrem ästhetischen Feingefühl, und beide homophil.

Im Sommer 1914 blätterte Léon Pierre-Quint, als er Jean-Michel Frank besuchte, in einem Exemplar von *In Swanns Welt*, dem Roman, den Marcel Proust gerade publiziert hatte. Léon nahm das Buch mit nach Hause und las es mit erheblicher Mühe durch, denn es war nicht einfach, Prousts ewig langen Sätze und die scheinbar orientierungslos mäandernde Prosa zu verstehen. Doch diese Lektüre war eine Offenbarung. Léon schaffte es, über eine Zwischenperson den Kontakt zu Proust aufzunehmen. Er besuchte den Schriftsteller einige Male und führte lange Gespräche mit ihm. Nach Prousts Tod im Jahr 1922 begann er mit der ersten großen Studie zu Prousts Leben und Werk: *Marcel Proust. Sa vie, son oeuvre* erschien 1925. Das Buch wurde ins Englische und Spanische übersetzt und unzählige Male nachgedruckt.

Auch Jean-Michel Frank fühlte sich eng verbunden mit Proust

und dessen Werk. Diese Verbundenheit wuchs zu einer Art Identifikation. Jean-Michel fing an, sich wie Proust zu kleiden und wie er zu sprechen und zu schreiben, zum Ärger einiger Bekannten, die diese Identifikation als Pose auffassten.

Das Einrichten von Léon Pierre-Quints Appartement führte zu allen möglichen Problemen. Als Pierre-Quint im Herbst 1930 sein neues Appartement inspizierte, stellte sich heraus, dass die gerade verputzten Wände durch Wasserschäden beschädigt waren: Überall waren Wischspuren, Flecken, sogar Sprünge zu sehen. Aus dem Briefwechsel zwischen Jean-Michel Frank und Léon Pierre-Quint aus den Jahren 1930–1932 geht hervor, dass Jean-Michel versuchte, seinem Freund das Appartement in tadellosem Zustand zu übergeben, dass aber alle möglichen Missgeschicke ihn daran hinderten, die Arbeiten ausreichend zu überwachen.

Jean-Michel hatte im Sommer 1929 das Projekt von Templeton Crocker in San Francisco beaufsichtigt. Nach seiner Rückkehr nach Paris hatte er den *bal des matières* im Haus von Marie Laure de Noailles mit Dekors ausgestattet und die Kostüme für das Ballet Aubade entworfen, das Francis Poulenc zu diesem Anlass komponiert hatte.

Kurz danach war Jean-Michel zusammengebrochen und in Saint-Mandé, der Pariser Klinik für Drogenabhängige, aufgenommen worden. Er war vollkommen erschöpft, nach seiner Entlassung folgte ein erneuter Klinikaufenthalt in Sankt Moritz. Dazwischen hatte er, so gut es eben ging, die Arbeiten an der Avenue Rodin beaufsichtigt, aber er hatte nicht verhindern können, dass alles Mögliche schiefgegangen war, ernsthaft schiefgegangen, wie aus dem äußerst empörten Brief hervorgeht, den Pierre-Quint im Herbst 1931 an Jean-Michel schrieb, der sich zu dieser Zeit im Krankenhaus in Sankt Moritz aufhielt.

Avenue Rodin 3
5. September 1931

Lieber Jean,
entschuldige, dass ich – wohlgemerkt am Tag meiner Abreise – auf Geschäftliches zurückkomme.
Zweifellos erinnerst du dich, dass an den Malerarbeiten bei mir zu Hause Ausbesserungen notwendig sind, die zu Lasten des Eigentümers gehen. Zahllose Wasserschäden haben besonders im Studio die Wände an verschiedenen Stellen beschädigt. Das ganze Studio, inklusive Loggia, muss neu gestrichen werden. Diese Arbeit geht, ich wiederhole, auf Rechnung des Eigentümers.
Im Schlafzimmer gibt es Flecken, davon ein großer in Bettnähe. An diesen Stellen ist die Farbe abgeblättert, und es sind Risse aufgetreten. Dort müssen entweder einschneidende Instandsetzungsarbeiten ausgeführt werden, oder alles muss ganz neu gemacht werden, was praktisch auf das Gleiche hinausläuft.
Folgendes ist passiert. Im August habe ich einige Tage an der Küste verbracht. Als ich mich aufmachte, nach Paris zurückzukehren, widerstrebte mir plötzlich die Aussicht, in mein Appartement zurückzukommen – eine brüske Offenbarung. Ich erinnere mich, dass du damals gegen dein eigenes Appartement eine Abneigung bekamst; das ging so weit, dass du schließlich – Ironie! – die Rue Spontini gegenüber der Rue de Verneuil bevorzugtest. Mein Ausflug hat mir die Augen geöffnet. Du hast die gleiche Erfahrung gemacht. Du erkennst also zweifellos das Phänomen, dass die ekstatische Bewunderung der Besucher – denn das Appartement trägt weiterhin die ungeteilte Zustimmung eines jeden – im Widerstreit mit dem eigenen tiefen und persönlichen Eindruck liegt, den ich niemandem bekunden werde.
Ich kann mir sofort vorstellen, wie deine Antwort lautet. Dass meine Reaktion dich nicht erstaunt. Dass ich unter diesen Umständen am besten meine Hunde und Katzen, meinen Spielzeugzug, meinen Elefanten und meinen Igel abholen und damit die Avenue Rodin bevölkern soll. Aber dieser Standpunkt wäre zu einfach.
Ich kann meinen Eindruck in einem einzigen Satz zusammenfas-

> sen: »Die uniformelle Kahlheit dieser makellosen Wände macht mir genauso viel Angst wie das Mysterium des unendlichen Raums Pascal Angst machte.« Die Fingerabdrücke an der Wand können mir die Angst nicht nehmen. Wie ist es möglich, dass das Studio, dass du mit verschiedenen Farben zu verschönern gedachtest und das, wie du mir versichert hast, meinem Geschmack genau entsprechen würde, plötzlich blütenweiß geworden ist?
> Ist es in diesem Winter möglich, das Studio in einer anderen Farbe zu streichen? Oder steht irgendwo geschrieben – weil die Innenarchitekten heutzutage die Mächte des Schicksals verkörpern –, dass ich für ewig zu dieser jungfräulichen Farbe verdammt bin?
> Mein Hass gegen das Weiß ist so rabiat geworden, dass ich schon froh wäre, wenn die Deckenfarbe meiner Bibliothek angepasst werden könnte.

Am 19. September beantwortete Jean-Michel diesen Brief. Er sei soeben nach Paris zurückgekehrt, schrieb er. Er habe vorgehabt, nach Italien weiterzureisen, hätte aber diesen Plan nicht ausführen können, weil er sich zu schwach fühlte. Er habe, schrieb er, Pierre-Quints Brief »gelesen und ein zweites Mal gelesen, um ihn zu verstehen«. In seinem Antwortbrief widerlegte er Pierre-Quints Beanstandungen eine nach der anderen. Der Widerwille, den er gegen sein eigenes Appartement an der Rue de Verneuil verspürte, das er 1925 bezogen hatte, hätte nichts mit der Art des Interieurs zu tun gehabt, sondern mit den gigantischen Beträgen – mehrere hunderttausend Francs –, die er für die bronzenen Türen, die Lampen von Giacometti und die mit Intarsien aus Stroh bekleideten Wände habe bezahlen müssen. Beträge, die erst aufgelaufen seien, als er bereits in das Appartement eingezogen gewesen sei.

Jean-Michel vermutete, dass Pierre-Quints Unzufriedenheit mit dem Preis zu tun hatte, den er für das Interieur an der Avenue Rodin bezahlen musste, und dem geringen Vergnügen, das dieses Interieur ihm offenbar bereitete. Er machte ihn anschließend auf die enorm hohen Arbeitsleistungen (Verlegen von Stromkabeln,

Hänge- und Schließanlagen usw.) aufmerksam, die er gegen Aufpreis hatte ausführen lassen. Danach besprach er die Zimmer, über die Pierre-Quint sich beschwerte. Weiße Wände? Wo denn? Im Studio? Aber das sei doch als Bibliothek gedacht? Außerdem könne Léon diese Wände so lebendig gestalten, wie er wolle: Er könne Bilder, Orientteppiche oder, wer weiß, sogar Fotos aufhängen. Sobald Pierre-Quint aus dem Urlaub zurückkäme, würde Jean-Michel ihm eine »ausführliche mündliche Beratung zuteil werden lassen«.

In seinen folgenden Briefen meldete Pierre-Quint, dass er die von Jean-Michel gelieferten Möbel zurückschicken wolle. Sie gefielen ihm nicht, und außerdem seien sie zu teuer. Die Verlagsgeschäfte stagnierten, die Einkünfte würden immer geringer. Der Preis des ganzen Interieurs sei überraschend hoch. Er müsse verhandeln. Jean-Michel erklärte ihm in seinem Antwortbrief, dass der von ihm berechnete Preis ein absolutes Minimum sei, ein Freundschaftspreis, und er bat Pierre-Quint, die Möbel zu behalten, dafür würden sie eine Lösung finden. So wurde das Problem eine Zeitlang hin- und hergeschoben. Jean-Michel bat Léon wiederholt, die Rechnung für die Kosten des Interieurs zu begleichen. Léon antwortete ihm, dass er den Betrag schon in Form von Ratenzahlungen überwiesen habe. Jean-Michel antwortete, dass er diese Beträge nicht abheben könne, da offensichtlich etwas mit den Zahlungen nicht stimme.

So ging die Korrespondenz ein paar Jahre hin und her. Man könnte annehmen, die Freundschaft zerbreche allmählich wegen der angeblich misslungenen Einrichtung von Pierre-Quints Appartement, doch nichts war weniger wahr.

Im selben Zeitraum schrieben sich die Freunde Briefe und Karten mit ihren persönlichen Problemen, speziell den Problemen, an denen Jean-Michel im Laufe des Jahres 1929 fast zugrunde gegangen war. Zwei verschiedene Korrespondenzen, die einander abwechselten. Einige in geschäftsmäßigem Ton geschriebenen Abschnitte bezüglich der Abwicklung der zäh verlaufenden und

Pierre-Quint zufolge misslungenen Einrichtung an der Avenue Rodin, mit den dazugehörenden Kostenaufstellungen, Preislisten und Zahlungsbedingungen, wechselten mit Briefen, in denen die Freunde ihre tiefe Anteilnahme am jeweiligen Wohlbefinden des anderen äußerten.

In einem nicht datierten Brief (eine der Karbondurchschläge aller geführten Korrespondenz, die Pierre-Quint aufbewahrte) kondolierte Pierre-Quint seinem Freund zum Verlust seiner Mutter im Oktober 1928:

> Lieber Jean,
> ich erfuhr vom Verlust, den du erlitten hast – und meine Gedanken sind unmittelbar bei dir. Sicher, der Tod ist in diesem Fall eine Erlösung, aber ein Wesen … *[der Rest ist unleserlich]*

Jean-Michel tröstete seinerseits seinen Freund Léon, als dessen Mutter 1935 verstarb:

> Lieber Léon,
> ich weiß, dass du schreckliche Tage in Zweifel und Angst verbracht hast, und ich weiß, vor welcher Leere du jetzt stehst …

Als Jean-Michel im Sommer 1929 zusammenbrach, munterte Léon ihn mit einem Brief auf, der verlorengegangen ist, der aber angesichts der Reaktion von Jean-Michel rührend gewesen sein muss:

> Samaden, 16. Januar 1930
>
> Lieber Léon,
> dein Brief hat mich in solch göttliche Empfindungen getaucht, dass ich nicht eher habe antworten können. Dein Brief war so voller Aufmerksamkeit und Freundschaft, und es ist so offensichtlich, dass du aufrichtig Mitgefühl mit mir empfindest, dass ich dir sofort hatte sagen wollen, wie sehr mich dein Brief getroffen hat. Was mich davon abhielt – es ist ein absurdes Geständnis, das ich dir ablege – war dein Satz zu meiner »Genesung«. Ich habe eine

schreckliche, verzweifelte Woche hinter mir, und ich wollte deiner Bemerkung nicht widersprechen und mich in allzu simplen Klagen verlieren. Das hat mich daran gehindert, dir zu schreiben. Ich könnte alles Mögliche zu meinem elenden Dasein sagen, aber mir fehlt dazu der Mut – (und zweifellos auch das Recht). Ich würde erneut alles von A bis Z erklären, aber das ist langweilig, also schweige ich lieber.

Aber dein Brief erfordert eine Antwort, und die werde ich dir unter der Bedingung geben, dass du gewisse Dinge für dich behältst. Alle meine Freunde (und ich rede nur von meinen echten Freunden, die mich, soweit das möglich ist, kennen und sich dauerhaft für mich interessieren) erliegen – ohne Ausnahme – demselben Irrtum: Sie denken alle an die wiederkehrenden Momente in meinem Leben, in denen ich, obwohl es mir offensichtlich gesundheitlich relativ gut ging, meinem Abscheu dem Dasein gegenüber Ausdruck verlieh, und alle meinen, dass so eine Krise die Folge der Perioden der Depression sei, die ich erlebt habe. Das stimmt insofern überhaupt nicht, eine Niedergeschlagenheit kann unmöglich zu der aussichtslosen Verzweiflung führen, in der ich mich schon seit *neun Monaten* befinde. Keine einzige psychische Ursache hätte mich in das Leben stürzen können, das ich nun führe, und der Grund, warum ich gezwungen bin, dies alles dennoch zu erleiden, ist nur, dass ich *krank, körperlich krank* bin, und ebenso wenig gegen Schlaflosigkeit und andere Erkrankungen habe ankämpfen können, wie ich gegen Fieberanfälle bei Typhus hätte ankämpfen können. Ich habe noch zwei Monate lang, Mai und Juni, versucht, mich aufrecht zu erhalten, denn ich wusste, dass, wenn ich in die Knie ginge, meine gesamte Existenz angetastet würde, und genau das ist nun passiert.

Du benutzt das Wort Genesung, wie auch andere es seit Mai benutzen ... Wenn Genesung bedeutet, nach einer Krankheit wieder auf die Beine zu kommen und zum Niveau von vor dem Zusammenbruch zurückzukehren, auch wenn es nur mit halber Kraft wäre, dann werde ich *nie* genesen.

Mir geht es jetzt so schlecht, dass ich mit niemandem mehr über den Zustand rede, in den die Krankheit mich gestürzt hat. Auf der einen Seite lassen mich die Erinnerungen an den Zustand, wie er früher war, nicht mehr los, und auf der anderen Seite die Bilder der Orte, wo ich seit Juli gelebt habe, mit allem, was mir für die Zukunft Angst macht … Ich »ruhe« hier seit Juli schon zwei Monate lang und stelle jeden Tag fest, wie das Leiden voranschreitet, mit allen körperlichen Folgen, ich rede nicht mal von den anderen. Ich habe zum Beispiel ständig einen Puls von 110 oder 120. Ich habe mich von einem Spezialisten in Lausanne untersuchen lassen, der mir sagt, dass ich körperlich gesund bin und dass mein Puls die Folge der Tatsache ist, dass ich überarbeitet bin. Aber es ist nicht klar, wann die Krankheit auf meine Nerven übergreift und ob sie überhaupt übergreift. Wenn ich eines Tages erneut einen Nervenzusammenbruch bekomme – und für wie lange? werde ich mit einem Ich und einer Situation konfrontiert werden, die ich nie gekannt habe, einer Situation der reinsten Mutlosigkeit und des Pessimismus, die Folge meines körperlichen Zusammenbruchs ist und im Vergleich zu der mein früherer Pessimismus ein Kinderspiel war.

Was ist das für ein bewegender und erstaunlicher Brief. Jean-Michel, der unter allen Umständen, auch seinen Freunden gegenüber, distanziert und höflich bleibt und selten etwas von den Problemen durchschimmern lässt, die ihn bedrücken, schüttet sein Herz aus, als Folge der Depression, unter der er fast zusammenbricht. Das Erstaunliche ist, dass er mit großem Nachdruck versichert, die Krankheit sei körperlicher, nicht psychischer Art.

Alle seine Freunde irrten sich in dieser Hinsicht, sagt er. Sie denken, er leide an psychischen Traumata und dass sein Drogengebrauch, seine manische Arbeitswut und die körperlichen Krankheiten, die letztlich zu seinem Zusammenbruch Ende Mai 1929 geführt haben, Folgen der psychischen Belastung seien, die ihn seit der Katastrophe von 1915 bedrücke. Aber das Gegenteil sei der Fall, sagt Jean-Michel. Die bodenlose Depression, in die er einige Monate vorher gestürzt und die in den letzten Monaten nur noch schlimmer geworden sei und schließlich zu dauernder Schlaflosigkeit, Angstattacken, Mutlosigkeit und Niedergeschlagenheit geführt habe, sei Folge seiner körperlichen Schwäche.

Hatte Jean-Michel recht und war das körperliche Leiden Ursache seines seelischen Traumas? Oder war es das Gegenteil? Was war das Huhn, was das Ei? Jean-Michel behauptete fest, die körperliche Schwäche sei das Huhn und die Verletzlichkeit seiner Seele das Ei, aber er tat es so nachdrücklich, dass man sich des Eindrucks nicht erwehren kann, er wolle etwas abstreiten und verbergen, was allen außer ihm klar war, nämlich dass die Häufung psychischer Traumata eine Selbstvernichtungsmaschinerie in Gang gesetzt hatte, die sich in leichtsinnigem Drogengebrauch, maßloser Arbeitswut und einem Lebensstil manifestierte und darauf zielte, ihn aus seinem Dasein zu entfernen.

Warum widersprach Jean-Michel mit solcher Vehemenz dem Prozess in seinem Inneren, der für all seine Freunde offensichtlich war? Ich nehme an, dass er das tat, weil er die Katastrophe von 1915 nicht als Tatsache akzeptieren wollte. Er hatte die Erinnerung an dieses Unglück so tief weggesteckt, dass er es mit seinem bewussten Denken nicht mehr berührte, und die Erinnerung umfasste nicht nur den Tod seiner beiden Brüder, den daraus sich ergebenden Selbstmord seines Vaters und den Nervenzusammenbruch seiner Mutter, sondern auch die Ursache, die dieser Serie von Katastrophen zugrunde lag, nämlich dass die Franks zu einer Familie von aus Deutschland eingewanderten Juden gehören.

Jean-Michel machte in den zahllosen Briefen, die er mit seinem Freund wechselte, einen weiten Bogen um diese Probleme. Nie, wirklich nie, erwähnte er die Tatsache, dass er Jude war. Er mied mit derselben Hartnäckigkeit jede auch nur vage Anspielung auf die schicksalsschweren Ereignisse von 1915. Die Schranken, die er um diese traumatischen Ereignisse herum aufgebaut hatte, waren unüberwindlich, wie aus den seltenen Gelegenheiten hervorgeht, in denen er, wie in diesem einzigartigen Brief, sein Herz über sein persönliches Leid ausschüttet.

Der Brief hat einen unerwarteten Schluss. Jean-Michel erzählt, dass er die Einsamkeit mit der Lektüre von *Eine Liebe von Swann* von Marcel Proust fülle. Er sieht eine Parallele zwischen seiner Depression und dem Liebeskummer, unter dem Swann leidet.

> Ich habe Swann hier noch mal gelesen. Schöne Lektüre für jemanden, der so sehr unter der Kraft der affektiven Erinnerung gebückt geht wie ich – Proust ist das einzige Wesen in der Welt, das ich momentan um Rat bitten würde … In einem der Sätze über den Liebeskummer, über die Tatsache, dass Swanns Unglück (die Loslösung von Odette) so allmählich vonstatten ging, dass er nur zeitweise darunter gelitten habe und dass die Melodie von Vinteuil an dem Abend bei Madame de Saint-Euverte so ein grausamer Schlag für ihn gewesen sei, weil sie die brutale, knappe und verdichtete Zusammenfassung seines verlorenen Glücks war, habe ich den Schlüssel zu meiner Krise gefunden. Einerseits war es eine harte, schmerzhafte und heftige Krise, aber andererseits bin ich dem Ich, das ich verloren habe, noch zu nahe, als dass ich diese Veränderung zugeben kann. Ich stehe vor einem Fenster, hinter dem der Raum hell erleuchtet ist. Ich sehe mein vergangenes Leben in jeder Einzelheit; es liegt zum Greifen nahe, aber das Fenster hindert mich daran, hineinzugehen. Und selbst, wenn das Fenster einen Spalt geöffnet werden würde und ich auf die andere Seite schlüpfen könnte, dann würde ich immer noch so viele sichtbare, evidente, reale, objektive Zeichen meiner Krankheit und meines körperlichen Verfalls mit mir tragen, dass ich auch in diesem Sinne nie heilen werde – angenommen, dass – absurde Hypothese – so etwas wie eine seelische Genesung möglich wäre.

Jean-Michel sieht eine Übereinstimmung zwischen dem Liebeskummer von Swann, der Hauptfigur in *Eine Liebe von Swann*, und der tiefen Niedergeschlagenheit, in der er in diesem Moment unterzugehen droht. Swann hat die Melodie von Vinteuil während einer Soirée gehört. Jahre später hört er die Melodie zum zweiten Mal, und dann hat sie eine herzzerreißende Wirkung auf ihn. Bei der ersten Soirée war Odette in seiner Nähe, und die Melodie hat wie ein Katalysator dafür gesorgt, dass die in Swann schlummernden Gefühle für Odette sich zu Liebe kristallisierten, die Swann sein ganzes Leben lang mit der göttlichen Melodie von Vinteuil assoziieren wird. Als Swann dieselbe Melodie Jahre später erneut hört, bricht sie ihm das Herz, weil ihm klar wird, dass die Liebe zwischen Odette und ihm in der dazwischenliegenden Periode entzaubert wurde. Der Prozess hat sich unbemerkt vollzogen, Swann hat ihn nicht spüren können oder wollen. Die Melodie rüttelt ihn wach, konfrontiert ihn mit der Tatsache, dass die Liebe zwischen Odette und ihm nicht mehr existiert und dass er sich die letzten Jahre krampfhaft an einer Illusion festgeklammert hat.

Jean-Michel sieht eine Ähnlichkeit zwischen der Entzauberung von Swanns Liebe und dem Moment, Ende Mai 1929, in dem er zusammenbrach. »Ich fühle mich wie jemand, der in zwei Teile geschnitten wurde«, sagt er als Einleitung zur Textstelle bei Proust, »mein Leben ist am 29. Mai zum Stillstand gekommen – und im Leben, das ich seither zu leben versuche, trägt alles aus meiner Vergangenheit nur dazu bei, dass ich noch mehr leiden muss.« Der große Unterschied zwischen Swann und Jean-Michel ist, dass Swann mit der Entzauberung seiner Liebe konfrontiert wird, während Jean-Michel meint, mit einem körperlichen Verfall konfrontiert zu werden, der an dem Schicksalstag im Mai 1929 eine kritische Grenze überschritten und zum Zusammenbruch geführt hat.

Zumindest wiederholte er das in seinem Brief mit großem Nachdruck. Aber stimmt die Argumentation mit dem Bild des Fensters überein, das ihn von einer Vergangenheit trennt, die er auf der anderen Seite, hell erleuchtet, aber unerreichbar, sehen kann? Weist die glückliche Vergangenheit nicht eher auf die Periode vor der Katastrophe von 1915 hin, das heißt, auf eine Kindheit, die auch Proust in *Auf der Suche nach der verlorenen Zeit* versuchte, aufleben zu lassen? Jean-Michel assoziierte diese Periode mit »dem verlorenen Glück«, aber er wusste, dass das Wort »Glück« auf sein Leben nie zutraf, egal, wie weit er darin zurückging.

Der Vergleich zwischen Swann und ihm scheint die vorhergehende Argumentation bezüglich der körperlichen Art seines Zusammenbruchs weniger zu illustrieren und zu bestätigen, als ihr zu widersprechen. Der relative Schutz, den Jean-Michel in seiner Jugend genossen hatte, wurde abrupt durch den Tod seiner beiden Brüder zunichte gemacht, durch den Selbstmord seines Vaters und der seelischen Dämmerung, in die seine Mutter gestürzt wurde, und deren Tod, der sie kurz zuvor (Oktober 1928) erlöst hatte. Es scheint also offensichtlich, dass sein körperlicher Zusammenbruch Mitte 1929 die späte, aber unvermeidliche Folge des seelischen Traumas von Ende 1915 gewesen ist.

# 13
# REKONVALESZENZ IM HAUS VON FRANCIS POULENC

Ende September 1929 lud Francis Poulenc Jean-Michel ein, sich in seinem Landhaus von dem Zusammenbruch, den er im Frühjahr erlitten hatte, zu erholen und wieder zu Kräften zu kommen. Jean-Michel war wegen einiger Infektionen und allgemeiner Erschöpfung als Folge des übermäßigen Gebrauchs von Opium und Kokain zusammengebrochen. Er war nach Saint-Mandé gebracht worden, einem *maison de santé* am Rande des Bois de Vincennes, der vertrauten Adresse für vermögende Drogenabhängige. Anfangs hatte niemand etwas bemerkt. Francis Poulenc war der Erste, der vermutete, dass etwas nicht in Ordnung war. Er besuchte Jean-Michel im Krankenhaus, sah, wie ernst die Lage war, alarmierte Marie Laure de Noailles, Pierre Drieu la Rochelle, Christian Bérard, Paul Chadourne, kurz gesagt, Jean-Michels intime Freunde.

Zur selben Zeit wurde in diesem Krankenhaus Jacques Rigaut behandelt. Rigaut war einer der aufsehenerregenden Künstler des Surrealismus. Er war mit Pierre Drieu la Rochelle und Jean-Michel Frank befreundet. Jacques Rigaut zeigte eine gewisse Ähnlichkeit mit Jean-Michel. Ich meine damit, dass er einige Charakterzüge hatte, die so etwas wie eine karikaturistische Vergrößerung der Charakterzüge zu sein schienen, die bei Jean-Michel wegen seiner Diskretion weniger schnell auffielen.

Selten wird es jemanden mit einer so vollständigen Verachtung für alles, was man als Glauben, eine Überzeugung oder auch nur eine Idee bezeichnen könnte, gegeben haben wie Jacques Rigaut. Die Quelle, aus der Rigaut Ideen geschöpft hatte, war versiegt; er hatte damit aufgehört, sich »Vorstellungen« von der Welt zu machen. Philosophie, Politik, Kunst und Moral waren für ihn zu inhaltslosen Worten geworden. Gegenstände, einfache Gebrauchsgegenstände, waren das Einzige, an das er noch glaubte: ein Stück Seife, ein Streichholz, ein Bleistift. Auch Volkskunst mochte er. Er sammelte Ansichtskarten, kleine Statuen aus Gips, Schiffchen in einer Flasche.

Jacques Rigaut hatte einen gnadenlos wachen Geist. Er durchschaute glasklar die Konsequenzen seines eigenen Handelns und sagte sie voraus. Aber Ende der zwanziger Jahre war ein Schatten über diese Wachheit gefallen, vermutlich als Folge seines übermäßigen Heroinmissbrauchs. Er war in einen Dämmerzustand geraten, in dem Menschen landen, wenn der Scheinwerfer, den sie auf die Zukunft richten, von einem Schleier aus falschen Erwartungen und Illusionen vernebelt wird.

Schreiben, auch das tat Jacques Rigaut. Er schrieb, um in der Wirklichkeit Halt zu finden, aber das Schreiben fiel ihm so schwer, dass es ihm keine dauerhafte Hilfe bot. Was fehlte ihm? Energie? Überzeugung? Vermutlich beides. Es rührte Drieu la Rochelle, wenn er sah, wie die Versuche seines Freundes schon kurz nach dem Beginn scheiterten. »Eines Tages hatte er zwei oder drei Seiten geschrieben«, schreibt Drieu. »Noch nie hatte er so viele Wörter hintereinander zu Papier gebracht. Die kleine Wörterkarawane, die das unansehnliche Gepäck voller Sehnsüchte transportierte, mit der er den Grund seiner Existenz mit Nachschub hätte versorgen können, hatte sich kaum in Bewegung gesetzt und schon brachte er sie zum Stillstand und ließ sie im Weiß niederknien.«

Eine Woche nach seiner Entlassung aus Saint-Mandré schoss sich Jacques Rigaut eine Kugel durch den Kopf. René Crevel und Drieu la Rochelle waren schwer getroffen. Sie wagten es nicht, Jean-Michel, der immer noch in Saint-Mandré gepflegt wurde, zu informieren, weil sie Angst hatten, er könne es Jacques gleichtun.

Jean-Michel scheint in der Zeit vor seiner Klinikaufnahme den

Boden unter den Füßen verloren zu haben. Dennoch fehlte es ihm nicht an Halt, wenn man die Erfolge im geschäftlichen Bereich in dieser Zeit betrachtet. Er hatte Einrichtungen für Cole Porter entworfen, für Elsa Schiaparelli, für den Politiker Gaston Bergery, für Mimi Pecci-Blunt, die Cousine von Papst Leo XIII., die in Paris das Hôtel Cassini aus dem 18. Jahrhundert gekauft und vollständig von Jean-Michel hatte einrichten lassen.

Durch die Projekte Bischoffsheim und Villa Cassini hatte Jean-Michel die Aufmerksamkeit noch wichtigerer und einflussreicherer Kunden auf sich gezogen. Er hatte von großen amerikanischen Firmen Aufträge bekommen, von der Designerin Eyre de Lanux für die Einrichtung ihres Geschäfts in New York und von dem Milliardär Templeton Crocker, Enkel des Unternehmers, der die Eisenbahn von der Ost- zur Westküste Amerikas hatte bauen lassen. Jean-Michel übernahm die Einrichtung von Crockers Appartement in San Francisco, das heißt das ganze Obergeschoss des enormen Hochhauses, das das Zentrum von San Francisco dominierte. Er reiste im Frühjahr 1929 nach San Francisco, um seinen bis dahin größten Auftrag zu beaufsichtigen. Der Umfang des Projektes war enorm. Jean-Michel ließ Entwürfe und Modelle anfertigen, anschließend baute er jedes Zimmer des Penthauses in seinem Lager am Rande von Paris nach und richtete es ein. Erst wenn der Entwurf in jeder Phase genehmigt worden war, wurden die Teile in die Vereinigten Staaten geschickt und in Crockers Appartement installiert.

Inneneinrichtungen zu entwerfen bedeutete für Jean-Michel das, was für Jacques Rigaut das Schreiben war. Der große Unterschied zwischen den beiden Männern aber war, dass Jean-Michel fähig war, mehrere große Aufträge nebeneinander auszuführen, und zwar pünktlich. Er war unglaublich diszipliniert, wenn man bedenkt, dass er neben seinem Leben als international berühmter Innenarchitekt ein Schattendasein in der Gesellschaft mehr oder weniger verlotterter Künstler wie Mireille Havet, Jacques Rigaut, René Crevel, Jean Cocteau und Christian Bérard führte.

Nach seiner Rückkehr aus den Staaten übernahm Jean-Michel die Einrichtung von Pierre-Quints Appartement und fertigte Dekors für den berühmten *bal des matières* von Marie Laure de Noailles. Bälle waren in jener Zeit keine gewöhnlichen Feste, sie waren Glanztage, an denen die wichtigsten Aristokraten sich gegenseitig die Position streitig machten, wer im mondänen Paris den Ton angab. Bis zur Mitte der zwanziger Jahre war das Graf Étienne de Beaumont gewesen. Er hatte dem Ruf des Adels wieder Glanz verliehen, indem er an alle bekannten Künstler seiner Zeit künstlerische Aufträge vergab: an Massine für ein Ballett, an Picasso, Derain und Braque für Kostüme und Bühnenbilder, an Milhaud und Ravel für Musik, und an alle zusammen Aufträge, um seinen Bällen Glanz zu verleihen, wie dem berühmten *bal des entrée d'opéra*, wo *tout Paris* sich präsentierte, das heißt, der höchste Adel, also genau diejenigen, die sich in allem von *tout Paris* unterschieden.

Beaumont wurde von Marie Laure de Noailles vom Sockel gestoßen. Sie dachte sich Aufträge aus, die noch aufsehenerregender waren als die von Beaumont. Für den *bal des matières* bat sie Georges Auric, die Tanzmusik zu komponieren. Francis Poulenc bekam den Auftrag, ein »choreographisches Konzert für Klavier und achtzehn Instrumente« zu komponieren, das unter dem Namen *Aubade* bekannt wurde. Vier Startänzerinnen traten auf, eine davon La Nijinska des *Ballets Russes*.

Jean-Michel entwarf die Dekors und die Kostüme. Man Ray machte Fotos. Die Gäste wurden gebeten, sich »nicht in die Stoffe zu kleiden, die normalerweise zu diesem Zweck benutzt werden, sondern sich Kleidungsstücke aus Wachstuch, geflochtenem Schilfrohr, Möbelstoffen, Federn und Gewächsen« zu überlegen. Schriftsteller und Diplomat Paul Morand schmückte sich mit einem Gewand, das aus Buchumschlägen bestand, Nimet Eloui Bey trug ein von Lucien Lelong gefertigtes Kleid aus kleinen Spiegeln, Valentine Hugo eines aus Tischservietten, Marie Laure de Noailles eines aus Galuchatstücken, die Jean-Michel ihr geliehen hatte, Maurice Sachs trug ein Kostüm aus Kieselsteinen. Die Presse stellte fest, dass Étienne de Beaumont von Marie Laure de Noailles definitiv in den Schatten gestellt worden war.

Nach dem *bal des matières* verschwand Jean-Michel plötzlich von der Bildfläche. War er erschöpft von den vielen Projekten, die er nebeneinander laufen hatte? Oder waren es die Betäubungsmittel, die ihn langsam, aber sicher geschwächt hatten? Oder war es der Tod seiner Mutter Nanette, die ein Jahr zuvor in einer Schweizer Klinik verstorben war? Wer kann das wissen. Wahrscheinlich war es eine Kombination dieser Gründe.

Auf jeden Fall lud Francis Poulenc Jean-Michel ein, einige Zeit in seinem Landhaus Grand Coteau in der Nähe von Noizay zu verbringen. Dort erholte sich Jean-Michel, unterstützt durch die frische Luft, durch Entspannung und durch Poulencs Fürsorge – und stundenlange Gespräche über Kunst.

»Ist das Entwerfen von Inneneinrichtungen eigentlich Kunst?«, fragte Poulenc. Der Gastgeber hatte eine neue Flasche Wein aus dem Keller geholt, und während er die Gläser füllte, fuhr er fort: »Ich meine im Sinne von Komponieren oder Malen als Kunst?«

»Aber natürlich«, antwortete Jean-Michel. »Das Gefüge, das du mit Musiknoten erzeugst und Christian Bérard mit Farbtupfern, ist nicht anders als das Gefüge, das ich mit den Bestandteilen der Inneneinrichtung erzeuge. Das Kunstwerk heißt im ersten Fall eine Melodie, im zweiten ein Bild und im letzteren eine Inneneinrichtung.«

»Wenn ich es also richtig verstehe, komponierst du Interieurs wie ich Melodien?«

»Das trifft es. Du musst bedenken, dass ein Interieur aus Raum besteht, nicht aus Möbeln. Die Möbel gibt es, damit der Raum zur Geltung kommt, nicht umgekehrt.«

»Also dienen die Möbel, die du in einen Raum stellst, eigentlich dazu, die Leere sichtbar zu machen?«

»Sagen wir: spürbar, erfahrbar zu machen. Aber du hast recht: Ich fülle einen Raum nicht, ich entleere ihn, ich entrümpele ihn.«

»Ich sollte mir also eine Form des Komponierens vorstellen, bei der ich die Noten ausradiere, um die Notenlinien zur Geltung zu bringen.«

»Sagen wir so: Ein Musikstück, das so wenig Noten wie möglich hat und diese Noten so ordnet, dass sie die Stille maximal zur Geltung kommen lassen.«

»Aber, lieber Jean, das würde bedeuten, dass das ideale Musikstück darin bestünde, dass ich hinter meinem Flügel Platz nehme, den Deckel hochklappe, einige Minuten ernst auf die Tasten schaue, anschließend den Flügel wieder zuklappe, aufstehe und mich zum Publikum hin verbeuge, um den Applaus in Empfang zu nehmen.«

»An deiner Stelle würde ich in meinem Repertoire auf jeden Fall Raum für Stille reservieren. Was ich meine, ist, dass wir uns Musik vorstellen sollten wie Stille, eingeschlossen von einer Serie von Noten, nicht als eine Serie von Noten, eingeschlossen von Stille. Eine von Bachs Goldbergvariationen scheint mit dieser Absicht geschrieben worden zu sein. Es ist kaum ein Musikstück, eher ein zögerndes Tasten nach einer Melodie. Bei jedem Anschlag ist es, als misslinge der Versuch, jede letzte Note eines Akkordes bleibt dünn in der Stille hängen. Du fragst dich, wie es weitergehen soll, du siehst nicht, wie die Reihe fortgesetzt, geschweige denn vollendet werden kann. In solchen Momenten wird mir bewusst, dass Bach die Stille hörbar macht. Nun, meine Inneneinrichtungen sind Goldbergvariationen; es sind Variationen der Leere.«

»Und wenn es um Bilder geht? Was soll ich mir bei malerischen Variationen der Leere vorstellen?«, brachte Poulenc vor. »Das können natürlich nicht vollkommen weiße, unangetastete Leinwände sein, sie hätten die gleiche Wirkung wie eine musikalische Aufführung der Leere. Übrigens eine wirklich verlockende Idee, über die wir noch einmal sprechen sollten.«

»Marie Laure hat in ihrer Villa ein Bild von Piet Mondrian aufgehängt. Nicht, dass es ihr an Bildern mangelte. In Hyères hat sie

Dutzende, wenn nicht Hunderte von Bildern von Picasso, Braque, Tschelitschew, Dalí und vielen anderen, Bilder, die im Keller nebeneinanderstehen wie Bücher in einem Schrank. Das Gemälde von Mondrian ist von 1925. Es hängt in einem der Schlafzimmer und ist, wie du sagst, eine Variation der Leere. Die Mitte des Bildes ist leer, ein weißes Viereck, eingeschlossen von Linien, von denen einige außerhalb des Vierecks weiterlaufen. Diese Linien formen am Bildrand schmale Rechtecke in verschiedenen Größen, von denen zwei mit Grau gefüllt sind: ein kleines Rechteck rechts oben und ein längliches Rechteck unten. Diese Rechtecke machen den leeren Raum in der Mitte sichtbar, bringen diesen Raum ins Gleichgewicht mit der Umgebung.

Mondrian radikalisiert momentan seine Kunst, indem er Bilder malt, die mit der Spitze nach unten hängen, oder nach oben, je nach Betrachtungsweise: mit anderen Worten, rautenförmige Bilder. Nun, diese Rauten sind hauptsächlich leer, abgesehen von ein paar Linien, ein paar Streifen in verschiedenen Breiten. Das Nette an dieser Rautenform ist, dass die Linien im Weiß beginnen und enden und zumeist nicht aneinander anschließen. Das hat zur Folge, dass der Betrachter in seiner Phantasie die Linien verlängert.

Es gibt Rauten, bei denen Mondrian sich auf drei Linien beschränkt, so dass der Raum an einer Seite offen bleibt, wie auch eine Theaterbühne an einer Seite offen ist. Seine letzten rautenförmigen Bilder enthalten sogar nur noch zwei senkrecht aufeinanderstehende Linien. Die finde ich am schönsten, denn die beiden Linien beschränken den Halt des Betrachters auf das äußerste Minimum. Würde Mondrian noch weitergehen und nur eine einzige Linie auf das Tuch malen, dann würde der Betrachter jeden Halt verlieren, denn er braucht mindestens zwei Linien, um Raum schaffen zu können.« Jean-Michel nahm seinen Stift, holte eine Zigarettenschachtel aus der Jackentasche und zeichnete auf der Rückseite eine Raute, die von zwei Linien in verschiedenen Breiten durchschnitten wurde:

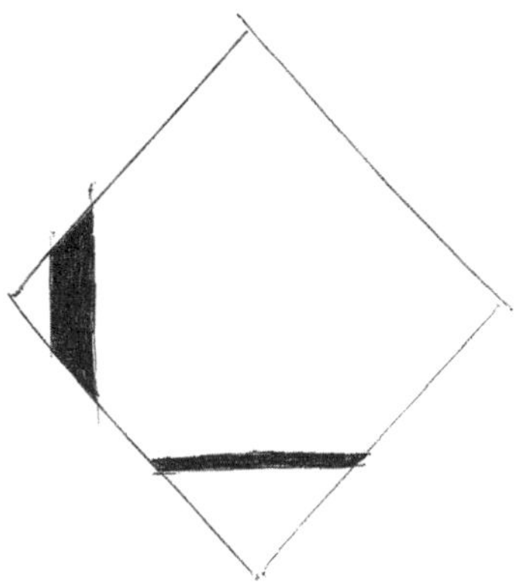

»Schau«, sagt er, »so ungefähr sieht eines der letzten Bilder Mondrians aus. Die Mittel zum Malen sind auf ein absolutes Minimum beschränkt, nämlich auf zwei schwarze Linien in ungleicher Breite. Damit regt Mondrian die räumliche Phantasie des Betrachters an, man kann genau sehen, wie er das tut. Zunächst verlängert der Betrachter unwillkürlich die beiden Linien, bis sie sich schneiden und ein Winkel entsteht, schau, so:

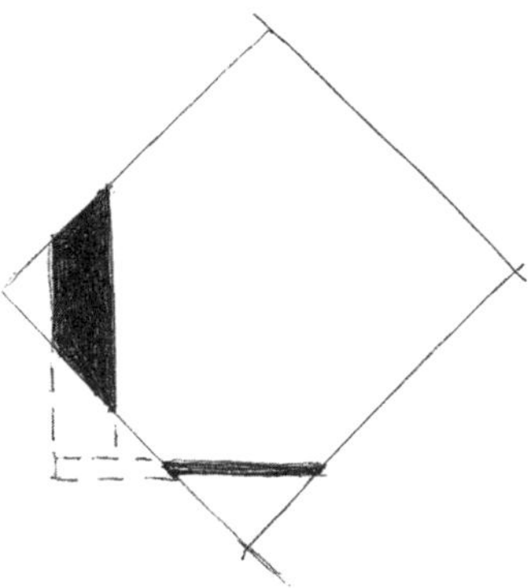

Anschließend ergänzt der Betrachter aus einem natürlichen Impuls heraus den Winkel zu einem Quadrat, etwa so groß wie die Raute. Doch die Proportionen dieses Quadrats sind nicht so genau vorgegeben, wie die des Winkels, der da entsteht, wo sich die beiden Linien schneiden. Die erste imaginäre räumliche Ergänzung ist also viel zwingender als die zweite, die viele mögliche Proportionen annehmen oder auf den unfertigen Ansatz eines Vierecks beschränkt bleiben kann, oder man lässt sie einfach bleiben. Schau, ungefähr so:

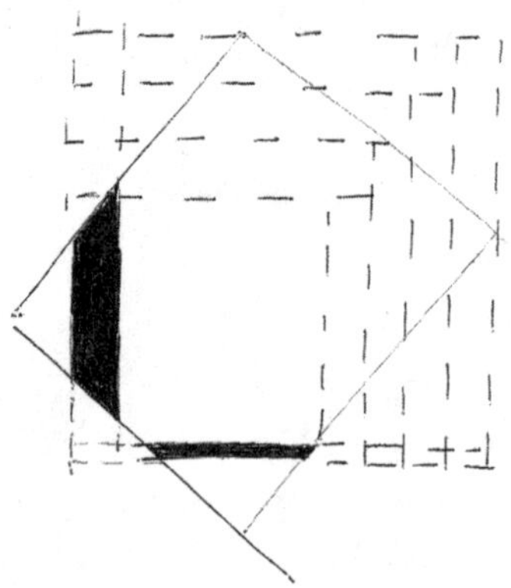

Du siehst, dass das Quadrat immer asymmetrisch zu der Raute ist, in die es platziert wurde, sowohl was die verschiedenen Breiten der Ränder als auch was sein Verhältnis zur Raute betrifft. Aber das Wichtigste ist, dass der Blick des Betrachters sich auf diese Linien stützt und von dort aus einen Raum konstruiert. Die Möbel in meinen Inneneinrichtungen erfüllen die gleiche Funktion wie diese Linien.«

»Aber, lieber Jean«, sagte Poulenc, »warum sollten wir uns im Raum oder der Stille verlieren wollen?«

»Maler versuchen üblicherweise, ihre Bilder bis zum Äußersten mit Information zu füllen. Sie bestürmen den Geist des Betrachters, als handle es sich um eine Festung. Komponisten und Innenarchitekten machen im Grunde das Gleiche. Sie überrumpeln den Geist des Publikums und besetzen ihn. Dann ist ihnen ihr Kunstwerk gelungen, meinen sie. Meiner Meinung nach müsste Kunst das Gegenteil bezwecken und den Geist des Betrachters, des Hörers oder Bewohners einladen, sich zu lösen und den Raum zu betreten, den der Künstler für ihn geöffnet hat.«

# TEIL IV *Dreißiger Jahre*

# 14
# DER SKANDAL UM *L'ÂGE D'OR*

*L'Âge d'or* spielt im Landhaus eines Marquis in der Nähe von Rom. Packards, Duesenbergs und Hispano-Suizas kommen und gehen. Würdenträger, Politiker, Geistliche und Adlige schreiten über Podeste und Treppen zum Salon, wo sie von Gastgeber und Gastgeberin empfangen werden. Die Herren, in Smoking, mit Orden behängt, küssen die Hände der Damen; die Damen in rauschenden Kleidern lassen sich die Handküsse gefallen und neigen freundlich grüßend die Köpfe. Die Gäste schwärmen durch den Salon und lassen sich auf dem Balkon nieder, der einen Blick auf die Gärten bietet.

Der Film wurde im Ballsaal von Bischoffsheim vorgeführt, der mit seiner Rokokodecke, seinen Kronleuchtern, Grotesken, Girlanden, Wandverkleidungen mit mythologischen Figuren und bis ins Unendliche sich widerspiegelnden Verzierungen dem Drehort des Films täuschend ähnlich sah. Der Ballsaal von Bischoffsheim war zum Filmsaal umgebaut worden. Lakaien hatten für ein Publikum aus Adligen, Kultur- und Würdenträgern Stühle aufgestellt.

Im Lauf des Films präsentiert sich ein Minister. Sein Name wird nicht genannt, ebenso wenig wie der des Ministeriums, das er vertritt. Dieser äußerst korrekt gekleidete Mann wird nicht, wie die anderen Minister, von einer Ehefrau begleitet, jedenfalls nicht von einer leibhaftigen Ehefrau. In seiner rechten Hand, das heißt, auf der Seite, wo die anderen Minister ihre Ehefrauen mit sich führen, trägt er, lässig und mit einem ostentativen Mangel an Respekt, ein

Kleid. Dieses Kleid hätte, um nicht zu zerknittern, eigentlich vorsichtig über seinem Arm drapiert sein sollen, oder in einem Kleidersack mitgeführt oder auf einem Bügel hängend, hochgehalten in seiner rechten Hand, sozusagen an seiner Seite schwebend. Doch der Minister hält das Kleid wie einen Lumpen in der Faust, und der Zuschauer sieht erst, dass es ein Kleid ist, als der Minister das Ding in einen Fauteuil legt und zweifellos beabsichtigt, dass es dort liegen bleiben und sich nicht rühren solle, bis er es am Ende des Abends abholen wird.

Nachdem der Minister das Kleid losgeworden ist und den Salon betreten hat, erblickt er die Tochter des Hauses. Er bleibt stocksteif stehen. Auch sie schaut ihn an. Ihre Blicke greifen ineinander wie Dorn und Loch einer Schnalle und lassen sich nicht mehr los. Sie werden von einer *amour fou* befallen, die sie einander in die Arme treibt, trotz ihres inneren Widerstands und aller Regeln des Anstands.

Die Zuschauer erinnern sich, wie der Minister und das Mädchen sich in einer früheren Szene zum ersten Mal auf der Straße begegnet sind, wie ihre Blicke sich nicht mehr losließen und wie sie sich ohne Umstände einander in die Arme geworfen haben. Das passierte während einer offiziellen Feierlichkeit, der Enthüllung einer Statue für vier zu Märtyrern erklärten Bischöfen.

Nun, da der Minister sie unerwartet wiedertrifft, wird er erneut unwiderstehlich in ihre Richtung getrieben, aber in dem Moment, als er sich in Bewegung setzt, kommt ihm die Mutter des Mädchens zuvor. Sie begrüßt ihn, fragt, wie es ihm gehe. Der Minister kann nicht viel anderes tun, als ihren Gruß zu beantworten, ihr einen Handkuss zu geben, einen Stuhl heranzuziehen und mit ihr eine höfliche Konversation anzufangen, doch dazwischen wirft er flammende Blicke über ihre Schulter hinweg zu ihrer Tochter. Das protokollarische Gespräch verläuft ohne nennenswerte Vorkommnisse, bis zu dem Moment, in dem der Minister, auch noch durch eigene Schusseligkeit, gegen das Glas stößt, das ihm seine Gastgeberin reicht, wodurch klebriger Likör auf seine Hand und von dort auf seine Hose sickert. Wutentbrannt schlägt er der Gastgeberin das Glas aus der Hand und stößt sie anschließend, zur großen Freude ihrer Tochter, zu Boden.

Dann beginnt das Konzert. Der kahlköpfige Dirigent führt sein Orchester durch die Partitur von *Tristan und Isolde*; ein vorbeigehender Priester löst sich aus einer Gruppe von Kollegen und setzt sich eilig zwischen die Geiger. Die Tochter führt den Minister durch den Garten zu einer Enklave, die fast unsichtbar hinter einem Labyrinth aus Ligusterhecken verborgen liegt. Dort stürzen sie einander in die Arme und verschlingen sich förmlich.

Plötzlich wird die Aufmerksamkeit des Ministers durch einen Gegenstand hinter dem Rücken seiner Geliebten abgelenkt, sein Blick wird glasig. Wie in Trance starrt er auf den in einer Sandale steckenden nackten Fuß einer Statue. Es sind die Zehen, die ihn faszinieren, besonders der große Zeh, der blass, dick, steif und weiß in seine Richtung weist. Auch die Tochter wird auf den Zeh aufmerksam.

Die Verzauberung wird von einem Lakai unterbrochen, dem es offensichtlich gelungen ist, das Paar zu entdecken. »Seine Exzellenz wird dringend vom Innenminister ans Telefon gebeten«, sagt er. Der Minister folgt dem Mann nur widerstrebend. Inzwischen vertieft sich seine Geliebte in den herausfordernden großen Zeh, der sie immer mehr verwirrt. Sie kniet vor dem Sockel, bringt ihren Mund an den Zeh, stülpt langsam und andächtig ihre Lippen darüber, und während sie die Arme um den Sockel schlingt, bearbeitet sie den Zeh gierig mit der Zunge.

Am Ende dieser Gartenszene gerät der Minister völlig durcheinander. Er greift sich mit beiden Händen an den Kopf, im vergeblichen Versuch, den ausbrechenden Wahnsinn zurückzudrängen. Er wankt ins Haus und läuft zum Schlafzimmer des Mädchens. Der Zuschauer weiß, dass es ihr Schlafzimmer ist, weil das Mädchen in einer vorangegangenen Szene in dieses Zimmer hineinging, um sich umzuziehen, dabei hatte sie eine Kuh in ihrem Bett entdeckt. Dies erstaunte sie nicht besonders; sie war offensichtlich an die Anwesenheit des Tiers gewöhnt, sie begnügte sich damit, die Kuh aus ihrem Bett zu jagen (»Los, kscht!«), was ihr erst nach einigem Drängen gelang, denn die Kuh war eine leibhaftige Kuh, die sich äußerst mühsam von der Matratze erhob, laut läutend (sie trug eine Glocke) vom Bett herunterstapfte und durch die Schlafzimmertür in den Flur polterte.

Auf genau dieses Bett wirft sich nun der Minister, er zerreißt den Kissenbezug und zupft eine Handvoll Federn heraus. Anschließend nimmt er einen enormen Holzpflug, der neben dem Bett steht, überlegt, was er mit ihm anfangen soll und geht zum Fenster.

In der folgenden Szene schaut der Zuschauer vom Garten aus hinauf zum Schlafzimmerfenster. Der Minister kommt ins Bild. Er wirft einen Blick hinunter, drückt dann mit Mühe einen brennenden Brombeerstrauch durch die Öffnung; dicker Rauch steigt aus den breitgefächerten Zweigen. Anschließend wirft der Minister einen lebendigen Bischoff hinterher, der sich, unten angekommen, schnell davonmacht, nicht nur wegen der brennenden Zweige, in die er gefallen ist, sondern auch, weil der Minister ihm die Pflugschar und eine lebensgroße, in diesem Fall nicht lebendige Giraffe hinterherwirft.

Die Terrasse, auf die dieses Sammelsurium gefallen ist, unterzieht sich jetzt einer Verwandlung. Dort, wo Rasen war, entsteht eine öde Landschaft, und aus dieser Ödnis erhebt sich ein Berg, auf dessen Gipfel sich eine Burg befindet.

Es ist die Burg, in der sich die Honoratioren aus *Die 120 Tage von Sodom* verschanzt haben, so kann man auf einem Schild lesen, das die bewegten Bilder kurz unterbricht. Diese Honoratioren sind der Herzog von Blangis, sein Bruder, der Bischoff von *, Gerichtspräsident Curval und Bankdirektor Durcet. Es sind verdorbene alte Freigeister, die sich für vier Monate mit ihrem Personal, bestehend aus vier Hurenmadams, vier Stalljungen und einem Harem von acht Mädchen im Alter von zwölf und dreizehn Jahren in der Burg eingeschlossen haben.

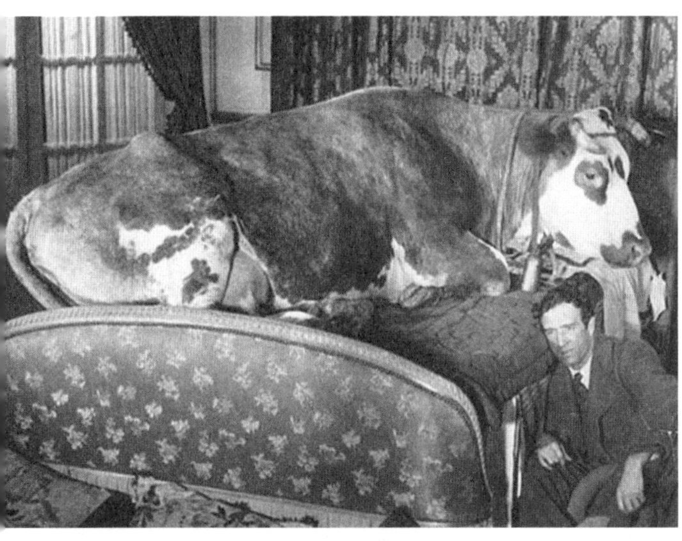

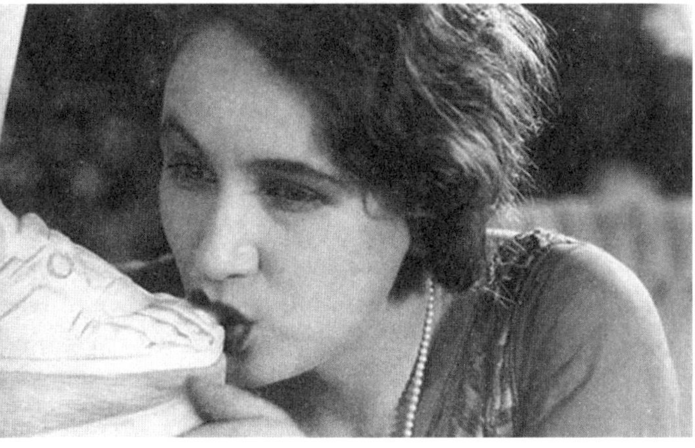

*Standfotos aus dem Film* L'Âge d'or *von Luis Buñuel und Salvador Dalí aus dem Jahr 1930.*

Diese Jungen und Mädchen werden unbeschreiblichen Qualen unterworfen, unterbrochen von Geschichten über Untaten, die sich die Freigeister und ihr Personal in der Vergangenheit geleistet haben. Nur Grausamkeit kann diese alten Männer noch sexuell anstacheln. Der erste erzählt, wie er drei schwangere Frauen hat aufhängen lassen, die eine an ihrer Zunge, die zweite an ihrer Brust und die dritte an den Haaren, jede über einem tiefen Brunnen, auf dessen Boden bei der einen Frau ein Feuer brannte, bei der zweiten Metallspitzen herausragten und bei der dritten Glasscherben. Ein anderer hat seine Frau und Tochter von einer Horde Freigeister missbrauchen lassen, die sie in den Hintern fickten, während er zusah. »Ich beobachte euch«, sagte er zu seiner Frau und seiner Tochter, »also tut alles, was man von euch verlangt.« Ein dritter bekam nur eine Erektion, wenn eine Frau sich rittlings über ihn setzte und ihm in den Mund kotete. Erst dann kam er in ihrer Hand (und wie! Eine Handvoll!). Er spuckte ihre Exkremente nicht aus, sondern kaute geraume Zeit drauf herum, bevor er sie in Suppenform zurückgab.

Der Film zeigt den Moment, in dem diese vier Freigeister nach 120 Tagen die Burg verlassen. Sie sind die einzigen Überlebenden. Die Metalltür am Ende der Zugbrücke öffnet sich. Der Herzog von Blangis taucht als Erster auf. Und dann stellt sich heraus, dass es Jesus ist! Kein Zweifel ist möglich: das erhobene Antlitz, das weiße Gewand, die himmelwärts gerichtete Bewegung seiner Hände! So sieht er auf allen Andachtsbildchen aus. Er wird gefolgt vom Bischoff, dem Gerichtspräsidenten und dem Geldgeber. Sie entsprechen mit ihren hässlichen alten Köpfen, ihren Umhängen, den Seidenstrümpfen und Schnallenschuhen vollkommen dem Bild von Freigeistern des 18. Jahrhunderts.

Das dicke Ende des Films war dieser Schluss, denn das Publikum wusste, dass Marie Laure de Noailles die Ur-ur-ur-Enkelin des Marquis de Sade war, des Autors von *Die 120 Tage von Sodom*, und nicht nur das: Jeder wusste auch, dass sie im Besitz des Manuskriptes war, einer zwölf Meter langen Rolle aus engbeschriebenen und aneinandergeklebten Zetteln, die der Marquis unter größter Geheimhaltung geschrieben hatte und in seiner Kotschale aufbewahrte, als er am Vorabend der französischen Revolution in der Bastille gefangen saß.

Das dicke Ende für wen? Für das Bürgertum, dachten die Zuschauer, die bei der Premiere des Films in Bischoffsheim dabei waren. Der Film machte sich über die bürgerliche Moral lustig. Die Produzenten des Films, Luis Buñuel und Salvador Dalí, rieben sich ungeniert den Hintern an den Wertvorstellungen von Familie, sozialem Status, Anstand und Glauben, die den Bürgern heilig waren. Im Allgemeinen war das Publikum durchaus bereit, so etwas zu würdigen. Es wurde unterdrückt oder offen gelacht; bei den pikanten Szenen erklangen »oh«, »ah« und »pssst«, und genau das war die Absicht der Filmemacher: Anstoß erregen, provozieren, das Unbewusste zum Vorschein bringen!

Soweit bekannt, fühlte sich lediglich der Schriftsteller François Mauriac verletzt, aber das erstaunte die übrigen Anwesenden nicht, denn Mauriac war das personifizierte Bürgertum. Der Schriftsteller fand den Film verletzend. »Es sind geschmacklose Witze auf Kosten der Kirche und der Gefühle, die den Menschen heilig sind«, sagte er. »Dalí und Buñuel werfen mit Schlamm um sich, besudeln sich aber nur selbst.«

Marie Laure de Noailles hatte Buñuel und Dalí eine Million Francs zur Verfügung gestellt, um diesen Film zu drehen. Sie war äußerst zufrieden mit dem Ergebnis. *L'Âge d'or* bestätigte ihre Reputation als Mäzenin der Avantgarde. Nach der Vorstellung nahmen Luis Buñuel und Salvador Dalí zusammen mit Charles und Marie Laure de Noailles die Glückwünsche des Publikums entgegen.

Die Premiere am 10. Juli 1930 war eine Vorstellung in engstem Kreis. Es ist fraglich, ob man so etwas überhaupt eine Premiere nennen kann. Der Graf und die Gräfin mieteten nach den Ferien einen Kinosaal in der Stadt, wo sie den Film Ende Oktober erneut vorführten. Diese mehr oder weniger öffentliche Vorführung, die einem ausgewählten Publikum vorbehalten war, führte zu einem Desaster. Man flüsterte, dass Étienne de Beaumont, eifersüchtig auf den Erfolg von Marie Laure de Noailles, den Bischof von Paris darüber informiert habe, dass ein gottloser Film durch die Zensur gerutscht sei. Der Bischof informierte die *Ligue des Patriotes* und die *Camelots du Roi*, und diese erzkatholischen, ultranationalistischen Aktionsgruppen wussten schon, wie sie mit dem linken Pack umzugehen hatten.

Kaum hatte die Vorstellung angefangen, drangen Randalierer ins Kino ein, zertraten und zerrissen die Bilder, die Dalí, Tanguy und Ernst im Foyer ausgestellt hatten, rückten in den Saal vor, warfen Tintenfässer gegen die Leinwand, beleidigten das Publikum und schrien: »Fort mit Bischoffsheim, fort mit dieser Jüdin.«

Einige Anwesende flüchteten in Panik. Baron de Rothschild rief: »Das ist ein Pogrom!« Die Polizei mischte sich ein, besser gesagt, nach geraumer Zeit erschienen ein paar Polizisten, die die schlimmsten Randalierer festnahmen und nach kurzer Zeit wieder laufenließen. Nach der Vorführung organisierte Marie Laure de Noailles einen Empfang anlässlich des offiziellen Starts von *L'Âge d'or*, aber niemand kam. Der Polizeipräsident verbot eine weitere Vorführung. Es dauerte bis zum Jahr 1981, bis der Film erneut zur Vorführung in französischen Kinos freigegeben wurde, und das nur für einen geschlossenen Kreis.

Marie Laure hatte anfangs nicht bemerkt, dass die Surrealisten, denen sie so innig verbunden war, sich mit den Kommunisten zusammengeschlossen hatten. Vielleicht hatte sie es bemerkt, aber nicht verstanden, welche Folgen dies für sie haben konnte. Oder sie verstand die Folgen, aber sie waren ihr egal. Auf jeden Fall schätzte sie die Wirkung des Films falsch ein. Das rechtsradikale Frankreich betrachtete *L'Âge d'or* als Provokation seitens der Kommunisten und nutzte dankbar die Gelegenheit, Schlägertrupps einzusetzen und dem jüdisch-kommunistischen Pack eins reinzuwürgen.

Es war das erste Mal, dass Ultrarechte und Ultralinke aufeinanderprallten. Dieser Gegensatz sollte die politische Landschaft der dreißiger Jahre in zunehmendem Maße beherrschen. Jeder musste Position beziehen und sich für eine der beiden politischen Lager entscheiden. Marie Laures Freundschaft mit René Crevel, Luis Buñuel und Salvador Dalí wurde als Entscheidung für den Kommunismus ausgelegt.

Als Folge dieses Aufruhrs mussten Marie Laure und Charles de Noailles aus Paris fliehen. Sie wurden von den Angehörigen ihres Standes verstoßen, der Adel wollte nichts mehr mit ihnen zu tun haben. Marie Laures Mutter, Marie Thérèse de Chevigné, brach jeden Kontakt zu ihrer Tochter ab. Marie Laure und Charles zogen sich auf ihr Hausboot zurück, das sich zu einem gewöhnlichen Hausboot verhielt wie Bischoffsheim zu einem Reihenhaus. Es war ein schwimmender Palast, komplett von Jean-Michel Frank eingerichtet und mit Täfelungen ausgestattet, die von Christian Bérard bemalt worden waren. *Vogue* hat Fotos von diesem *house boat* publiziert.

Der Aufruhr um *L'Âge d'or* führte dazu, dass die Beziehung zwischen Marie Laure und Charles, die sowieso kaum mehr war als eine Demonstration höflicher Gleichgültigkeit, endgültig aufgelöst wurde. Der Aufruhr zwang Charles, seine Mitgliedschaft im Jockey Club zu kündigen, was so viel bedeutete, dass er aus der Aristokratie verbannt wurde. Er zog sich in die Villa Bernard zurück, zeigte sich nie mehr in Paris und beschäftigte sich sein restliches Leben mit Gartenbau. »Charles ist mit seinen Blumen verheiratet«, antwortete Marie Laure, wenn jemand sie fragte, was ihr Ehemann treibe.

Marie Laure ihrerseits reagierte trotzig. Sie fasste den Vorfall als Provokation auf: »Oh, ihr haltet mich für einen linken Lümmel? Nun, dann werde ich euch mal ein paar linke Streiche zeigen!« Und das tat sie. Einige Jahre nach diesem Vorfall lud sie Kurt Weill und seine Frau Lotte Lenya ein, für eine Reihe von Konzerten nach Paris zu kommen. Es war eine beabsichtigte politische Provokation. Marie Laure forderte die extrem rechten Gruppierungen heraus, die ihr ein paar Jahre zuvor das Leben schwergemacht hatten. Die *Action Française* und die *Camelots du Roi* agierten erneut gegen das »jüdisch-deutsche Virus«, mit dem Marie Laure de Noailles Frankreich verseuche.

Wieder ein Jahr später begann Marie Laure ein Verhältnis mit einem jungen Mann, der Mitglied der Kommunistischen Partei war und die spanischen Kommunisten während des Bürgerkriegs aktiv unterstützte. Sie fuhren in Marie Laures Sechszylinder-Ford nach Spanien, um Waffen zu schmuggeln. Marie Laure erwarb sich den Spitznamen »die rote Gräfin«. Laut Drieu la Rochelle war sie überall zu finden, wo die Faust in den Himmel gereckt wurde.

Wie ernst muss diese Sympathie mit den Linken genommen werden? Nicht allzu ernst, denke ich. Man kann wohl davon ausgehen, dass Marie Laures Sympathie für die Roten aus dem gleichen Motiv herrührte, das sie dazu brachte, bei Salvador Dalí ein Gemälde, bei Francis Poulenc eine Symphonie und bei Jean-Michel Frank eine Inneneinrichtung in Auftrag zu geben. Sie wollte die Leute in Erstaunen versetzen: *épater le bourgois*, wie man in Frankreich sagte. Damals bestellte sie auch beim elegantesten Juwelier von Paris eine diamantene Brosche in der Form von Hammer und Sichel.

# 15
# EIN WELTBILD OHNE ZUKUNFT

Was hat den konservativen, katholischen Schriftsteller François Mauriac geritten, sein neues Appartement von Jean-Michel Frank einrichten zu lassen? Mauriacs Persönlichkeit, sein Lebensstil und sein Weltbild schienen nicht kompatibel mit denen des Innenarchitekten zu sein. Es ist natürlich seltsam zu sagen, dass man einen bestimmten Innenarchitekten nicht beauftragen könne, wenn man ein anderes Weltbild habe als er. Dennoch war genau das der Grund, warum jeder sich wunderte, der von diesem Auftrag erfuhr.

Jean-Michel wunderte sich auch. Ende 1930 vereinbarte er einen Termin bei Mauriac zu Hause, um zu erfahren, was der Schriftsteller sich vorstellte, und nachdem Mauriac ihm versichert hatte, er lasse ihm freie Hand, um sein neues Appartement nach eigenen Vorstellungen einzurichten, äußerte Jean-Michel seine Zweifel. Man könnte fast sagen, er wollte Mauriac gegen sich selbst in Schutz nehmen. »Ist das wirklich eine gute Idee, Monsieur Muariac?«, fragte er rundheraus. »Dieser Auftrag kostet Sie ein Vermögen, und Sie bekommen dafür eine Inneneinrichtung, aus der praktisch alles verschwunden sein wird, was Sie im Laufe der Jahre gesammelt haben.« Bei diesen Worten machte er eine weite Armbewegung, mit der er das Interieur der ganzen Familie, Vater, Mutter und vier Kinder, zusammenfasste.

»Es ist ein künstlerisches Experiment«, antwortete Mauriac, aber Jean-Michel verstand nicht ganz, was er damit meinte. »Sie müssen es selbst wissen«, sagte er, »aber Ihnen muss klar sein, dass

Sie von Ihrem bestehenden Interieur nichts in Ihr neues Appartement werden mitnehmen können.« Er wiederholte seine zusammenfassende Geste, diesmal aber in einer weniger weiten Form.

»Einverstanden«, sagte Mauriac, »mit einer Ausnahme: meine Fauteuils, sie sind Erbstücke, über zwei Jahrhunderte alte Régence-Fauteuils. Im Laufe der Zeit sind die Füße etwas in Mitleidenschaft gezogen worden. Der Bezug der Armlehnen ist ein bisschen beschädigt, aber mir sind sie sehr wichtig. Sie sind ein Teil von mir.«

»Ihr Vorbehalt macht mich nicht froh«, sagte Jean-Michel, der um die Fauteuils herumging, während er seine Finger über die Rückenlehne gleiten ließ. »Der Bezug ist abgenutzt und an den Ecken und Armlehnen braun und ein wenig fettig. Das Holz der Füße und Armlehnen ist schwarz geworden und glänzt. Es ist genau die Art Möbel, die ich lieber bei den Entwürfen entferne, unter die ich meinen Namen setzen muss. Ich richte gern mit neuen Möbeln ein«, sagte er. »Aber wenn Sie darauf bestehen, Ihre Fauteuils zu behalten, dann nur unter der Bedingung, dass ich sie renoviere.«

»Was bedeutet das?«

»Das bedeutet, dass ich die Füße und Armlehnen schleife und ablauge, bis das blanke Holz sichtbar wird, und dass ich die Sitze und die Rückenlehnen neu beziehe.«

»Aber«, unterbrach ihn Mauriac, »Sie benutzen doch öfters klassische Fauteuils bei Ihren Inneneinrichtungen? Sie lieben Louis XVI.-Fauteuils. Sie stellen sie überall auf. Sogar in Ihrem eigenen Wohnzimmer steht einer, wie man mir erzählt hat. Das sind Fauteuils vom Ende des 18. Jahrhunderts. Meine Fauteuils hingegen stammen vom Beginn des 18. Jahrhunderts. Wo liegt da der Unterschied?«

»Die Louis XVI.-Fauteuils sind wunderschöne Stühle, nicht nur, weil sie so edel verarbeitet sind, sondern auch weil sie mit der französischen Geschichte verbunden sind, in diesem Fall mit dem

König, der wegen der französischen Revolution einen Kopf kürzer gemacht wurde, dem letzten Vertreter des Ancien Régime.«

»Fauteuils vom Anfang des 18. Jahrhunderts verkörpern die Régence«, wandte Mauriac ein. »Diese Periode ist vielleicht nicht so heldenhaft wie die von Louis XVI., und trotzdem: Es war die Periode, die auf den Tod von Ludwig XIV. folgte, und sie ist vielleicht sogar interessanter als das Zeitalter Ludwigs XVI.«

»Ihre Fauteuils verkörpern nicht die Régence«, antwortete Jean-Michel, »sondern die Familie Mauriac. Das ist der ganze Unterschied zu meinen Louis XVI.-Fauteuils. Die Louis XVI.-Fauteuils sind anonym. Die Armlehnen Ihrer Fauteuils sind braun, und sie glänzen, weil Generationen von Mauriacs ihre Arme und Hände darauf gelehnt und abgestützt haben. Es sind Erbstücke. Das ist genau das, was mich stört.«

»Ist Ihr Louis XVI.-Fauteuil denn kein Teil von Ihnen?«

»Ich würde mir wünschen, dass es so wäre. Ich würde mir gern das zu eigen machen, wofür dieser Sessel steht, wie soll ich sagen, das Französische, oder so. Gerade weil mein Französisch-Sein angezweifelt wird.«

»Und die Régence-Fauteuils?«

»Sie verkörpern das Gegenteil von dem, was mein Louis XVI.-Fauteuil für mich verkörpert. Sobald Sie sich in einen dieser Fauteuils setzen, bestätigen Sie ihren Platz im Stammbaum der Mauriacs. Die Fauteuils sind schon seit Generationen im Besitz Ihrer Familie, sie sind mit den Mauriacs verwachsen.«

Trotz ihrer offensichtlichen *incompatibilité d'humeurs* beauftragte Mauriac Jean-Michel mit der Einrichtung seines Appartements an der Avenue Théophile Gautier, ohne Einschränkungen vorzugeben. Dass es Probleme geben würde, war klar, und es gab sie tatsächlich. Einige Monate später empfing Jean-Michel einen Brief aus Malagar, Mauriacs Landhaus in der Nähe von Bordeaux. Mauriac schrieb, dass er, bevor er in den Süden abreiste, das Appartement an der Avenue Théophile Gautier inspiziert habe.

»Es erstaunt mich, dass der Kamin so klein ausfällt«, schrieb

Mauriac in Hinblick auf den Kamin aus weißer Keramik, den Jean-Michel gerade hatte einbauen lassen. Jean-Michel musste unwillkürlich lachen, als er diese Bemerkung las. Mauriacs Appartement war nämlich ziemlich klein; er hatte einen Kamin anbringen lassen, der zu den Maßen des Appartements passte.

Etwas weiter las er: »Meine Frau, mit der ich unser neues Appartement besucht habe, sagte mir bezüglich des Kamins, dass dieser wohl eher symbolisch gemeint sei, nicht wie ein Ort, an dem wir uns wärmen können. Es würden kaum mehr als zwei nicht besonders große Holzscheite hineinpassen, und die würden wir mit einem Ofenschirm abschirmen müssen, sonst würden sie ins Zimmer rollen. Ich muss Ihnen sagen, dass ich die Missbilligungen meiner Frau nachvollziehen kann. Der Kamin, vor dem ich gerade jetzt sitze, während ich Ihnen diesen Brief schreibe, ist fast zwei Meter breit und anderthalb Meter hoch. Auf dem breiten Tympanon befinden sich geschnitzte Weinstöcke und Weintrauben, abwechselnd mit Getreidegarben und bäuerlichen Geräten wie Sense, Schaufel und Rechen. In diesem Kamin könnte ich einen Baumstamm verbrennen, wenn ich wollte.«

»Mauriac scheint nicht zu begreifen, dass sein Appartement an der Avenue Théophile Gautier unendlich viel kleiner ist als sein Landhaus in der Gironde«, murmelte Jean-Michel, während er den Brief zur Seite legte. »Und was die Möglichkeiten seines neuen Kamins angeht: Ich möchte mal sehen, was er macht, wenn ein befreundeter Bauer aus der Gironde einen Baumstamm an der Avenue Théophile Gautier abliefert.«

Es blieb nicht bei diesem einen Brief. Jean-Michel empfing mehrere Briefe, in denen Mauriac um Erläuterung zu Teilen der Inneneinrichtung bat, die er nicht verstand, oder besser: gegen die er sich widersetzte. In einem, den er sogar eingeschrieben schickte, beschwerte er sich über die Überschreitung des geplanten Etats für die Beleuchtung. In seinem Antwortbrief erinnerte ihn Jean-Michel daran, dass sie die Installation neuer Leitungen für die Wandlampen von Giacometti abgemacht hätten.

»Ich habe Adolphe Chanaux gebeten, einen Termin mit Ihnen zu vereinbaren, um alles zu erklären«, schrieb er in seiner Antwort. Und zu sich selbst sagte er: »Meiner Meinung nach widersetzt Mauriac sich innerlich gegen mein Interieur. Er reagiert seine Unzufriedenheit ab, indem er über die Beleuchtung schimpft. Die Missverständnisse entspringen seiner eigenen inneren Gespaltenheit.«

»Wie gefällt Ihnen Ihre neue Wohnung?«, fragte Jean-Michel, als das Appartement im Februar 1931 fertiggestellt war. »Ich muss mich noch daran gewöhnen«, antwortete der Schriftsteller. »Von diesem Raum geht etwas Meditatives aus, das gefällt mir sehr. Es erinnert mich an die Kirchen meiner Jugend und die geistige Konzentration, die dort herrschte. Schreiben ist ein meditativer Beruf. Wenn ich mich an meinen Schreibtisch setze, fühle ich mich wie ein Mönch. Was das betrifft, passt dieser Raum zu mir, oder ich passe zu ihm.«

»Es freut mich, dass Sie so darüber denken. Und Ihre Frau und die Kinder?«

»Die haben etwas mehr Mühe damit. Was sie vor allem vermissen, sind die Gemälde und Bilder, die an der Wand hingen. Darunter waren viele Porträts. Jacques Émile Blanche hat Porträts von meinem ältesten Sohn und von mir gemalt. Die stehen jetzt im Abstellraum, zusammen mit den Kupferstichen, die ich von einer Tante bekommen habe, und mit einem schönen Gemälde, das ich sehr liebe. Es ist vielleicht kein künstlerisches Meisterwerk, aber es hat einen sentimentalen Wert, weil es einen Eindruck von den Weinbergen in der Nähe des Dorfes gibt, in dem ich geboren bin.«

»Ich verstehe, dass es nicht nur Ihrer Frau, sondern auch Ihnen schwerfällt, und dass Sie Mühe haben, auf die Bilder verzichten zu müssen.«

»Das stimmt. Ich bin zwar Schriftsteller, aber das ist nur ein Teil meiner Persönlichkeit. Ich schätze auch sehr die Gemütlichkeit, und diesen Aspekt vermisse ich in dem neuen Interieur.«

»Ist Gemütlichkeit nicht eine Atmosphäre des Wohlbefindens, die von den Menschen erzeugt wird, die in einem Interieur zusammenkommen?«

»Zweifellos. Aber das Ambiente trägt dazu bei. Ihr Interieur scheint Gemütlichkeit abzuwehren. Meine Frau und ich haben lange gezögert, als wir den ganzen Nippes einpackten, der überall im Haus herumstand. Allein auf dem Kaminsims standen die Bonbonniere, die wir als Hochzeitsgeschenk von einer meiner Cousinen bekommen hatten, ein eingerahmtes Bild des Familientreffens vor einigen Jahren, ein Marienbild, das wir gekauft haben, als wir vor drei Jahren mit unseren Kindern in Lourdes waren. Sie können sich vorstellen, dass wir einige Zeit gebraucht haben, um diese Gegenstände in Zeitungspapier zu wickeln, in Schachteln zu packen und mit den Gemälden in den Abstellraum zu stellen.

Wir müssen uns auch an die kostbare Armut des Interieurs gewöhnen. Die Wände wurden auf die gleiche Art verputzt wie die Scheunen meines Landhauses Malagar; die Vorhänge sind aus dem gleichen Jutestoff, aus dem die Säcke hergestellt werden, in denen Reis und Kaffee verschifft werden. Sie hatten sogar vor, die Couch mit einem Stoff zu beziehen, aus dem die Putzlumpen hergestellt werden, mit denen unsere Putzfrau den Boden wischt, aber das habe ich noch gerade rechtzeitig verhindern können. Armut wird zum Luxus, den sich nur sehr wenige Leute erlauben können. Daran müssen wir uns erst gewöhnen.

Ich habe Ihnen schon gesagt, dass ich mich in dieser Schlichtheit wiederfinden kann, sofern sie zu meiner Arbeit als Schriftsteller passt. Ihre Interieurs erschaffen Leere, aber wozu? Was entsteht in dieser Leere? Nichts, soweit ich sehen kann. Ihre Interieurs atmen ein Weltbild ohne Zukunft.«

Einige Monate nach Fertigstellung empfing Jean-Michel einen letzten Brief von Mauriac:

Lieber Jean-Michel,

Meine Frau, meine Kinder und ich sind letzte Woche aus Paris abgereist, um den Sommer in meiner Heimat zu verbringen. Der Kontrast zwischen Malagar und dem Appartement an der Avenue Théophile Gautier frappiert uns alle. Unser Landhaus wurde nie von einem professionellen Innenarchitekten eingerichtet. Die Möbel sind durch Zufall hineingeraten und bilden ein ungeordnetes und in Ihren Augen vermutlich überhaupt kein Ganzes. Aber könnte der Zufall nicht der beste Innenarchitekt sein?
Ich schreibe diese Zeilen im alten Salon in Malagar, wo niemand versucht hat, Leere zu erschaffen, wo im Gegenteil die unzusammenhängendsten Möbel durch Verkäufe, Erbschaften und Gütertrennungen hineingeraten sind. Meine Mutter nannte diesen Salon einen »Trödelladen«. Nichts von dieser Einrichtung ist geplant, alle Sachen wurden vom Zufall hingestellt. In diesem Salon scheint Leben zu stecken, gerade weil er so unordentlich ist.
Jeder Gegenstand besitzt ein Gedächtnis, und ich erzähle meinen Kindern, woran er sich jeweils erinnert. Die Möbelstücke kamen aus den verschiedenen Gegenden väterlicher- und mütterlicherseits, aus Bordeaux, aus Langon, und das Mahagoni aus der Zeit von Louis-Philippe traf zusammen mit dem Palisander aus dem Zweiten Kaiserreich. Die zeitgenössischen Porträts von meinem Sohn und mir haben hier ihre Modernität verloren und ihren Platz zwischen den alten Familienbildern eingenommen.
Der Vorteil solch eines Interieurs ist, dass alles nach den Regeln einer Harmonie integriert wurde, die nicht von vornherein festgelegt wurde und die die Harmonie des Lebens selbst ist. Würde ich dieses einfache Landhaus, dessen Mauern so viele Andenken bewahren, nicht besitzen, würde ich mich vielleicht leichter mit meinem Pariser Appartement mit seinen geschichtslosen Wänden abfinden.

Mauriac fühlte sich in seinem neuen Appartement nicht wohl. Er fühlte sich auch um sein Geld gebracht, weil er neunzigtausend Francs für ein Interieur hinlegen musste, das hauptsächlich aus Leere bestand. Dennoch hatte er unbedingt gewollt, dass Jean-Michel seine Wohnung einrichtete, und Jean-Michel zugesichert, er habe freie Hand, das nach eigener Vorstellung zu tun. Ein offensichtlicher Widerspruch. Was war das für ein Widerspruch?

An allem ist zu merken, wie sehr Mauriac seiner Familie, seinem Glauben und seiner Heimat verbunden war. Seine Wurzeln reichten tief in den französischen Boden hinein, oder besser, in den Boden der Gironde, der Gegend um Bordeaux, wo er geboren worden war. All seine Romane spielen dort, sie sind Familienromane. Sie handeln von familiären Dramen, von Treue und Untreue, von Verrat und Vergebung, von Entfremdung und der Rückkehr in den Schoß der Familie, und alle diese Dramen spielen sich ab vor dem Hintergrund von Gut und Böse, Gott und Teufel, Himmel und Hölle.

Mauriac bewunderte Maurice Barrès, und Barrès seinerseits schrieb eine lobende Besprechung von Mauriacs erstem Roman. Laut Barrès war Mauriac der Schriftsteller der Zukunft. Barrès und Mauriac teilten das gleiche Weltbild, das sich um das drehte, was Barrès »Nationalismus« nannte. Dieses Wort hatte er erfunden, und es hat sich seither verbreitet, auch wenn wir heutzutage etwas anderes darunter verstehen. Laut Barrès ist Nationalismus die Verbundenheit mit einer Gegend, zum Beispiel dem Elsaß, den Ardennen, den Cevennen oder der Gironde. Die Bewohner dieser Gebiete sind von ihrem Boden ebenso abhängig wie die Pflanzen, die dort wachsen. Man kann sie nicht ungestraft verpflanzen, weil sie dann entwurzelt werden, ebenso wenig wie man einen Weinstock ungestraft von der Gironde zu den Cevennen verpflanzen kann, oder eine Kastanie von den Cevennen zur Gironde.

Familienbande, Gewohnheiten und Gebräuche, Überzeugungen und Glaube sind laut Barrès das organische Produkt der Gegend, in der die Menschen geboren werden.

Wenn ich es richtig sehe, bestand Mauriacs innerer Widerspruch darin, dass er einerseits sehr mit seiner Familie, seinem Glauben und der Gegend um Bordeaux verbunden war, andererseits aber einen tiefen Hass gegen ebenjene heimatliche Scholle empfand und gegen alles, was damit zusammenhing. Dieser Hass war eine sehr interessante Form des Selbsthasses. Alle Romane Mauriacs basieren auf dieser Hass-Liebe zu seiner Heimat.

François Mauriac ließ alle wissen, wie glücklich er mit seiner Frau und seinen Kindern war. In der Öffentlichkeit war er ein *family man*. Aber es gab einen anderen, geheimen Mauriac, das war der Mann, den Jean-Michel Frank aus der Brasserie Graff oder aus Ryls kannte, wo sich Homosexuelle trafen. Mauriac hatte Affären mit Männern. Zu der Zeit, als Jean-Michel Mauriacs neues Appartement einrichtete, war dieser in ein Verhältnis mit einem Schweizer Diplomaten verwickelt. Soll man jetzt sagen, dass das Bild, das Mauriac in der Öffentlichkeit zeigte, eine Lüge war, Mauriac, der *family man*, Bonbonnieren auf dem Kaminsims und Bilder von Frau und Kindern auf dem Schreibtisch? Nicht unbedingt. Mauriac liebte zweifellos seine Frau und seine Kinder. Sie waren der Boden, in dem er wurzelte, die Tradition, in der er stand. Aber das war eine völlig andere Liebe als seine Leidenschaft für den Diplomaten. Ich nehme an, dass Mauriacs innere Gespaltenheit von diesem Konflikt herrührte.

Die Gespaltenheit könnte erklären, warum Mauriac Jean-Michel Frank beauftragte, sein Interieur zu gestalten. Er ließ Jean-Michel freie Hand, um alles aus seiner Wohnung zu entfernen, was er als Lüge empfand und was ihn mit Hass erfüllte: seine Heimat, seine Verwandten, seine Familie. Aber er wollte nicht selbst dafür die Verantwortung übernehmen. Deshalb engagierte er Jean-Michel Frank und bezahlte ihn fürstlich, um zu seiner Familie und Jean-Michel sagen zu können, wie leid es ihm tue, dass sein neues Interieur so kahl aussah. Das scheint die tiefere Bedeutung hinter seinem »künstlerischen Experiment« zu sein.

# 16
# DIREKTOR VON CHANAUX & CIE

Jüdisch und deutsch, zumindest deutscher Herkunft – das galt nicht nur für Kurt Weill und Marie Laure de Noailles, sondern auch für Jean-Michel Frank. Der Aufruhr anlässlich *L'Âge d'or* erinnerte ihn daran, dass er ein Fremder war, auf den man wegen nichts und wieder nichts mit dem Finger deuten durfte, den man beschimpfen oder ihm noch Schlimmeres antun konnte. Er mochte auf vertrautem Fuß mit Gräfin de Polignac, mit Gräfin Greffulhe, mit Gräfin Marie Laure de Noailles stehen, er mochte zwanzig englische Maßanzüge im Schrank hängen haben und seine Haare nach Bros-Fasson schneiden lassen, die Verwünschung »dreckiger Jude« erinnerte ihn daran, wie verletzlich, wie sinnlos diese Assimilationsversuche waren, wenn es drauf ankam. Die rechten Schlägertrupps hatten nicht die geringste Mühe, hinter einer Gräfin des ältesten französischen Adels die Tochter eines jüdisch-deutschen Bankiers zu entdecken. Und wenn Marie Laure de Noailles so schnell enttarnt werden konnte, dann war das bei Jean-Michel Frank schon gar kein Problem.

Im Sommer 1930 nahm Jean-Michel das Angebot von Adolphe Chanaux an, künstlerischer Direktor von dessen Möbelatelier zu werden. Jean-Michel hatte in den vergangenen zehn Jahren fast alle seine Aufträge in diesem Atelier ausführen lassen, und es schien Chanaux eine vernünftige Idee, der Zusammenarbeit eine festere Form zu geben. Die Anstellung bedeutete, dass Jean-Michel für alle Entwürfe, die im Atelier ausgeführt würden, verantwortlich sein würde.

Jean-Michel stimmte zu, und das war insofern erstaunlich, wenn man bedenkt, dass er sich noch von seinem Aufenthalt im *maison de santé* erholte, wo man um sein Leben gebangt hatte. Er akzeptierte den Vorschlag nicht nur, sondern passte seine Entwürfe so an, dass sie dem Atelier zum Vorteil gereichten. Er schränkte die Produktion einzelner Möbelstücke von unbezahlbarer Exklusivität ein, wie zum Beispiel der komplett mit Galuchat bezogene Schreibtisch und das von Hermès mit Leder bezogene Ladenschränkchen aus der ersten Periode. Nun ließ er die erfolgreichsten Entwürfe in Serienproduktion herstellen und Tische und Fauteuils mit einem Stempel versehen, der den Namen »Chanaux – Frank« trug.

Die Ernennung Jean-Michels zum künstlerischen Direktor bedeutete nicht nur die Rettung des Ateliers Chanaux, sondern vermutlich auch die Rettung Jean-Michel Franks. Als Direktor war er verantwortlich für das Wohl von über dreißig Möbelschreinern und ihren Familien. Um den Betrieb führen zu können, musste er zuerst sein eigenes Leben in Ordnung bringen, und das tat er besser als alle, inklusive Chanaux, es für möglich gehalten hätten. Er sorgte für eine Fülle regelmäßiger neuer Aufträge, er kalkulierte korrekt, erledigte gewissenhaft die Buchhaltung, erinnerte säumige Zahler an ausstehende Rechnungen, verhandelte mit Auftraggebern über Anpassungen. Er entwickelte sich in kurzer Zeit vom künstlerischen Direktor zum allgemeinen Geschäftsleiter eines mittelgroßen Unternehmens.

Die wichtigste Veränderung bestand darin, dass er nicht länger allein arbeitete, sondern Künstler beauftragte, für ihn einen Stuhl, eine Lampe, einen Tisch, einen Spiegel oder einen Tischparavent zu entwerfen. So entstand ein Team aus Künstlern, die zwar brillant waren, zugleich aber so eigenwillig, dass sie fast nie mit anderen zusammenarbeiteten, außer mit Jean-Michel Frank, dessen künstlerisches Talent zu einem guten Teil darin bestand, diese unbezähmbaren Einzelgänger in Projekten zusammenarbeiten zu lassen, die den unverkennbaren Stempel Jean-Michel Franks trugen.

Alberto Giacometti ist für seine filigranen, schreitenden Figuren bekannt, die sich trotz ihrer Zerbrechlichkeit durch nichts ablenken lassen und fest entschlossen auf dem Weg zu einem in der Ferne liegenden Ziel zu sein scheinen. Giacometti hat nie etwas anderes gemacht, als diese kleinen schreitenden Figuren, würde man meinen. Aber so war das nicht. Es hat sehr lange gedauert, bis Giacometti den Stil fand, der ihn berühmt machen sollte.

Als Jean-Michel Frank und Alberto Giacometti sich Ende der zwanziger Jahre begegneten, stellte Alberto noch keine schmalen Wanderer her; er machte überhaupt noch keine Skulpturen, er war noch auf der Suche. Jean-Michel bat ihn, Gegenstände zu schaffen, die er für seine Interieurs benutzen konnte, Vasen, kleine Ziergegenstände und Lampen, sehr viele Lampen: Stehlampen, Tischlampen, Wandlampen.

Man kann sehr wohl sagen, dass Jean-Michel Frank Alberto Giacometti entdeckt hat. Oder besser: Dass er Giacometti durch Aufträge gefördert hat, die ihm die Gelegenheit gaben, sich als Bildhauer zu vervollkommnen, denn das Interessante an den zahllosen Lampen, Vasen und Objekten, die er für Jean-Michel gemacht hat, ist, dass darin bereits die Formen und Techniken seiner späteren Skulpturen zu erkennen sind.

Die Objekte sind von einer verblüffenden Schönheit. Verschiedene Vasen und Lampen sind bis weit nach dem Zweiten Weltkrieg produziert worden. Es sind klassische Designs, wie die Lampe *Tutanchamun*, die Giacometti nach dem Vorbild einer Öllampe entwarf, die Howard Carter im Grab des Tutanchamun gefunden hatte und von der ein Foto im Bericht von Howards Ausgrabungen im Jahr 1927 publiziert worden war. Die Idee für die Stehlampe *Großes Blatt*, die ein stilisiertes Lotusblatt darstellte, stammte aus derselben Quelle.

An all diesen Gegenständen kann man sehen, dass Giacometti Techniken ausprobierte, die er später in seinen Skulpturen weiterentwickeln sollte, faszinierende Techniken. Giacometti arbeitete absichtlich plump. Seine Entwürfe zeigen Unebenheiten: Auf den

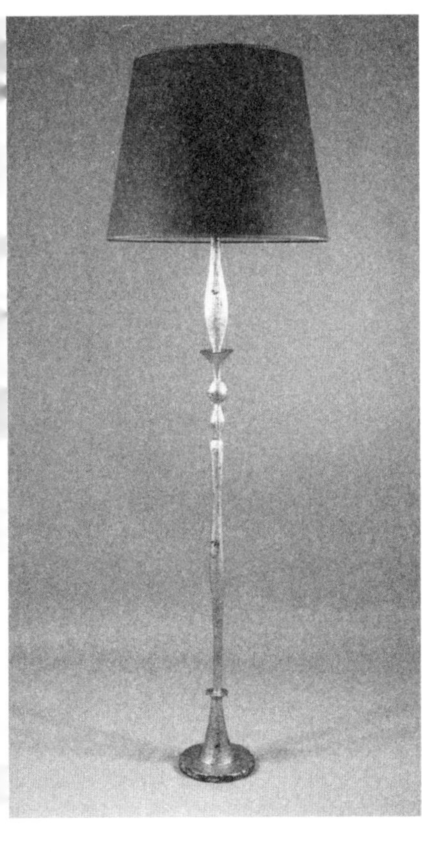

*Alberto Giacometti,* Großes Blatt, *Stehlampe aus Bonze mit Blattgold, 1934/35.*

Lampen und Vasen sind Rillen und Kratzer, es scheinen Objekte aus einer verschwundenen Zivilisation zu sein, die der vernichtenden Wirkung der Zeit entkommen sind, weil ein Gletscher oder ein Moor sie verschlungen und nach Tausenden von Jahren wieder freigegeben hat, völlig intakt, abgesehen von Beschädigungen, die entstanden, als die Objekte erneut der Luft ausgesetzt wurden. Manche Rillen ähneln Schriftzeichen, einem primitiven Alphabet entlehnt, manche Inskriptionen erinnern an alte etruskische oder römische Münzen.

Giacometti brachte die Beschädigungen absichtlich an, um den Eindruck zu erwecken, seine Artefakte hätten unter der Zeit gelitten. Die Stehlampe *Großes Blatt* hat einen langen und schlanken vergoldeten Fuß aus Bronze, dessen Form entfernt an eine Lotuspflanze erinnert. Das Blattgold zeigt kleine Risse. Hätte man diese Lampe zwischen die Schätze gestellt, die Carter im Grab des Tutanchamun entdeckte, hätte niemand den Unterschied bemerkt. Giacometti brachte die Beschädigungen auf Jean-Michels Bitte an. Es sind auch keine echten Beschädigungen. Giacometti forderte den Vergolder auf, das Blattgold nicht perfekt anzubringen, sondern kleine Löcher und Risse stehenzulassen, so dass der schwarze Lehm, aus dem die untere Schicht bestand, sichtbar blieb und der Eindruck entstand, dass das Gold an manchen Stellen abgerieben oder kaputtgestoßen worden wäre. »Es sind Ausgrabungsgegenstände«, sagte ein Kritiker zu diesen Vasen und Lampen, und dieser Eindruck ist zutreffend, auch wenn man hinzufügen muss, dass Giacomettis Objekte ihre Wirkung der Kombination dieses archaisch Alten mit einer hypermodernen Umgebung zu verdanken haben. Die Lampe *Großes Blatt* wird von einem äußerst strengen und modernen Lampenschirm gekrönt. Es ist die Kombination aus beidem, die die Wirkung erzeugt.

Jean-Michels Mitarbeiter hatten eine besondere Beziehung zum Thema Zeit. Der berühmteste Entwurf von Paul Rodocanachi, Nestor der Gruppe und alter Freund Jean-Michels, erinnerte an die Klappstühle, auf denen römische Feldherren während des Feldzugs ihre Pläne für die Belagerung einer Stadt oder einen Angriff ausarbeiteten. Der Stuhl ruhte auf zwei in X-Form aufgestellten Holzbeinen, die in der Mitte des X, wo sich die Beine kreuzen, durch eine stabile Achse verbunden waren. Die scheinbar schlichte Sitzfläche, Rückenlehne und Armlehnen aus Leder wurden von Hermès hergestellt.

Dieser Stuhl wurde ein Klassiker. Offiziell hieß er *Rodo*, eine Abkürzung von Rodocanachi; inoffiziell wird er *Savonarola* genannt, nach dem italienischen Ketzer aus dem 15. Jahrhundert, der Entsagung und Selbstverleugnung gepredigt hatte.

Die Bedeutung des Wortes Interieur verschob sich im Lauf der dreißiger Jahre. In den zwanziger Jahren verstand Jean-Michel darunter die Art und Weise, wie er unter Einsatz weniger Mittel einen Raum zur Geltung bringen konnte. Doch als er anfing, als Direktor von Chanaux mit einer Gruppe eigenwilliger Maler, Bildhauer, Möbeldesigner und Architekten zusammenzuarbeiten, änderte sich die Bedeutung und wurde zu einer ganz bestimmten Art und Weise, in der Jean-Michel die unterschiedlichen Möbel und Gegenstände zu einem zusammenhängenden Ganzen kombinierte. »Interieur« bekam immer mehr die Bedeutung eines *Gesamtkunstwerks*. Die einzelnen Teile des Interieurs wurden unter der Leitung von Jean-Michel auf ähnliche Art zu einem Ganzen komponiert, wie Wagner es mehr als ein halbes Jahrhundert später mit seinen Musikdramen gemacht hat.

Jeder Künstler hat Vorbilder. Jean-Michels Vorbild scheint Piet Mondrian gewesen zu sein. Auch Adolf Loos muss zu seinen Favoriten gehört haben, vor allem, seit Loos in Paris Tristan Tzaras Haus gebaut hatte. Was er bewunderte, war Loos' vollständige Ablehnung von Ornamenten und seine Auffassung, dass Gebäude in erster Linie Räume waren, die vom Architekten aufgrund einer strengen Maßführung entworfen und durch die Wirkung der Räume auf die Anwesenden bestimmt wurden. Als Jean-Michel anfing, mit einem Team zu arbeiten, verschob sich seine Aufmerksamkeit zu Vorbildern, die von allen Mitgliedern der Gruppe akzeptiert wurden.

Für diese Gruppe war der Architekt Claude Nicolas Ledoux das wichtigste Vorbild. Um sich inspirieren zu lassen, fuhren die Mitglieder gemeinsam nach La Villette. Dort steht eines der wenigen erhalten gebliebenen Gebäude von Ledoux. Er entwarf streng klassische Bauwerke mit der Absicht, Betrachter, Besucher und Bewohner zu beeindrucken. Zu seiner Zeit, der zweiten Hälfte des 18. Jahrhunderts, war er ein gefragter Mann für den Bau von Theatern, Gefängnissen oder, wie in La Villette, Zöllnerhäusern: Gebäude, die einen überwältigenden Eindruck der Autorität spürbar machen sollten.

Dieser Ledoux hat etwas Größenwahnsinniges, etwas unverkennbar Faschistisches; seine Gebäude erinnern in Stil und Absicht den Gebäuden, die Albert Speer Ende der dreißiger Jahre für Hitler erbaute. Aber der wichtigste Grund, warum Ledoux die Mitarbeiter Jean-Michel Franks faszinierte, war seine Extravaganz. Ledoux' schönste Werke kamen nie zur Ausführung. Das Monument für Newton hätte die Form einer hohlen Betonkugel mit einem Durchmesser von hundert Metern bekommen sollen. Ledoux entwarf auch Pläne für eine ideale Stadt. Dabei ging seine Phantasie mit ihm durch, wurde aber zugleich gezügelt durch die strengen Maßstäbe des klassischen Bauens, die er sich auferlegte.

Ein Beispiel: Ledoux entwarf ein gigantisches Freudenhaus, dessen Eingang nach dem Vorbild eines griechischen Tempels durch eine doppelte Säulenreihe in ein Gebäude von der Größe einer Fabrikhalle führt. Vor dieser Halle gibt es Gemeinschaftsräume, die an beiden Seiten des Eingangs eine breite Wölbung zeigen. Das Ende der Fabrikhalle mündet in einen ovalen kegelförmigen Festsaal. Erst wenn der Betrachter das Gebäude aus einer gewissen Entfernung sieht, wird er gewahr, dass es die Form eines enormen Phallus hat, ein Beispiel von dem, was Ledoux »architecture parlante« nannte.

Jean-Michels Mitarbeiter bewunderten Ledoux wegen dieser Kombination aus klassischer Strenge und zügelloser, an Wahnsinn grenzender Phantasie. Emilio Terry war Ledoux in geistiger Hinsicht vermutlich ähnlicher als die anderen, er war sensibel für die Kombination von klassischem Stil und Eruptionen des Wahnsinns. Wie Ledoux zügelte auch er seine phantastischsten Ideen mit Hilfe einer klassischen Formensprache. 1931 ließ er beim Entwurf eines Hauses für Templeton Crocker seiner Phantasie freien Lauf, ebenjenes Crocker, dessen Penthouse Jean-Michel gerade eingerichtet hatte. Der Entwurf orientierte sich an einem Schneckenhaus, er bestand aus einer enormen Anlage mit etwa zwanzig Zimmern, die sich spiralförmig an einer zentralen Wendeltreppe entlang nach oben schlängelten. Im obersten Stockwerk gab es den Zugang zu einer Dachterrasse, und danach drehte es sich weiter nach oben bis zur Dachspitze, die wie die Spitze eines Korkenziehers aus dem Haus ragt. Jean-Michel entwarf das Interieur. Alberto Giacometti machte Entwürfe für Skulpturen von enormem Umfang, die er in die Wand meißeln wollte. Das Haus hätte in Los Angeles gebaut werden sollen, wurde aber nie realisiert. Modelle sind das Einzige, was noch geblieben ist.

Terrys schönste Entwürfe sind, ebenso wie die von Ledoux, niemals ausgeführt worden. Als Jean-Michel ihn um einen Entwurf für einen Kamin bat, schlug er einen »offenen Kamin mit Wasserfall« vor. Er machte eine detaillierte Zeichnung, auf der zweifellos ein Kamin zu sehen ist, aber in Form einer Grotte, überwuchert von gemeißelten Farnen, Pestwurz und Springkraut. Der Stamm eines dieser Gewächse erhebt sich anderthalb Meter hoch und explodiert in einem Fächer aus gemeißelten Blättern, angelehnt an einen Kaminsims, der aus enormen Felsblöcken besteht. In der Mitte dieser Felsen, genau über dem offenen Kamin, gähnt ein tiefes Loch, aus dem ein Wasserfall strömt.

Als Jean-Michel Emilio Terry bat, einen Stuhl zu entwerfen, kam dieser mit der Idee des »Bridge-Stuhles«, einer Serie von vier Stühlen mit Rückenlehnen in Form von Pik, Kreuz, Karo und Herz. Jean-Michel konnte die Stühle ebenso wenig realisieren wie den Kamin mit dem Wasserfall. Aber Emilio Terry hob die Entwürfe auf, um sie vielleicht später noch ausführen zu können.

Man sollte meinen, dass der Gegensatz zwischen Jean-Michel Frank und Emilio Terry unüberbrückbar war, doch sie verstanden sich gut, respektierten und stimulierten einander gegenseitig. Jean-Michel fand Emilios Entwürfe wunderschön. »Aber du verstehst«, sagte er, »dass ich mich auf die Entwürfe beschränken muss, die für meine Kunden akzeptabel sind und die mit dem Rest des Interieurs eine Einheit bilden«. Er beschränkte sich also auf Emilios weniger extravagante Beiträge, die jedoch leicht als von Terry stammend zu erkennen sind, wenn man weiß, worauf man achten muss. Für einen seiner Spiegelrahmen benutzte Terry ein

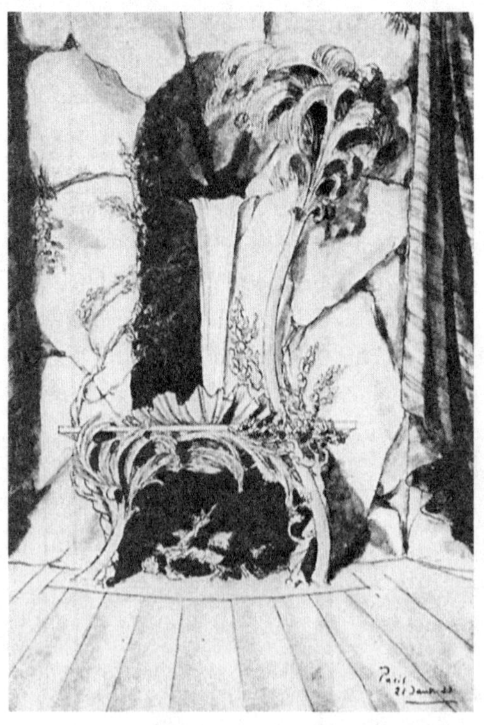

*Emilio Terry,* Kamin mit Wasserfall, *1933.*

Motiv aus Felsen und Muscheln, für einen anderen Rahmen eines, das zwischen Schilfrohrblättern und Hirschgeweihen zu schwanken scheint, betrachtet man ihn jedoch aus einer gewissen Entfernung, erinnert er an blühende Knochen, und diese sprießenden Knochen sind so angeordnet, dass der Rahmen von weitem einem Totenschädel ähnlich sieht.

Am schönsten finde ich Terrys Salontisch, hergestellt aus makellos weißem Gips. Die weiße Tischplatte wird von Schilfrohrstängeln getragen, die sich aus einer Bodenplatte emporranken und wie leckende Flammen gegen die Unterseite der Tischplatte schlagen: Feuersäule aus Schilfrohr, aber erstarrt und tiefgefroren in eisigem Stuck.

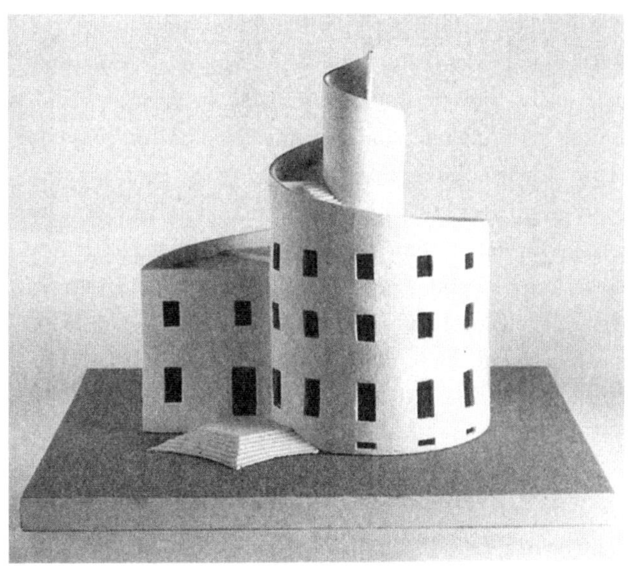

*Emilio Terry,* Die Schnecke *(Modell), Entwurf eines Hauses für Templeton Crocker in Los Angeles, 1933.*

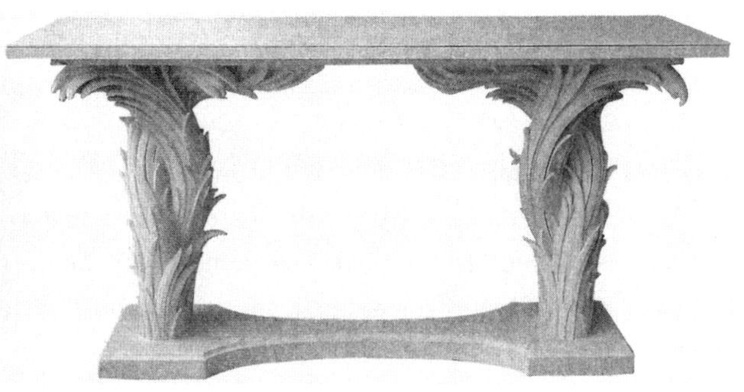

*Emilio Terry, Tisch aus Gips, circa 1935. Die Tischplatte wird von vier stilisierten Schilfrohrbündeln getragen.*

Jean-Michel benutzte diese Möbel und Accessoires unter anderem in der Lounge des Astor-Hotels, und dort sind sie am richtigen Platz, nicht, weil sie mit dem Rest der strengen, schlichten Einrichtung harmonieren, sondern weil sie sich im Ton vergreifen. Es sind unauffällige Dissonanzen. Terrys Entwürfe sind zwar phantastisch, zugleich aber so streng und klassisch, dass man ihre *bizarrerie* erst wahrnimmt, wenn man sie näher betrachtet. Sie erwecken einen fremden und geheimnisvollen Klang in Interieurs, die ohne diese Details beklemmend wären. Ich nehme an, dass Jean-Michel aus genau diesen Gründen die mysteriösen kleinen Hände aus Eisendraht an die Wand seines im Übrigen vollkommen kahlen Appartements in der Rue de Verneuil angebracht hat.

Emilio Terrys Entwürfe waren diskret im Vergleich zu jenen von Salvador Dalí. Dalí war vermutlich der indiskreteste Künstler, der je gelebt hat. Er wälzte sich in Obsessionen, für die andere Leute sich schämen würden und deren sie sich im Allgemeinen nicht bewusst sind: Todesangst vor seinem Vater, Aggression gegen seine Mutter. Er verarbeitete Exkremente, Sperma, Rotz und Spucke als Motive in seinen Kunstwerken. Dalí fühlte sich mit Sade verwandt, weil Sade seine verborgensten Triebe und Begierden ebenso ungeniert in Literatur umgesetzt hatte, wie er es in Kunstwerken tat.

Jean-Michel Frank hatte Salvador Dalí während eines Diners bei Marie Laure de Noailles kennengelernt. Sie freundeten sich sofort an, soweit man das im Falle von Dalí so nennen kann, denn er war nicht nur der indiskreteste, sondern auch der egozentrischste aller Künstler.

Kurz nachdem sie sich kennengelernt hatten, schickte Jean-Michel Salvador Dalí ein paar Stühle als Geschenk. Es waren *art nouveau*-Stühle, der Stil, den Dalí liebte. Dalí transformierte einen dieser Stühle zu einem Kunstwerk. Er ersetzte die Sitzfläche durch eine Tafel Schokolade, schraubte einen Türgriff unter eines der Beine, tauchte ein anderes in ein volles Bierglas und nannte diesen unkomfortablen Sessel *Der atmosphärische Stuhl.*

Jean-Michel bat Salvador um Entwürfe für seine Interieurs, aber die meisten Vorschläge wies er zurück, denn sie waren zu extrem und im Vergleich zu den Entwürfen Emilio Terrys auch auffallend indiskret. Was sollte man von einem Schirmständer in Form eines Phallus halten? Von einer Wandlampe in Form von zwei Händen, die sich um eine gepolsterte Vagina falten? Von einem Kamin in Form einer Nase und Vorhängen aus menschlichem Haar? Dennoch benutzte Jean-Michel regelmäßig Beiträge von Dalí, wie die berühmte Mae West-Couch, ein Zweisitzer aus karmesinrotem Samt in Form der Lippen von Mae West, und Wandschirme mit Abbildungen von rennenden Figuren oder Skeletten. Lippen und Skelette, das war die Grenze, die Jean-Michel nicht überschreiten konnte.

Ende der dreißiger Jahre entwarf Jean-Michel Frank das Interieur für den argentinischen Unternehmer Jorge Born. Er brachte

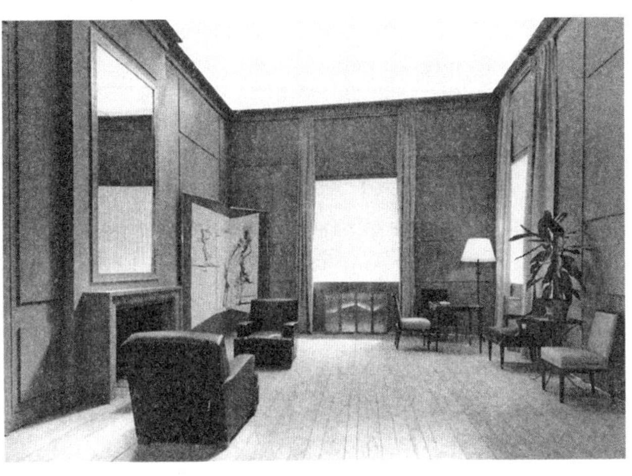

*Rauchersalon der Villa Born, Buenos Aires, 1939. Wandverkleidungen aus Eiche. Parkett aus unbearbeiteter (nicht imprägnierter oder mit Wachs behandelter) Eiche. Spiegel von Emilio Terry, Wandschirm* en trompe d'oeil *von Salvador Dalí. Rechts Stehlampe aus Bronze von Alberto Giacometti.*

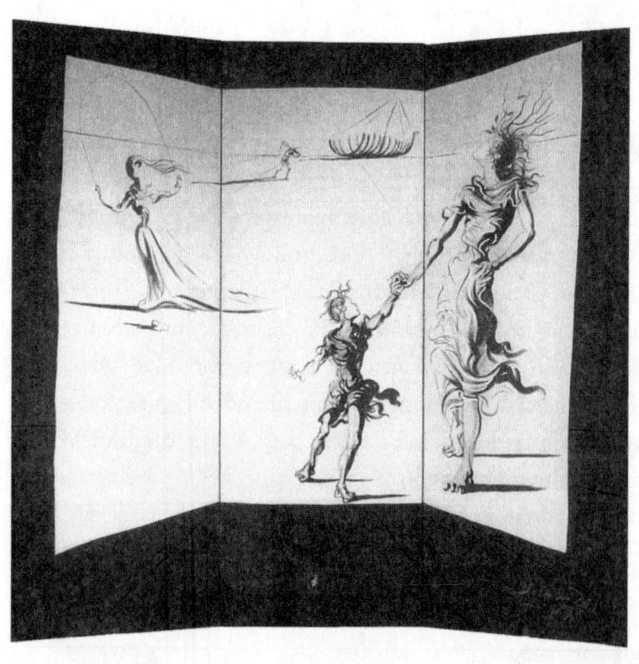

*Salvador Dalí*, Wandschirm en trompe l'oeil, *1938.*

Verkleidungen aus hellem Eichenholz an den Wänden des Rauchersalons an, die durch ihre Konstruktion (die rechteckigen Paneele ragen etwas über dem Rest der Verkleidung heraus) und durch das Fehlen jedweder Wanddekoration am ehesten an ein sehr elegantes Kloster denken lässt. Auf dem Boden liegt ein Parkett aus blankem Eichenholz. Die Planken sind kahl, nicht imprägniert oder gewachst, und erinnern an die Bretterböden entlang der Terrassen an niederländischen Stränden. Das Zimmer ist leer, abgesehen von zwei Fauteuils an beiden Seiten des offenen Kamins und drei einfacheren Stühlen, die auf der anderen Seite des enormen Zimmers beieinanderstehen und an einer Stehlampe von Giacometti Halt zu suchen scheinen.

In der Ecke hinter einem dieser Fauteuils steht ein Wandschirm von Salvador Dalí. Es ist ein eigenartiger Schirm, denn Dalí hat auf den drei Paneelen in *trompe d'oeil* drei andere Paneele gemalt, die in einem seltsam perspektivischen Verhältnis zum Triptychon stehen, auf dem er sie angebracht hat. Die äußeren Paneele sind so gemalt, als seien sie dem Betrachter zugewandt, so dass das Triptychon eine Nische zu sein scheint, in die der Betrachter hineinschaut. Alle Aufmerksamkeit richtet sich auf einen Jungen auf dem mittleren Paneel. Er wird von einer Frau (seiner Mutter?) an der Hand gehalten, die auf dem rechten Paneel zum Betrachter hingeht. Auf dem linken Bild ist in der Ferne ein seilhüpfendes Mädchen in einem langen Kleid und mit wehenden Haaren zu sehen. Am Horizont einer endlosen Fläche liegt, weit hinter diesen drei Figuren, das Skelett, das von einem Schiff oder einem sehr großen Tier stammen muss. Das Paneel steht in einem rätselhaften Kontrast zum Rest des Interieurs.

# 17
# DER BESUCH VON ALICE FRANK

Im Juni 1932 stattete Alice Frank, die Witwe Michael Franks, ihrem Neffen Jean-Michel in Paris einen Besuch ab. Alice war damals siebenundsechzig Jahre alt. Die Reise von Frankfurt nach Paris muss ihr schwergefallen sein, aber sie wollte ihren Neffen unbedingt persönlich treffen, um die ernsten finanziellen Probleme, in die das *Bankgeschäft Michael Frank* geraten war, mit ihm zu besprechen.

Die Bank konnte nur vor dem Untergang gerettet werden, wenn Jean-Michel bereit wäre, finanziell einzuspringen. Jean-Michel war bereits in den Wochen vor ihrem Besuch von seinem Cousin Otto Frank um finanzielle Hilfe gebeten worden, hatte aber zurückhaltend reagiert, und auch nach einem langen Telefongespräch mit Otto nicht ohne weiteres Hilfe zugesagt. Er hatte sich jedoch auch nicht direkt geweigert. Er zögerte, und Otto, dem klar war, dass er jedes Druckmittel benutzen musste, um seinen Cousin zu überreden, hatte seine Mutter gebeten, nach Paris zu reisen und Jean-Michel zu erklären, wie ernst die Lage war. Jean-Michel verstand, dass er eine Entscheidung treffen musste. Sollte er seinen deutschen Verwandten unter die Arme greifen? Wenn ja, mit welchem Betrag? Und zu welchen Konditionen?

Mit ihrem Besuch beabsichtigte Alice, Jean-Michel daran zu erinnern, wie sehr die Frankfurter und die Pariser Familienzweige verwandtschaftlich verbunden waren, und ihm klarzumachen, dass die Solidarität der Familienmitglieder untereinander die einzig mögliche Form des Widerstands gegen den Terror des Faschismus war. Diese Solidarität entsprach durchaus Jean-Michels Empfinden. Er wollte der Bitte seiner Tante prinzipiell nachkommen, die Frage war nur, wie weit er gehen sollte.

Die Familienbande waren sehr eng. Alice und Michael Frank waren seine Tante und sein Onkel, und ihre Kinder waren seine Cousins und seine Cousine. Zudem war Jean-Michels Mutter Nanette die Nichte seines Vaters und seines Onkels Michael. Robert, Herbert, Otto und Leni Frank waren also nicht nur Jean-Michels Cousins und Cousine, sondern auch Neffen und Nichte von Jean-Michels Mutter. Er war sowohl väterlicher- als auch mütterlicherseits mit den Frankfurter Franks verwandtschaftlich verbunden.

Jean-Michel kannte die Frankfurter Familienmitglieder gut. Im Sommer 1914, kurz vor Ausbruch des Ersten Weltkriegs, war sein Vater mit der ganzen Familie nach Frankfurt gereist. Sie hatten bei den Franks an der Mertonstraße gewohnt, einer neuerbauten Villa mit Aussicht auf den Beethovenplatz. Jean-Michels Vater war in Panik gewesen wegen des Judenhasses, mit dem er und seine Familie in Paris konfrontiert worden waren. Léon hatte Angst, dass ihm die französische Staatsbürgerschaft verweigert und er ausgewiesen werden würde. Der Grund des Besuches war herauszufinden, ob Alice Frank ihn und seine Familie aufnehmen könnte, falls es so weit kommen würde. Deutschland war vor dem Ersten Weltkrieg für Juden sicherer als Frankreich. Das *Bankgeschäft Michael Frank* florierte 1914, das merkte man an allem. Léon Frank dagegen ging es schlecht. Léon war von den französischen Behörden als Deutscher gebrandmarkt und eine Verleumdungskampagne gegen ihn war angezettelt worden, er und seine Familie wurden an den Rand gedrängt.

Michael Frank hatte 1901 seine eigene Bank gegründet, das *Bankgeschäft Michael Frank*. Diese Bank war, ebenso wie das Geschäft seines Bruders Léon *Frank, Wolfsohn & Co* auf den Devisenhandel spezialisiert, aber der wichtigste Grund für die Gründung war, dass Michael eine finanziell stabile Basis suchte, von der aus er die Unternehmen unterstützen konnte, die er im Laufe der Jahre

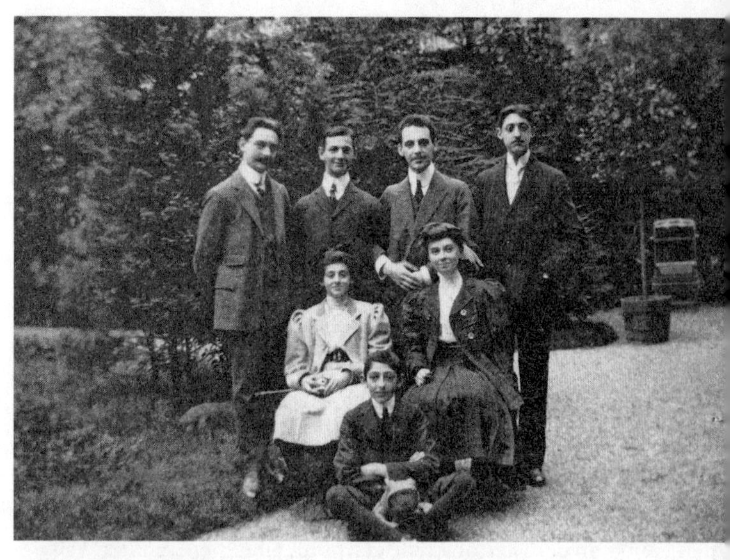

*Jean-Michel mit seinem Bruder, den Cousins und der Cousine. Stehend von links nach rechts: Oscar, Otto, Robert, Herbert. Sitzend: unbekannt, Leni. Auf dem Boden: Jean-Michel. Um 1910. Foto Anne Frank Stichting Amsterdam/AFF Basel.*

gekauft hatte: ökologisch ausgerichtete Bauernhöfe, eine Fabrik für Babynahrung, eine kooperative Druckerei, eine Zigarettenfirma, eine Fabrik für Hustenbonbons. Auf diese Weise verschaffte er sich Zugang zu den höchsten Frankfurter Kreisen, das heißt zur bürgerlichen nichtjüdischen Elite, denn danach hatte Großvater Zacharias Frank gestrebt, und danach strebten auch seine Söhne Michael und Léon und seine anderen Kinder. Sie wollten sich aus dem sichtbaren oder unsichtbaren Ghetto befreien und völlig in der deutschen oder französischen Bevölkerung aufgehen. Die Frankfurter Familienmitglieder taten alles, um zu beweisen, dass sie vaterlandsliebende Deutsche waren, genauso wie Léon und seine Familie sich ständig anstrengten, um zu beweisen, das sie vaterlandsliebende Franzosen waren.

Die Bank von Michael Frank war mehr als eine Bank: Sie war

das Zentrum geschäftlicher Aktivitäten mit Interessen in allen möglichen Unternehmen, unter ihnen die Kunsthandlung Ricard. Als Robert im Kunsthandel Karriere machen wollte, hatte sein Vater wenig Mühe, ihn in dieser Kunsthandlung unterzubringen. Die Bank florierte. Michael Frank kaufte eine Villa in der elegantesten Gegend von Frankfurt; seine Söhne durften wählen, welchen Beruf sie ausüben wollten. Robert wählte den Kunsthandel, Otto entschied sich zunächst für ein Wirtschaftsstudium, fand das aber zu theoretisch. Er war der brillanteste der Kinder: ein neugieriger, erfinderischer Mann, der am liebsten reiste, um neue Welten zu entdecken. 1909 erlaubte ihm sein Vater, nach New York zu reisen, um dort bei Macy's Erfahrung zu sammeln, aber kaum war sein Schiff abgefahren, da starb Michael Frank plötzlich, und sein Sohn Otto wurde zurückgerufen.

Was sollte die Familie jetzt tun? Alice Frank wollte, dass ihre Söhne ihren gewählten Weg weiterverfolgen. Sie selbst übernahm die Leitung der Bank. Offensichtlich verfügte Alice Frank über Fähigkeiten, die nie zum Vorschein gekommen wären, wären sie nicht durch die Umstände wachgerüttelt worden.

Otto kehrte nach New York zurück, Robert zum Kunsthandel, Herbert zu seinem Studium. Als der Erste Weltkrieg ausbrach, mussten Robert und Otto an die Front. Herbert wurde, wie Jean-Michel, ausgemustert. Robert wurde Sanitäter; Otto wurde der Infanterie zugeteilt. Er kämpfte bei der Schlacht an der Somme, wo Hunderttausende Soldaten umkamen. Otto passte sich den Umständen an; er behielt den Überblick und blieb ruhig. Er besaß eine natürliche Autorität, die ihn bei seinen Kameraden beliebt machte. Nach einem Jahr an der Front wurde er zum Offizier befördert, eine Leistung für einen Juden, der als wehrdienstpflichtiger Soldat eingezogen worden war. Das war ein bezeichnendes Ereignis im Leben Ottos, der fast immer ein aufgewecktes, ironisches, etwas distanziertes Lächeln zeigte. Otto machte durch Haltung, Manieren und Verhalten den Eindruck eines vornehmern Mannes.

Michael Franks Familie kam ohne größere Schwierigkeiten durch den großen Krieg, Léon Franks Familie wurde durch den Krieg vernichtet. Nur Jean-Michel blieb übrig, doch für sein Gefühl war das ein Irrtum. Das Schicksal hatte ihn übersehen, fand es nicht der Mühe wert, sich mit ihm abzugeben.

Übrigens hatte die Bank von Michael Frank sehr wohl unter dem Krieg gelitten. Alice Frank hatte, bewegt durch ihre Vaterlandsliebe, hohe Kriegsanleihen gezeichnet. Geschäftlich war das eine unvernünftige Entscheidung, denn Deutschland verlor den Krieg und Alice Frank fast ihr ganzes Geld.

Nach dem Krieg ging es dem *Bankgeschäft Michael Frank* nicht mehr so gut. Otto Frank musste bei der Bank mitarbeiten, er wurde Geschäftsführer. Er stellte einen Freund als Mitarbeiter ein, den Effektenhändler Erich Elias. Dadurch lernte Erich Ottos Schwester Leni kennen. Sie heirateten und bekamen zwei Kinder, Stephan und Buddy. Einige Jahre später musste auch Herbert in die Bank einsteigen, aber es ist fraglich, ob er Otto viel genutzt hat. Otto und Herbert versuchten mit vereinten Kräften, den Vorkriegserfolg wieder zu erreichen. Doch das Bankgeschäft wurde immer schwieriger. 1929 kam der Börsenkrach, der sie fast in den Ruin trieb. Vor dem Krieg hatte ihnen der Wind in die Segel geblasen, nach dem Krieg schienen sie ständig Gegenwind zu haben.

Jean-Michel hatte wohl schon vermutet, dass die Geschäfte in Frankfurt schlecht liefen, aber er bekam erst Einsicht in das wahre Ausmaß der Probleme, als Otto ihn Anfang April 1932 anrief. Otto erzählte ihm, dass die Bank in großen Schwierigkeiten steckte. Otto wäre am liebsten nach Paris gereist, um Jean-Michel persönlich über die Lage aufzuklären, aber der Zustand war zu kritisch, er konnte Frankfurt nicht verlassen. Während des langen Telefongesprächs erklärte Otto seinem Cousin, dass die Probleme die Folge einiger negativer Entwicklungen waren: ausstehende Schulden, steigende Kosten, Tilgung von Hypotheken, Schwierigkeiten am internationalen Devisenmarkt. Jean-Michel bekam eine Art mündlichen Jahresberichts vorgelegt, von dem ihm hauptsächlich der negative Saldo rechts unten in der Bilanz in Erinnerung blieb.

Otto bat Jean-Michel um finanzielle Unterstützung. Die wirtschaftliche Lage sei in Frankfurt zu dem Zeitpunkt so eng, erzählte er, dass er die Raten für die Hypothek des Hauses in der Mertonstraße, in dem die Familie wohnte, nicht bezahlen könne. Der Zahlungstermin sei der 1. Juli 1932, das heißt in zweieinhalb Monaten. Wenn die Rate bis dahin nicht bezahlt würde, müsse Alice Frank das Haus verlassen, und Otto, wie er sagte, wusste nicht, wo seine Mutter dann hingehen könnte. Er mochte gar nicht daran denken, dass sie das Haus in der Mertonstraße aufgeben müsste, denn diese Villa symbolisiere alles, was die Familie durch harte Arbeit im Laufe eines halben Jahrhunderts erreicht hatte, sowohl in finanzieller wie in sozialer Hinsicht.

Otto konnte seine Enttäuschung kaum verbergen, als Jean-Michel ihm am Ende des Gesprächs keine konkrete Zusage gab, er sagte lediglich, der Ernst der Lage sei ihm klar, doch er müsse nachdenken, ob und wie er Otto helfen könne. Otto hatte eine spontanere Reaktion erwartet. Angesichts seiner misslichen Lage war das verständlich. Er habe Angst, sagte er, dass seine Erklärung nicht deutlich genug gewesen sei. Aber seine Erklärungen waren glasklar gewesen.

Jean-Michels zögerliche Haltung kam daher, dass viele Überlegungen auf ihn einstürzten, die er nicht entwirren konnte, solange er den Hörer am Ohr hatte. Nach dem Gespräch nahm er Stift und Papier und machte eine Liste mit Argumenten, die für oder gegen eine finanzielle Unterstützung Ottos sprachen. Seine erste nüchterne Überlegung lautete, dass er fast all sein Geld in Chanaux-Anteile investiert hatte, dem Geschäft, dessen Direktor er seit einigen Jahren war.

Außerdem zweifelte er daran, ob es sinnvoll war, Geld in Ottos Bank zu pumpen. Die Lage der Bank und der angeschlossenen Firmen war schlecht. Die Aussicht für ihr Kerngeschäft, den Devisenhandel, war noch schlechter angesichts der Entwicklung des politischen Klimas. Hitler und die NSDAP griffen nach der Macht, und die Nationalsozialisten machten kein Geheimnis aus ihren Plänen bezüglich der Kontrolle der Finanzwelt, der Ausschaltung der Juden, die dort arbeiteten, und der Aneignung ihres Besitzes. Jean-Michel hatte Angst, dass diese Pläne bald in die Praxis umgesetzt werden würden.

Er bezweifelte auch Ottos Fähigkeiten als Bankdirektor. Otto hatte 1923 in Amsterdam eine Bank gegründet, *Michael Frank & Zonen*, Devisenhandel, aber diese Bank war innerhalb eines Jahres in Konkurs gegangen, ebenso wie die meisten Unternehmen innerhalb des Bankenimperiums Michael Frank. Nur die Fabrik Fay's Hustenbonbons gab es im Frühjahr 1932 noch, aber auch diese Firma machte Verluste. Otto hatte die Mitgift seiner Frau Edith benutzt, um die Bankschulden zu tilgen. Diese Mitgift, ein beträchtliches Vermögen, war vielleicht der wichtigste Grund gewesen, warum Otto Edith geheiratet hatte. Jean-Michel verstand also, dass es Otto nicht gutging, aber seiner Meinung nach hätte ein fähiger Bankdirektor die Umstände berücksichtigen und sie so für sich nutzen sollen, dass sie ihm Gewinn gebracht hätten. Arthur Spitzer, Jean-Michels treue Stütze in Paris, besaß dieses Talent. Er hatte in Paris ein Bankimperium aufgebaut, unter Umständen, die ebenso schwierig, wenn nicht noch schwieriger waren, als die in Frankfurt Anfang der dreißiger Jahre.

Außer diesen Überlegungen spielte für Jean-Michel noch etwas anderes eine Rolle. Otto gehörte zu den brillanten älteren Brüdern, für die er weniger Sympathie empfand als für die beiden jüngeren Geschwister Leni und Herbert. Vielleicht half ihm das, einen kühlen Kopf zu bewahren.

Otto verstand Jean-Michels Reaktion nicht. Er kam nicht auf die Idee, dass Jean-Michels Überlegungen geschäftlicher Art sein könnten. Nach Ottos Meinung verstand Jean-Michel nichts vom Geschäft; er unterschätzte Jean-Michel. Otto ignorierte wohl die Tatsache, dass Jean-Michel Direktor eines Unternehmens mit dreißig Angestellten war.

Otto äußerste seinen Ärger und sein Erstaunen in einem Brief an seine Schwester Leni. Darin wiederholte er alles, was er am Telefon gesagt hatte. »Warum versteht Jean-Michel nicht, wie schwierig die Lage in Frankfurt ist?«, fragte er seine Schwester. Leni schickte Ottos Brief an Jean-Michel weiter, um so zu versuchen, Jean-Michel zu erweichen. Otto schrieb Leni in einer Reaktion, dass er das eigentlich nicht beabsichtigt habe, aber da Leni den Brief nun mal weitergeschickt habe, sei das vielleicht die beste Art, Jean-Michel vom Ernst der Lage zu überzeugen.

Als Alice Frank mit Jean-Michel Kontakt aufnahm und ankündigte, dass sie nach Paris reisen wollte, um mit ihm ein Gespräch unter vier Augen zu führen, war Jean-Michel sehr wohl bewusst, was seine Tante von ihm wollte.

Alice skizzierte die finanzielle Lage so, wie er sie schon in zwei verschiedenen Versionen von Otto und von Leni gehört hatte, aber es war ein Unterschied, ob jemand sich per Brief oder Telefon an einen richtete, oder in einem persönlichen Gespräch, vor allem, wenn dieser jemand Alice Frank hieß. Außerdem muss Alice nicht nur einen Überblick über die finanzielle Lage gegeben haben, sie muss auch von der Familie erzählt haben, und diese Geschichten haben gewiss ein anderes Licht auf die finanziellen Probleme geworfen.

Ich nehme an, dass Alice Frank ihr Fotoalbum mit nach Paris nahm. Fast alle Fotos der Familie waren von Otto aufgenommen, einem begeisterten Amateurfotografen. Diese Fotos machten wohl den Unterschied, weil Jean-Michel so einen Blick auf den Alltag in Frankfurt bekam. Unter den Fotos befand sich wohl auch ein Bild, auf dem Lenis Söhne Stephan und Bernd zu sehen waren, zusammen mit Margot, Ottos ältester Tochter. Das Foto war in einem Park aufgenommen worden. Die Kinder stehen hintereinander. Margot steht vorne, Bernd schaut an ihr vorbei in die Kamera. Stephan ist einen Kopf größer als die beiden. Er schaut über den Fotografen hinaus auf einen Punkt in der Ferne. Das Foto ist etwas überbelichtet, das gibt dem Bild einen besonderen Charme.

Leni, Erich Elias und ihre beiden Jungen hatten jahrelang bei Alice Frank in der Mertonstraße gewohnt. Das Haus war groß genug. Auch Otto Frank zog nach seiner Hochzeit mit Edith Holländer zu Alice. Als Edith mit Margot schwanger war, wurde es doch ziemlich voll im Haus an der Mertonstraße. Leni und Erich Elias beschlossen, nach Basel zu ziehen, wo Erich eine Filiale von Opekta eröffnen sollte, einer Fabrik, die Grundstoffe für Marmelade herstellte. Erich reiste voraus, um eine Wohnung zu suchen; Leni und die Kinder blieben bis 1931 bei Alice Frank. Otto und Edith zogen in eine eigene Wohnung am Marbachweg.

Otto machte Fotos von dem schönen Haus in einem vornehmen Viertel, und von der Wohnung mit vier Zimmern und einem Balkon mit Aussicht auf den Garten. Auf einem dieser Fotos sitzt Margot auf dem Schoß von Kathi, dem Dienstmädchen. Neben ihr sitzt die Kinderschwester mit Anne, der neugeborenen zweiten Tochter. Edith steht hinter ihnen, und das schmächtige Mädchen neben ihr, ganz rechts, ist Gertrud, ein Nachbarsmädchen, das sich immer mit Margot und Anne beschäftigte. Otto machte fast ausschließlich Fotos von seinen Töchtern. Edith sieht man fast nie auf seinen Bildern, dieses Foto gehört zu den Ausnahmen.

Das aktuellste Foto zeigt Ottos Töchter, wie sie damals aussahen. Margot war sechs. Sie ging schon zur Schule. Anne war fast drei. Auf dem Foto sitzen sie nebeneinander an einem Tisch, den sie als Schülertisch hergerichtet haben. Margot spielt die Lehrerin. Sie hat ihre Kleidung (dunkler Pullover und weiße Bluse) ihrer Rolle angepasst. Anne macht mit, denn Anne machte immer gern bei allen Spielen mit. Auf der Tapete hinter ihnen sieht man einen Schatten. Es ist die Silhouette von Otto, der das Foto macht. Ich denke, dass Otto das Foto absichtlich so aufgenommen hat, dass Margot und Anne genau in einer Linie mit seinem Schattenbild stehen. Das Foto wurde im Kinderzimmer der neuen Wohnung aufgenommen, die keinen Balkon mehr hatte.

Der Eigentümer ihrer schönen Wohnung am Marbachweg war Mitglied der NSDAP. Er wohnte im Erdgeschoss, Otto und seine

Familie im Obergeschoss. 1931 kündigte er Otto die Wohnung, weil er, wie er sagte, keine Juden in seinem Haus ertrage. Otto musste umziehen. Er fand eine Wohnung in der Ganghoferstraße. Das Haus war viel kleiner, lag aber in einer netten Wohngegend. Dort entstand auch das oben beschriebene Foto.

Alice Frank schickte Otto am 14. Juni 1932 ein Telegramm mit der Mitteilung, Jean-Michel habe genug Geld nach Frankfurt überwiesen, um die Hypothek auf dem Haus an der Mertonstraße um ein Jahr verlängern zu können. Mit keinem Wort erwähnte sie eine finanzielle Unterstützung für die Bank. Alice und Otto Frank müssen verstanden haben, dass Jean-Michel nicht bereit und nicht imstande war, die Bank finanziell zu unterstützen. Otto zeigte sich im Antwortbrief an seine Mutter sehr erfreut über Jean-Michels Großherzigkeit. Er ging davon aus, dass es seine sachlichen Argumente waren, die Jean-Michel zunächst per Telefon, später durch den weitergeleiteten Brief und schließlich über seine Mutter überzeugt hatten. Ich bezweifele das. Ich vermute, die Verbundenheit mit der Familie war der einzige Grund dafür, dass Jean-Michel beschloss, finanziell zu helfen, damit der Verkauf des Familienhauses hinausgeschoben werden konnte, aber nicht bereit war, Geld in eine Bank zu stecken, die unwiderruflich verloren war.

# 18
## *THE GREAT DAYS OF HIS WRATH*

Im Herbst 1933 traf sich Jean-Michel mit seinen Frankfurter Cousins Herbert und Robert. Sie hatten etwas zu feiern, oder besser: Herbert hatte etwas zu feiern. Er war von der Anschuldigung freigesprochen worden, mit Devisen gehandelt zu haben, denn Devisenhandel war seit einigen Jahren in Deutschland gesetzlich verboten, ein Gesetz, das dazu diente, die Geldströme vom und ins Ausland zu kontrollieren. Herbert kannte natürlich als Mitglied der Direktion des *Bankgeschäfts Michael Frank* dieses Gesetz, doch er war von einem deutschen Unternehmer in böser Absicht irregeführt worden. Ein Jahr vorher war ein Geschäftsmann aus Erfurt an ihn herangetreten, der ihn beauftragt hatte, für einen Betrag von einer Million Reichsmark Anteile an der deutschen Industrie zu kaufen. Das war ein großer Auftrag, über den sich Herbert und Otto sehr freuten; Herbert führte ihn dann auch prompt aus und erhielt dafür die Kommission.

Kaum eine Woche später hielt ein Mercedes vor ihrem Büro. Zwei Männer in langen Mänteln und ein Polizeioffizier stiegen aus. Die Männer in den langen Mänteln waren Inspektoren des Finanzministeriums. Sie legten Herbert ein Dokument mit vielen Adlern, Stempeln und Unterschriften vor. Daraus ging hervor, dass Herbert mit ausländischem Geld deutsche Anteile gekauft hatte, eine Ordnungswidrigkeit im Sinne der *Bestimmung über den Effektenhandel mit dem Ausland.* Diese Ordnungswidrigkeit sei umso schlimmer, sagte einer der Inspektoren, weil die Order vom Direktor des *Bankgeschäfts Michael Frank* ausgeführt worden sei. Der Polizeioffizier holte ein anderes Dokument mit Adlern und Stempeln hervor und sagte, Herbert werde verdächtigt, gegen das genannte Gesetz verstoßen zu haben, und werde deshalb festgenommen. Am helllichten Tag und vor den Augen des Personals wurde der Bankdirektor abgeführt.

Es wurde befohlen, den Geschäftsmann aus Erfurt, in dessen Auftrag Herbert gehandelt hatte, festzunehmen, doch dieser hatte sich aus dem Staub gemacht. Vermutlich hatte er versucht, eine verbotene Transaktion vom *Bankgeschäft Michael Frank* ausführen zu lassen, mit der Absicht, selbst unbeteiligt zu erscheinen, falls es misslänge, aber es ist nicht auszuschließen, dass das Ganze eine Falle war, geplant von Konkurrenten aus der Bankbranche und in Zusammenarbeit mit antisemitischen Kreisen innerhalb der NSDAP. Wie dem auch sei, es kann kein Zufall gewesen sein, dass der Geschäftsmann aus Erfurt den Kontakt zu Herbert gesucht hatte und nicht zu Otto. Herbert war viel zu vertrauensselig, er war ein netter, hypersensibler und künstlerisch begabter Mann, aber das sind keine Qualitäten, über die ein Bankdirektor verfügen musste, auf keinen Fall ein jüdischer Bankdirektor im damaligen Deutschland. Die NSDAP hatte Anfang des Jahres mit überwältigender Mehrheit die Wahlen gewonnen; Hitler war als Reichskanzler angetreten.

Herbert wurde ins Gefängnis gesteckt, und die Presse wurde auf die Affäre aufmerksam gemacht. Die *Frankfurter Zeitung* widmete der Sache einige Artikel. Otto wurde von der Zeitung interviewt. Er erklärte, sein Bruder Herbert habe in gutem Glauben gehandelt, er sei von einem Händler in böser Absicht betrogen worden und habe nicht wissen können, dass es sich um ausländisches Geld handelte. Diese Publizität machte die Sache nur noch schlimmer. Die Affäre schien ein abgekartetes Spiel zu sein, provoziert, um das *Bankgeschäft Michael Frank* zu diskreditieren. Herbert war in die Falle gelockt und vor aller Augen festgenommen worden. Die Provokateure spekulierten darauf, dass die Presse sich einmischen und den Vorfall aufblasen würde: »Jüdischer Bankdirektor festgenommen wegen des Verdachts der illegalen Transaktionen.« Mehr brauchte es nicht. Es war unerheblich, ob Herbert schuldig oder unschuldig war. Mit dieser Affäre war die Bank erledigt.

Herbert wurde nach einem Monat in Erwartung seines Prozesses freigelassen, aber da war der Schaden schon angerichtet. Die Position der Bank war vorher schon unsicher gewesen, wie aus Alice Franks Bitte um finanzielle Unterstützung an Jean-Michel zu entnehmen war, doch jetzt war alles verloren. Herbert war völlig ausgelaugt, als er aus dem Gefängnis kam. Er floh nach Paris und klopfte an Jean-Michels Tür.

Jean-Michel war froh, seinem Cousin helfen zu können, denn Herbert war derjenige gewesen, der ihm zur Seite gestanden hatte, als er Ende 1915 vor lauter Elend nicht wusste, was er tun sollte. Seine Brüder waren innerhalb von anderthalb Monaten gestorben, sein Vater hatte sich umgebracht, seine Mutter war mit einer schweren Depression in eine psychiatrische Klinik aufgenommen worden. Jean-Michel war im Appartement an der Avenue Kléber alleine zurückgeblieben. Die Frankfurter Familie war sich der Gefahr bewusst, in der Jean-Michel sich befand, und war zu Hilfe geeilt. Genauer gesagt: Otto war zu Hilfe geeilt, denn er war es, dem klar war, dass nicht nur Jean-Michels Mutter, sondern auch Jean-Michel selbst in eine Depression geriet. Otto hatte Herbert nach Paris geschickt, um Jean-Michel Gesellschaft zu leisten. Es war Herbert, der mit Arthur Spitzer und dessen Familie nach einer Lösung für Jean-Michel und seine Mutter suchte. Diese Gespräche hatten dazu geführt, dass Jean-Michel und seine Mutter nach der Rückkehr von Arthur Spitzer und dessen Familie in Arthurs Appartement an der Avenue Pierre 1er de Serbie aufgenommen wurden.

Fast zwanzig Jahre später waren die Rollen vertauscht, nun suchte Herbert bei Jean-Michel Schutz. Die Absicht war, dass Herbert nach Frankfurt zurückkehren sollte, um sich gegen die Anschuldigung des Handels mit Devisen zu wehren. Doch Herbert fing schon an zu zittern beim Gedanken, dass er vor Gericht stehen sollte. Ihm war klar, dass die Anklage nur ein Vorwand war. Der Prozess sollte nicht dazu dienen, seine Schuld oder Unschuld zu beweisen, sondern um deutlich zu machen, dass Juden nicht vertrauenswürdig waren und jüdische Bankiers erst recht nicht. Der Prozess war eine Mahnung an die Familie, die lautete: »Weg mit euch, wenn nicht im Guten, dann im Bösen.« Diesem Druck war Herbert nicht gewachsen. Er erschien nicht vor Gericht, er blieb in Paris.

Otto, der tapfere und starke Otto, sprang für seinen Bruder in die Bresche. Otto ließ sich nicht so einfach davonjagen wie Herbert. Otto war ein deutscher Offizier, er hatte viel mehr Selbstvertrauen als Herbert. Er hatte auch mehr Vertrauen in Deutschland. Er betrachtete Deutschland als sein Vaterland und weigerte sich zu glauben, dass es ihm Unrecht antun würde. Er teilte dem Gericht mit, dass sein Bruder wegen Überarbeitung nicht imstande sei, dem Prozess beizuwohnen, und dass er, ebenfalls Direktor des *Bankgeschäfts Michael Frank,* Herbert vertreten würde.

Bei den Zeugenaussagen verhielt sich Otto so, wie man es von ihm erwarten konnte. Er war freundlich, behielt den Überblick, vertraute darauf, dass das Gericht versuchen würde, die Wahrheit herauszufinden. Er wusste, dass Herbert in gutem Glauben gehandelt hatte, und erklärte es dem Gericht in aller Ruhe. »Herbert hat die Transaktion in den Büchern eingetragen, die von den Inspektoren mitgenommen wurden«, sagte er. »Das deutet doch darauf hin, dass er in gutem Glauben gehandelt hat, denn wenn an der Sache etwas faul gewesen wäre, hätte er die Transaktion niemals in die Bücher eingetragen. Zieht man weiterhin in Betracht, dass der Erfurter Geschäftsmann sich aus dem Staub gemacht hat, bleibt doch nur die Schlussfolgerung, dass mein Bruder Herbert in gutem Glauben gehandelt hat.«

Otto wiederholte diese Erklärung immer wieder, und schließlich musste das Gericht seiner Argumentation folgen. Herbert wurde von der Anschuldigung freigesprochen. Das war natürlich schön. Herbert feierte dieses freudige Ereignis in Paris mit seinem

Bruder Robert und seinem Cousin Jean-Michel, aber die Bank war ruiniert. Operation gelungen, Patient tot.

Robert Frank, der älteste der drei Frankfurter Brüder, kam wegen seines Kunsthandels von London aus regelmäßig nach Paris. Robert war schon einige Jahre zuvor zusammen mit seiner Frau Lotti von Frankfurt nach London emigriert. Robert und Lotti hatten sich überraschend schnell an die englischen Verhältnisse angepasst. Sie sprachen innerhalb kürzester Zeit fließend Englisch. Allerdings hatten Robert, Otto, Herbert und Leni von klein auf mehrere Sprachen gelernt, aber Roberts Beherrschung des Englischen war noch wesentlich besser, er hatte sich nahtlos in die englische Lebensweise eingefügt. Er trug Nadelstreifenanzüge und benutzte Schirm und Melone, als hätte er nie etwas anderes getan.

Robert gründete eine Kunsthandlung in der St. James Street. Jahrelang war er für die Kunsthandlung Ricard zwischen Frankfurt, London und Paris hin- und hergereist, er verfügte in diesem Bereich über große Erfahrung. Trotzdem war es riskant, sich als selbständiger Kunsthändler in London niederzulassen. Roberts Betrieb florierte jedoch und entwickelte sich in kurzer Zeit zu einem Zentrum, wo sich Künstler und Kunstexperten begegneten. An allem war zu merken, dass Robert ein Experte war. Er besaß die Fähigkeit, die Bedeutung eines Künstlers zu erkennen und zu sehen, ob er unter- oder überschätzt wurde. Auf dieses fachmännische Wissen verließ er sich bei seinen An- und Verkäufen.

Robert selbst war künstlerisch begabt. Er schrieb Geschichten und Gedichte, zeichnete und malte nicht schlecht und wurde von seiner Begeisterung mitgerissen, wenn er etwas entdeckte, von dem er wusste, dass es etwas Besonderes war. Ich stelle mir vor, wie Robert Herbert und Jean-Michel erklärt, was ihn am Kunsthandel so fasziniert. »Du siehst ein Kunstwerk«, sagt er, »und dir ist klar, dass es etwas Besonderes ist, vor dem du auf die Knie fallen möchtest. Du denkst, dass es jedem passiert, ungefähr so wie jeder auf die Knie fallen würde, wenn Christus auf der Erde erscheinen würde, weil jeder wissen würde, dass Er es ist.

Aber so ist es nicht. Die Betrachter fallen überhaupt nicht auf die Knie. Sie betrachten dasselbe Kunstwerk wie ich, dann schauen sie sich um, was die anderen Betrachter davon halten, und passen dann ihr Urteil an die Umgebung an. Das verstehe ich nicht. Ihre Reaktion ist soziales Wechselgeld: ›Warst du schon in der Vermeer-Ausstellung? Toll, nicht wahr? Das Mädchen mit dem Perlenohrring, wie er die Perle mit einem Pinselstrich hingetupft hat. So genau getroffen!‹ Sie sind nicht wirklich berührt. Sie plappern den Ausstellungskatalog nach. Ihr Herz öffnet sich nicht, wenn sie die Bilder sehen. Sie gehen weder wörtlich noch im übertragenen Sinne in die Knie, obwohl sie Wörter der Anbetung sprechen.

Es hat lange gedauert bis ich begriffen habe, dass ich etwas anderes sehe als die Menschen um mich herum, oder nein, ich drücke es falsch aus. Ich sehe genau dasselbe wie sie, aber sie verstehen nicht, was an Vermeer, Goya oder Picasso so herzzerreißend ist. Woran das liegt, dieses Herzzerreißende? Ich denke, dass Gott sich in dem Moment manifestiert, in dem ich von einem Kunstwerk oder durch den Anblick einer jungen Frau oder einer Landschaft in einem bestimmten Lichteinfall auf die Knie gezwungen werde. Epiphanien beschränken sich nicht nur auf Kunstwerke. Manche junge Frauen scheinen vom Himmel herabgestiegen und vor unsere Augen hingestellt zu sein mit der ausdrücklichen Absicht, uns an die Existenz Gottes zu erinnern und uns aus unseren täglichen Sorgen aufzurichten.«

Robert hatte in England einen Künstler entdeckt, bei dem sich dieses außerordentliche Phänomen manifestierte. Sein Werk hatte Qualitäten, die von anderen Menschen nicht wahrgenommen worden waren. Sein Name war John Martin. Für das große Publikum, aber auch für die Kunstexperten galt er als *minor artist*. Robert entdeckte ihn und kaufte jedes Bild von Martin, das er bekommen konnte. Das war nicht besonders schwierig, denn Martin hatte eine bescheidene Reputation, man schätzte seine Bilder nicht besonders. Übrigens war Martin in der kurzen Periode, in der er seine Bilder malte, ungefähr Mitte des 19. Jahrhunderts sehr bekannt gewesen. Er konnte sich eine Villa in London leisten, verkehrte mit dem Adel, freundete sich mit König Leopold von Belgien an, der ihn in den Adelsstand erhob und bereit war Vormund seines Sohnes zu werden, der, o Wunder, Leopold genannt wurde. Martin geriet jedoch nach seinem Tod im Jahr 1854 in Vergessenheit, und Robert Frank nahm sich vor, ihm zu neuem Glanz zu verhelfen.

Robert schaffte es, die wichtigsten Bilder von John Martin zu erwerben. Er schaffte es auch, die Neubewertung in Gang zu bringen, die schließlich dazu führte, dass John Martin als einer der wichtigsten Maler der englischen Romantik geehrt wurde. 1945 verkaufte Robert Martins berühmtestes Bild, *The Great Day of His Wrath*, der Tate Gallery. Ich kann mich des Eindrucks nicht erwehren, dass Roberts Vorliebe für John Martin auf geheimnisvolle Weise mit der Bedrohung der Familie Frank in den dreißiger Jahren zu tun hatte.

*The Great Day of His Wrath* datiert von 1853, einem Jahr vor Martins Tod. Es ist eine atemberaubende Darstellung des Jüngsten Gerichtes. Das Bild zeigt eine wüste, größtenteils in Finsternis gehüllte Berglandschaft. Der Betrachter schaut in ein Tal, an dessen Ende eine Sonne zu sehen ist, die untergeht oder in die rote Glut eines Feuers gehüllt wird, das noch am meisten einer Vulkaneruption gleicht. Steile Berge ragen an beiden Seiten des Tales hoch. Sie brechen mit unvorstellbarer tektonischer Kraft aus der Erde, werden hoch in die Luft geschleudert und fallen als brechende Flutwellen aus Stein auf die Erde zurück und reißen sie auf, so dass geschmolzene Steine und Eisen herausbrechen und die Unterseite der herunterstürzenden Berge rotglühend aufleuchten lassen. Die beiden zueinanderkippenden Bergkämme erinnern an das Rote Meer, das von Gott geteilt wurde, damit das Volk Israel auf der Flucht vor dem ägyptischen Heer dem Pfad folgen konnte, den Gott auf dem Meeresgrund zwischen Wasserwänden trockengelegt hatte, und als die Israeliten das andere Ufer erreicht hatten, ließ er diese Wände zusammenbrechen, und die Ägyptischen Truppen, die glaubten, ebenfalls diesen wunderbaren Durchgang benutzen zu können, wurden vom Wasser mitgerissen und vernichtet.

Große Menschenmassen flüchten in Panik weg vom Zentrum der Katastrophe. Es sind Tausende. Sie kommen aus der Finsternis, in das das Tal größtenteils gehüllt ist, und rennen, oft nur noch teilweise bekleidet, strauchelnd und fallend an den beiden Bergwänden vorbei in Richtung des Betrachters, als befände sich dort das rettende Ufer. Das ist eine Illusion. Das Tal, das sich am Horizont zu einem engen Korridor aus Bergen verengt hat, die unermesslich hoch in die Luft geschleudert worden waren, steht kurz davor einstürzen. Die Bergketten, die gerade noch Dutzende von Kilometern auseinander lagen und durch ein breites, leicht abfallendes Tal getrennt waren, nähern sich jetzt hoch in der Luft und sind kurz vor einer monströsen Umarmung, die die Sonne, die im Moment noch durch die Flammen und den Rauch schimmert, auslöschen wird.

Gleich wird sich der Horizont in ein Chaos verwandelt haben, vergleichbar dem Chaos vor der Schöpfung. Dieses Chaos bewegt sich vom Horizont her auf den Betrachter und wird ihn in wenigen Sekunden erreicht haben. Die Menschen, die jetzt noch um ihr Leben rennen, werden verschwunden sein, verschüttet, vernichtet, verdampft. Sie haben keinen Platz mehr auf der Erde. Es wird sein, als hätte es sie nie gegeben.

Ich werde das Gefühl nicht los, dass dieses Bild etwas von dem drohenden Untergang des jüdischen Volkes sichtbar macht, der sich Mitte der dreißiger Jahre abzuzeichnen begann. Jean-Michel Frank muss das Gefühl gehabt haben, dass die Menschenmassen, die verzweifelt zum Betrachter rennen, das heißt, zu ihm, seine deutschen Verwandten wären, auf der Flucht vor einer Gefahr, die sich am Horizont ebenso deutlich abzeichnete wie auf dem Bild John Martins, dem Jüngsten Gericht.

Herberts Flucht nach Paris war der Beginn der Diaspora der

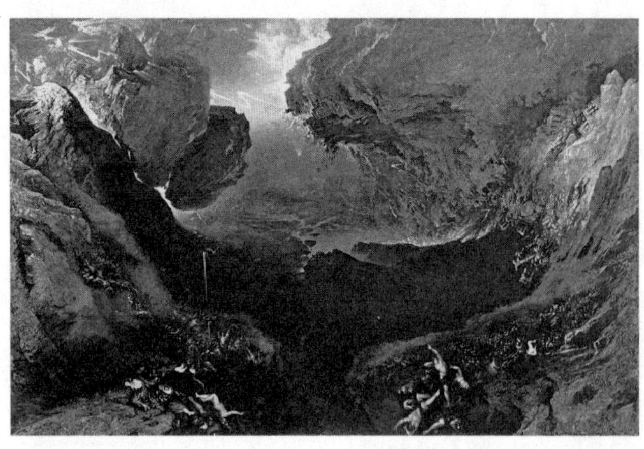

*John Martin,* The Great Day of His Wrath, *1851–3.*

Frankfurter Familie. Otto war Ende 1932 so tief verschuldet, dass er seine ohnehin schon bescheidene Wohnung an der Ganghoferstraße kündigen und mit Edith und den Töchtern zu seiner Mutter ziehen musste, auch wenn er wusste, dass er dieses Haus ebenso wenig würde halten können, weil die Rate für die Hypothek, die am 1. Juli 1933 fällig wäre, nicht bezahlt werden konnte. Einige Monate später verließ Alice Frank ihre Villa. Leni und Erich Elias holten sie nach Basel, wo sie eine Wohnung für sie fanden.

Herbert Frank war zu dem Zeitpunkt schon mehr als ein Jahr in Paris. Er kehrte nicht nach Frankfurt zurück, obwohl er seinen Prozess gewonnen hatte. Er suchte eine Arbeit, aber es war damals fast unmöglich, etwas zu finden. Arthur Spitzer bemühte sich, ihm zu helfen, doch in seiner Bank wollte er ihn verständlicherweise nicht unterbringen. Übrigens schien Herbert nicht sehr schwer daran zu tragen. Seine Frau hatte sich im Jahr davor von ihm scheiden lassen, und er ließ es sich daraufhin richtig gutgehen. »Es gibt keinen besseren Ort, neues Vertrauen in das weibliche Geschlecht zu gewinnen, als in Paris«, sagte er.

Otto, Edith und ihre beiden Töchter verließen Frankfurt Anfang August 1933. Otto gründete auf Anraten Erich Elias' in Amsterdam eine Opekta-Niederlassung. Er fuhr voraus, um eine Wohnung zu suchen und seine Familie und sich bei den Behörden in Amsterdam anzumelden, und schickte seine Frau und die Kinder solange zu Ediths Familie in Aachen. Kurze Zeit später fand er ein Haus und konnte Edith und die Kinder nach Amsterdam kommen lassen. Sein Bruder Robert bot an, ihm und seiner Familie dabei zu helfen, nach England umzusiedeln, aber Otto hielt das für unnötig. Er war davon überzeugt, dass sie in den Niederlanden sicher waren. Ebenso sicher wie in England, sagte er. Edith war anderer Meinung. Sie hatte Angst, dass die Niederlande am Ende nicht sicher genug sein würden. Das war einer der vielen Streitpunkte zwischen Otto und Edith.

In John Martins *The Great Day of His Wrath* scheint die Zukunft der Familie Frank abgebildet zu sein. Deutsche Juden versuchen, sich einen Weg aus ihrer Gefangenschaft in die Freiheit zu suchen, sie rennen zum sicheren Ufer jenseits des Untergangs. Das Ufer trug die Namen Basel, Amsterdam, Paris und London. Am Pariser Ufer stand Jean-Michel. Er sah die Menschenmenge auf sich zukommen. Aber wie sicher war dieses Ufer? Wie sicher war er selbst?

# TEIL V 1940–1941

# 19
# DER *DRÔLE DE GUERRE*

Am 1. September 1939 fiel Deutschland in Polen ein. Zwei Tage späte erklärten Frankreich und England Deutschland den Krieg. Die allgemeine Mobilmachung bedeutete, dass alle erwachsenen französischen Männer zur Armee eingezogen wurden, auch die älteren, die ihre Reservistenuniform schon eingemottet hatten. Die Angestellten des Ateliers Chanaux & Cie mussten sich bei ihrer Einheit melden. Der alte Adolphe Chanaux reiste als Reserveoffizier zu seinem Regiment an der Grenze zum Saarland.

Nur Jean-Michel Frank blieb in Paris zurück, weil er ausgemustert worden war. Ab und zu fuhr er zu den Ateliers in der Rue de Montauban, klopfte bei einem Gerber an, der wegen seines Alters nicht eingezogen worden war und nach dem Abzug seiner Kollegen die Rolle des Bewachers übernommen hatte, um sicherzugehen, dass nicht eingebrochen wurde und dass die Werkzeuge intakt blieben und bereitliegen würden, sobald seine Kollegen von der Front zurückkommen und die Arbeit wiederaufnehmen würden.

Jean-Michel ging den Lagerbestand durch, um nachzusehen, ob die Regale mit kostbarem Holz, Bekleidungsstoffen und Galuchat nicht unter dem Wetter zu leiden hatten, da sie nun längere Zeit nicht angerührt werden würden. Anschließend lief er durch das Atelier, wo halbfertige Fauteuils und Sofas standen, mit Hüllen abgedeckt, Paneele aus Kirschenholz, die an der Wand standen und warteten, bis sie zu einer Vertäfelung zusammenmontiert werden würden, und ein halbfertiges Bücherregal mit einer Hilfskonstruktion, um zu vermeiden, dass die Seitenteile, die noch nicht durch ein Oberteil miteinander verbunden waren, umfallen würden.

Jean-Michel blieb vor einer Werkbank stehen, auf der eine Schranktür lag, die zur Hälfte mit Meißeln bearbeitet worden war. Mit der Hand strich er über den Rand zwischen dem bearbeiteten und dem unbearbeiteten Teil, roch an den Holzspänen, die neben der Schranktür auf der Werkbank lagen, schaute durch das Fenster auf den Innenhof, wo es zu regnen angefangen hatte, und fragte schließlich den Mitarbeiter, ob er eine Möglichkeit sehe, ein kleines Giacometti-Sofa mit Lederbezug fertigzumachen, wohl eher, um den Mut nicht zu verlieren und sich selbst und dem Mitarbeiter die Vorstellung zu geben, dass irgendetwas im Atelier passierte, als dass er das Sofa tatsächlich gebraucht hätte.

Denn im Laden wurde fast nichts mehr verkauft. Bestellungen wurden annulliert, nur an Kunden in Übersee wurde ab und zu noch etwas geliefert. Da die Produktion zum Stillstand gekommen war und der lokale Verkauf stagnierte, gerieten die Betriebe *Jean-Michel Frank* und *Chanaux & Cie* in eine unsichere Lage, die, je nach Kriegsverlauf, in die eine oder andere Richtung gehen konnte.

Frankreich war zuversichtlich, dem möglichen Einmarsch der deutschen Armee widerstehen zu können. Es verfügte, wie jeder wusste, über die beste Armee der Welt. Außerdem würde England zu Hilfe eilen, wenn Frankreich von Deutschland angegriffen werden würde. Hitler würde nicht wagen, die alliierten Armeen gegen sich aufzubringen.

Frankreich konnte sich deshalb mit der Mobilmachung seiner Soldaten und dem Zusammenzug seiner Truppen an der Grenze begnügen. Frankreich und England hatten versichert, sie würden Deutschland den Krieg erklären, wenn Deutschland Polen angreife. Als es aber so weit war und Deutschland am 1. September 1939 in Polen einfiel, ließen Frankreich und England das Land im Stich, Polen lag zu weit weg. Wohl aber erklärte Frankreich

Deutschland den Krieg. Der Oberbefehlshaber der französischen Armee, Gamelin, ließ die Deutschen spüren, dass Frankreich nicht mit sich spotten ließ. Am 9. September 1939 fiel die französische Armee in das Saarland ein und drang etwa zehn Kilometer in feindliches Gebiet vor. In den Zeitungen erschienen Fotos, auf denen stolze französische Soldaten Waffen zeigen, die sie von den Deutschen erbeutet hatten. Drei Tage später kam die französische Offensive zum Stehen. Der französische Löwe zog seine Krallen ein. Deutschland war gewarnt.

Jetzt entstand eine irreale Situation. Frankreich hatte Deutschland den Krieg erklärt, tat aber nichts außer diesem kleinen Schritt über die Grenze des Saarlandes. Die Truppen blieben an der Grenze einsatzbereit, es wurden Übungen abgehalten, die beweglichen Teile der Panzer wurden geölt, man ließ die Soldaten Karabiner auseinander- und wieder zusammenbauen, man spielte Karten, besprach die Lage zu Hause, wartete auf Urlaub. Der *drôle de guerre*, der Scheinkrieg, hatte begonnen. Die Deutschen übersetzten den *drôle de guerre* als *Sitzkrieg* und lachten sich tot.

Die Franzosen vertrauten auf ihre unbesiegbare Armee und warteten gelassen auf den Winter 1939. Jean-Michel Frank machte sich weniger Illusionen. Er wusste, dass die Deutschen in der Lage waren, die französische Armee zu überrennen, wann und wo immer sie wollten, um dann in kürzester Zeit Paris zu besetzen. Er wusste nicht nur, dass sie dazu in der Lage waren, er wusste auch, dass sie es tun würden. Es war eine Frage der Zeit, bis die Deutschen über den Champs-Élysées defilierten. Jean-Michel würde sie von seinem Geschäft aus vorbeimarschieren sehen, aber so weit wollte er es nicht kommen lassen.

Im Herbst 1939 und Frühjahr 1940 herrschte eine irreale Atmosphäre in dem eleganten Geschäft an der Rue du Faubourg Saint-Honoré, randvoll mit den exklusivsten Stilmöbeln, die von weltberühmten Künstlern entworfen worden waren. Die irreale Atmosphäre wurde noch verstärkt durch die Tatsache, dass die männliche Bevölkerung aus Paris verschwunden war. Alle erwachsenen Männer waren in Uniform an der Front und putzten ihre Schuhe und zählten ihre Patronen. Nur Heranwachsende, Alte und Behinderte waren zurückgeblieben. Männer in Jean-Michels Alter, Anfang oder Mitte vierzig, wurden misstrauisch und mit einer gewissen Verachtung betrachtet, denn irgendwas Schwerwiegendes musste ja mit ihnen los sein, wenn man sie nicht zum Dienst an der Front eingezogen hatte.

Irgendwann während dieses *drôle de guerre* muss Jean-Michel klargeworden sein, dass ihm langsam, aber sicher die Wurzeln gekappt wurden, die er mit so viel Sorgfalt in den französischen Boden geschlagen hatte. Machte er sich Illusionen darüber, wie sehr er Franzose unter Franzosen war? Schwer zu sagen. Jean-Michel war zweifellos in der französischen Gesellschaft hochangesehen, er ging bei der französischen Elite ein und aus und wurde von allen als einer der größten Innenarchitekten seiner Zeit anerkannt, ein Designer, der außerdem Direktor eines alten französischen Möbelateliers war und antike französische Möbel verwendete.

Andererseits wusste er, dass sein Lebenswerk wie ein Kartenhaus zusammenstürzen würde, falls die Maßnahmen, die in Deutschland schon viele Jahre in Kraft waren, nach der Invasion auch in Frankreich eingeführt werden würden. Die Lage im Herbst 1939 erinnerte unangenehm an die Mobilmachung im Jahr 1914.

Im Laufe dieses Herbstes muss in Jean-Michel die Überzeugung gereift sein, dass der Zweite Weltkrieg das Werk vollenden würde, das im Ersten Weltkrieg begonnen worden war, nämlich die Vernichtung seiner Familie. Im Ersten Weltkrieg war er als Einziger seiner Familie dem Tod entgangen. Dieses Entgehen war ein Irrtum gewesen, eine Unachtsamkeit des Schicksals, von der er hatte profitieren können, weil er nie erwachsen geworden war. Er hatte am Ufer des Flusses, wo Charon anlegt, um bereitstehende Passagiere ins Totenreich zu bringen, ein schattenhaftes Leben geführt. Der Zweite Weltkrieg würde diesen Irrtum korrigieren.

Jean-Michel wusste, was geschehen würde, aber er brauchte Zeit, um sich von seinem Betrieb, seinem Geschäft, seinem Leben zu lösen. Im Frühjahr 1940 reiste er ab. Er wartete nicht auf die Invasion der deutschen Truppen. Anfang April organisierte er ein Geburtstagsessen für einige seiner besten Freunde: Francis Poulenc, Emilio Terry, Christian Bérard, Georges Auric und seine Frau. Am Tag darauf war er verschwunden.

Er kam im Landhaus in Anjouin (L'Indre) unter, wohin Léon Pierre-Quint sich im Oktober 1939 zurückgezogen hatte. Als die deutschen Truppen am 10. Mai 1940 in Frankreich einfielen, reiste er von Anjouin aus weiter nach Bordeaux.

In Bordeaux wandte er sich an den portugiesischen Konsul in Frankreich, Aristides de Sousa Mendes. Er hatte gehört, dass dieser, entgegen dem ausdrücklichen Auftrag seiner Vorgesetzten, Juden Visa verschaffte, so dass sie von Frankreich nach Portugal reisen konnten, um von dort aus zu versuchen, die Vereinigten Staaten zu erreichen. Sousa Mendes war selbst kein Jude. Einer seiner jüdischen Freunde hatte ihn überzeugt, dass Juden der Tod drohte. Sousa Mendes verschaffte nicht nur diesem Freund und seiner Familie Visa, sondern allen Flüchtlingen, die sich mit der Bitte um ein Visum an ihn wandten. Es waren Tausende. Insgesamt stellten Sousa Mendes und seine Mitarbeiter ungefähr dreißigtausend Visa aus, vor allem im Juni 1940, als Tausende Flüchtlinge von der vorrückenden deutschen Armee zur Flucht getrieben wurden.

Jean-Michel muss auf seiner Flucht Salvador Dalí getroffen haben und mit ihm zusammen auf die Idee gekommen sein, von dieser Fluchtmöglichkeit Gebrauch zu machen. Das schließe ich zumindest aus dem Register, in das die Mitglieder des Konsulats in Bordeaux die Namen aller Personen eintrugen, denen sie Visa ausstellten. Das Registerblatt vom 10. Juni 1940 erwähnt, dass zwei Personen mit dem Namen Dalí Visa mit den Nummern 2591 und 2520 erhielten. Einige Zeilen darunter steht der Name von Frank. Er erhielt Visum Nr. 2526.

# 20
## JEAN-MICHEL FRANK UND SALVADOR DALÍ

Jean-Michel reiste nach dem Erhalt seines Visums nach Lissabon weiter, vermutlich in Gesellschaft von Salvador Dalí und dessen Frau Gala. In Lissabon bat er um eine Aufenthaltsgenehmigung für Argentinien und bekam sie auch. Er machte sich auf die Suche nach einem Schiff, das ihn nach Argentinien bringen konnte, fand aber keines. Es wimmelte von Flüchtlingen, die alle versuchten, einen Platz auf einem der Schiffe Richtung Nord- oder Südamerika zu ergattern. Es gab allerdings Schiffe nach Brasilien. Das war wahrscheinlich der Grund, warum Jean-Michel beim brasilianischen Konsulat in Lissabon ein Transitvisum für Brasilien beantragte. Das Visum wurde ihm am 10. Juli ausgehändigt. Er schiffte sich auf der Angola ein, die ihn nach Rio de Janeiro brachte. Dort kam er am 4. August 1940 an.

Bis es soweit war, hatte er in Lissabon Freunde und Bekannte getroffen, die genau wie er auf der Flucht vor der deutschen Armee waren: Julien Green, Elsa Schiaparelli, René Clair und natürlich Salvador und Gala Dalí.

Dalí und Frank: zwei Menschen, die auf den ersten Blick nichts gemein hatten, die sich aber auf geheimnisvolle Weise gut verstanden. Jean-Michel hatte Salvador oft in seinem spanischen Wohnort Port-Lligat besucht. Ihre Freundschaft war mehr als eine geschäftliche Beziehung. Als René Crevel 1935 Selbstmord begangen hatte und Jean-Michel so bestürzt war, dass er in eine depressive Krise geriet und erneut in eine Klinik aufgenommen werden musste, richtete Dalí einen beunruhigten Brief an Marie Laure de

REPUBLICA DOS ESTADOS UNIDOS DO BRASIL

FICHA CONSULAR DE QUALIFICAÇÃO

Esta ficha, expedida em duas vias, será entregue à Polícia Marítima e à Imigração no pôrto de destino

Nome por extenso JEAN MICHEL FRANK
Admitido em território nacional em caráter Temporário (temporário ou permanente)
Nos termos do art. 25 letra A do dec. n. 3.010, de 1938
Logar e data de nascimento Paris, 28/2/1895
Nacionalidade Francesa Estado civil Solteiro
Filiação (nome do Pai e da Mãe) Leon Frank e de Nanette Loewi
Profissão Artista Decorador
Residência no país de origem 7 Rua de Vernueiul - Paris.

FILHOS MENORES DE 18 ANOS — NOME — IDADE — SEXO

Passaporte n. 46075 expedido pelas autoridades de Prefeitura de Policia de Paris. na data 2/8/1934
visado sob n. 1380

ASSINATURA DO PORTADOR:

Consulado Geral do Brasil em Lisboa.
10 de Julho de 1940
O CÔNSUL GERAL:

NOTA — Esta ficha deve ser preenchida à máquina pela autoridade consular, sendo as duas vias em original.

*Transitvisum für Jean-Michel Frank, ausgestellt am 10. Juli 1940 vom brasilianischen Konsulat in Lissabon. Jean-Michel kam am 4. August 1940 in Rio de Janeiro an und reiste von dort aus weiter nach Argentinien.*

Noailles: »Ich mache mir Sorgen um Jean-Michel«, schrieb er, »Renés Selbstmord hat ihn so mitgenommen, dass ich um sein Leben fürchte.« Das sind seltsame Worte aus Dalís Mund, denn Dalí machte sich im Allgemeinen nur Sorgen um Dalí.

»Cher Ami«, sagte Jean-Michel mit einem leichten Grinsen, »wir sind beide überstürzt aus Frankreich abgereist, aber während ich allen Grund der Welt habe, einer Begegnung mit meinen früheren Landsleuten aus dem Weg zu gehen, sehe ich eigentlich nicht, warum du es so eilig hast, den Deutschen auszuweichen. Ich meine mich sogar zu erinnern, dass du vom Faschismus, oder besser, von dem ganzen faschistischen Pomp entzückt bist: den Stahlhelmen, den Ledergürteln mit den glitzernden Schnallen, den glänzenden Insignien mit Hakenkreuz und Eichenlaub, den breiten Reithosen und auf Hochglanz geputzten Reitstiefeln.«

Jean-Michel und Salvador hatten in der Lounge des Hotels, in dem sie untergekommen waren, Platz genommen. Auf dem Tisch stand ein Kübel mit Eis, aus dem der Hals einer Flasche Champagner ragte. Jean-Michel füllte die Gläser nach, stellte die Flasche zurück ins Eis und nippte an seinem Glas.

»*Cher maître et ami*«, antwortete Salvador, während er sein Glas vom Tisch nahm, seinem Freund flüchtig zuprostete und sich in seinem Sessel zurücklehnte, »ich werde nicht abstreiten, dass Hitler mich unwiderstehlich anzieht, er prickelt meine erotischen, künstlerischen und esoterischen Gefühle, aber ich fürchte, dass das nicht auf Gegenseitigkeit beruht. Vor vielen Jahren fragte mich mein Freund André Breton auch schon wegen meiner Obsession für Hitler. Er wollte mich dafür *en public* tadeln, aber ich habe ihn in die Schranken gewiesen. Ich habe zu ihm gesagt, dass Hitler meiner Meinung nach vier Testikel und sechs Vorhäute hat. Als Breton das hörte, fing er an zu schreien, ich ginge ihm auf die Nerven, und ich sagte, ich könne nichts dafür, dass Hitler mich in künstlerischer Hinsicht anrege. ›Stell dir vor, ich träume heute Nacht, dass du und ich miteinander ins Bett gehen‹, sagte ich zu Breton, ›dann kannst du dir sicher sein, dass ich morgen früh sofort unsere schönsten Stellungen detailliert in einem Bild festlegen würde.‹ Kannst du dir Bretons Reaktion vorstellen? Er explodierte. Breton plädiert für den freien Ausdruck des Unbewussten, aber es muss ein bürgerlich-romantisches Macho-Unbewusstes sein. Er ekelt sich vor meinen paranoid-kritischen Gesichtern und schlaffen Körpern, die man wie einen Teller Spinat mit Ziegenkäse essen kann.

Meine Phantasie war durch die Debatte mit Breton so sehr entflammt, dass ich sofort anfing, ein Bild zu malen, wobei ich mich vom Verlangen inspirieren ließ, in den weichen, süßen, atavistischen, militärischen und territorialen Rücken einer Nazi-Krankenpflegerin zu beißen. Ich habe diese Pflegerin mit einem Loch im Rücken gemalt, das so groß ist, dass man hindurchschauen kann. Nur gut, dass ich sie mit einer Krücke gestützt habe, sonst wäre sie umgefallen.

Verstehst du, Jean-Michel? Mein Interesse für Hitler hat nichts

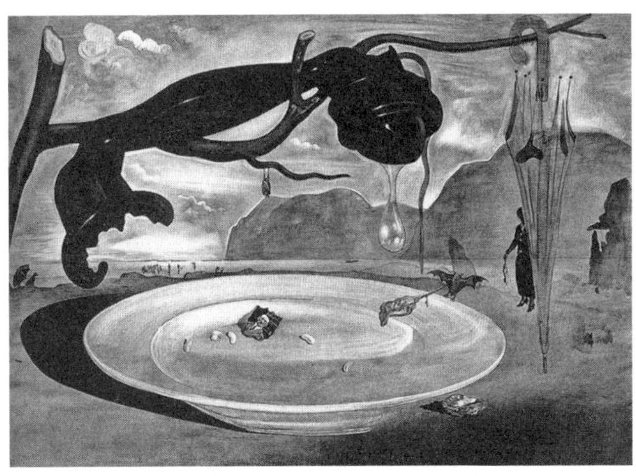

*Salvador Dalí*, Das Rätsel Hitlers, *1938*.

mit Politik zu tun. Ich ahne aber, wie Hitler auf Hysteriker wie mich reagieren wird, und deshalb verlasse ich Europa zur Sicherheit eine Weile. Das hindert mich aber nicht daran, mich weiter von Hitler inspirieren zu lassen. Vor einem halben Jahr habe ich ein anderes Bild gemalt, das von ihm inspiriert wurde. Es heißt *Das Rätsel Hitlers*. Ich habe es dabei. Willst du es sehen?«

Dalí stand auf, nahm den Eiskübel mit dem Champagner in die eine Hand, sein Glas in die andere, und begab sich auf den Weg in sein Zimmer. Jean-Michel ergriff sein Glas und seine Zigarettenschachtel und folgte seinem Freund. In seinem Hotelzimmer nahm Dalí eine Skizzenrolle aus einem der ungeöffneten Koffer. Er schraubte den Deckel ab und holte vorsichtig ein Bild hervor, das er auf dem Bett ausrollte. Das Bild war nicht besonders groß.

Dalí betrachtete es mit taxierendem Blick, trat einen Schritt zurück und sagte, während er mit der linken Hand eine einladende Bewegung machte: »Ich finde es eines meiner besten Werke, ein mysteriöses und dennoch besinnliches Meisterwerk. Vielleicht kannst du es für eines deiner Interieurs gebrauchen? Wie du siehst, habe ich Hitler auf einem zerknitterten schwarzweißen Passfoto abgebildet. Es liegt auf einem Teller neben einigen geheimnisvollen Essensresten. Der Teller steht an der Küste von Port Lligat, und in der Ferne siehst du das Meer und die Fischerboote.

Aber der Vordergrund wird ausgefüllt von dem Teller mit dem Hitlergericht. Darüber schiebt sich der dürre Ast eines Baumes. In den Zweigen hängt ein Telefonhörer, aber wie du siehst, habe ich diesen Hörer einer eigenartigen Metamorphose unterworfen. Die Sprechmuschel wurde abgebissen und krümmt sich wie die Scheren eines schwarzen Krebses über dem Horizont. Die Hörmuschel hängt dick, rund und ein bisschen schlaff aus dem Zweig. Ein dicker Tropfen aus durchsichtigem Schleim rinnt heraus, und dieser Tropfen fällt gerade auf den Teller, neben das Passfoto von Hitler.

Es ist klar, dass der Telefonhörer einen Phallus darstellt. Der Teller kann, zusammen mit dem tropfenden Hörer darüber, natürlich nichts anderes bedeuten als eine Vorstellung der Weiblichkeit, die sich für alles öffnet, was auf und in ihr landen wird. Ich bin besonders zufrieden, dass ich Hitler auf diese Art aufgetischt habe, schwebend im Spannungsfeld zwischen dem weiblichen Teller und einem tropfenden Hörer.«

# 21
# VILLA BORN IN BUENOS AIRES

Im Frühjahr 1940 herrschte unter den in Frankreich Zurückgebliebenen große Unsicherheit darüber, was mit Jean-Michel Frank nach seiner Abreise Anfang April passiert war. Seine Freunde erfuhren erst im Nachhinein, dass er nach einer abenteuerlichen Flucht durch Frankreich und Spanien von Lissabon aus mit einem Passagierschiff nach Brasilien und von dort nach Argentinien gereist war. Das war Mitte September 1940. Danach dauerte es noch einen Monat, bis sie ein Lebenszeichen von ihm erhielten. Sie hatten keine Ahnung, was aus Jean-Michel geworden war, aber als seine ersten Briefe bei Alberto Giacometti und Christian Bérard eintrafen und sie die argentinischen Briefmarken sahen und die Adresse des Absenders lasen, Alvear Palace Hotel in Buenos Aires, wussten sie, dass Jean-Michel in Sicherheit war, sicherer und komfortabler als in Paris.

Jean-Michel schrieb seinen Freunden, er leite nun ältere Projekte, die er von Paris aus vorbreitet habe, und neue, die er durch Vermittlung von Ignacio Pirovano und Henrique Liberal, seine argentinischen und brasilianischen Kollegen, bekomme. Mit anderen Worten: Er hatte sein Hauptbüro von Paris nach Buenos Aires verlegt.

Jean-Michel hatte Ignacio Pirovano und dessen Freund Henrique Liberal 1928 in Paris kennengelernt. Eugenia Errázuriz, eine entfernte Verwandte Ignacios, hatte sie miteinander bekannt gemacht. Von da an arbeitete er mit den beiden Gestaltern zusammen. Henrique Liberal entwickelte die Innenarchitektur in Brasilien, und Ignacio Pirovano in Argentinien. Zusammen mit seinem Bruder gründete Ignacio 1932 das Unternehmen Comte, das bis nach dem Zweiten Weltkrieg den Wohnstil in Südamerika dominierte. Ignacio und Henrique arbeiteten eng mit Jean-Michel Frank zusammen. Jean-Michel bestimmte aus der Ferne die Art der Einrichtung und welche Möbel aus dem Unternehmen Frank-Chanaux dort am besten hineinpassten. Die Arbeit lief folgendermaßen ab: Jean-Michel zeichnete in Paris Entwürfe für die Einrichtung von Hotels, Villen und Appartements in Argentinien und Brasilien. Diese schickte er Ignacio Pirovano beziehungsweise Henrique Liberal, zusammen mit Modellen von Stühlen, Fauteuils, Sofas und Tischen aus den Ateliers Frank-Chanaux, die anschließend in den Ateliers von Comte reproduziert wurden. In Argentinien und Brasilien wurden seltene Exemplare dieser Modelle wiederentdeckt. Sie tragen den Pariser Stempel *Made in France, Chanaux & Cie*. Die Kopien dieser Modelle tragen hingegen den Stempel von Comte, aber es sind unverkennbar die Stühle, Fauteuils, Tische und Sofas, mit denen Jean-Michel in Europa berühmt geworden war. Die Fotos, die von den vielen südamerikanischen Aufträgen bewahrt geblieben sind, zeigen Interieurs, die denen in Paris wie ein Ei dem anderen gleichen. Die gleichen Maße und Vertäfelungen, die gleichen Möbel wie die aus der Hand Jean-Michels, Lampen von Giacometti, Teppiche von Christian Bérard, Stühle von Paul Rodocanachi und Spiegel von Emilio Terry. Der einzige Unterschied war, dass die Arbeiten von Giacometti, Bérard, Rodocanachi und Terry Originale waren, die verschickt wurden, und nicht, wie die Möbel Jean-Michels, in Südamerika produziert wurden.

Die Aufträge aus Südamerika erstaunen durch Anzahl und Umfang. In Frankreich hatte Jean-Michel größtenteils Aufträge für Appartements bekommen, aber verglichen mit den südamerikanischen Landhäusern, Hotels und Stadtpalästen waren sie klein gewesen. In Brasilien arbeitete Jean-Michel mit Henrique Liberal an der Renovierung des gigantischen, immer noch tonangebenden

Hotels Copacabana in Rio de Janeiro und an der Einrichtung des enormen Landguts von Fabio Prado in Santa Cruz, nahe São Paulo.

In Argentinien findet man die Belege für Jean-Michels Einfluss in Artikeln der führenden Tages- und Wochenzeitungen der dreißiger Jahre: *La Nación, Saber Vivir, Revista de Arquitectura*, in denen Jean-Michels spektakulärste Aufträge besprochen wurden, zum Beispiel in Buenos Aires die Stadtwohnung (eigentlich den Stadtpalast) von Jacques Soulas, einem Einwanderer französischer Herkunft, der in der Landwirtschaft und mit Kühltechnik ein enormes Vermögen angehäuft hatte. Die Böden des großen Salons, des Speisesaals und der Empfangshalle sind mit klassischem Parkett im Pariser Stil ausgelegt, die Wände sind kahl, vertäfelt oder mit Paneelen aus Pergament versehen. In den Räumen selbst stehen an den Wänden Konsolen aus dem 18. Jahrhundert; die Fauteuils, eine Kombination aus Louis XVI.-Fauteuils und modernen Stühlen, sind um Tischchen von Rodocanachi gruppiert. In der Mitte sind die Räume leer. Jean-Michels Einfluss auf die Einrichtung ist deutlich spürbar. Das Kavanagh-Gebäude, der atemberaubende, höchste Wolkenkratzer Südamerikas, wurde 1934 fertiggestellt. Die Wände des gigantischen Foyers wurden mit Pergamentpaneelen aus den Ateliers Chanaux bekleidet, einem Element, das Jean-Michel aus seinen französischen Entwürfen hatte verschwinden lassen, als er Mitgesellschafter des Unternehmens Frank-Chanaux wurde, es aber weiterhin für seine wohlhabenden Kunden in Südamerika produzierte.

Der umfangreichste Auftrag war die Einrichtung des Llao Llao Hotels in Patagonien. Dieses sogenannte *hunting lodge* Hotel befindet sich in Bariloche, in einem Gebiet, das erst 1934 durch den Bau der Eisenbahn nach West-Patagonien erschlossen wurde. Es liegt in einem unwirtlichen Hochgebirge, das die Atmosphäre von David Lynchs Filmserie *Twin Peaks* atmet. Das Gebäude selbst erinnert in der Größe und dem Aussehen an das Berghotel in Stanley Kubricks *The shining*. Comte bekam 1936 den heißbegehrten Auftrag, den Komplex einzurichten. Er führte die Arbeiten in enger Zusammenarbeit mit Jean-Michel Frank aus. Vielleicht sollte man besser sagen, dass Jean-Michel den Auftrag aus der Ferne ausführte, denn aus allen Fotos, die von der ursprünglichen Einrichtung bewahrt geblieben sind, geht hervor, dass die unzähligen saalgroßen Räume mit Möbeln von Jean-Michel Frank ausgestattet sind. Allein auf dem Foto der Lounge zähle ich zehn sogenannte Comfortable-Fauteuils, acht Sessel im Blockhüttenstil, vier prächtige Fauteuils »mit runden Formen«, von denen ein Exemplar schon früher im Interieur der Bibliothek von Robert Chevalier zu sehen war und das für diese Gelegenheit von Jean-Michel mit Kuhhaut bezogen worden war. Außerdem vier Sofas und zwei Ecksofas, alle nach Jean-Michel Franks Entwürfen. Im Speisesaal – ich beschränke mich hier auf nur zwei der zahllosen Räume des Hotels – standen etwa siebzig Esstischstühle um etwa dreißig kleine Tische herum, alle entsprechend der Entwürfe Jean-Michels.

Das Hotel wurde Anfang 1939 fertiggestellt. Am 26. Oktober jenes Jahres wurde es von einem Feuer restlos zerstört. Nichts blieb verschont. Architekt Bustillo fing sofort mit dem Wiederaufbau an. Er bat Comte, sich um eine neue Einrichtung zu kümmern. Am 15. Dezember 1940 wurde das komplett aufgebaute Hotel wiedereröffnet. Comte hatte in Zusammenarbeit mit Jean-Michel eine neue Einrichtung entworfen, die, angesichts der Eile, die geboten war, nicht das Niveau und die Finesse des ersten Interieurs erreichte. An Jean-Michel hatte das nicht gelegen, er betreute persönlich die Produktion der Möbel. Für die Herstellung der Fauteuils »mit runden Formen« verlangte er Kuhhäute der besten Qualität und mit den schönsten Mustern. Er ließ sich um sechs Uhr morgens von Ignacio wecken, der ihn dann zum Viehmarkt in Mataderos (Buenos Aires) brachte. Dort wählte er die Kühe mit der schönsten Haut und dem ansprechendsten Muster aus. Er notierte sich die Namen der Metzger, die die Kühe kauften, und erwarb über sie die Häute, die er für die Fauteuils des rekonstruierten Hotels Llao Llao benutzen wollte.

Jean-Michels fieberhafte Aktivitäten in Argentinien im Herbst

1940 umgab eine Atmosphäre des Erfolgs, des Triumphes. Außer den zahllosen Aufträgen, die er aus der Ferne kontrollierte, und den neuen, durch Pirovano und Liberal initiierten, vollendete er das Interieur von Villa Born, seinem prestigeträchtigsten Auftrag.

Villa Born war der größte Auftrag, den Jean-Michel je ausgeführt hat. Jorge Born war der mächtigste und reichste König der Nahrungsmittelindustrie, dessen Titel »König« fast wörtlich genommen werden musste, denn Born besaß Ländereien in der Größe Belgiens, des Landes, aus dem die Familie Born im 19. Jahrhundert ausgewandert war.

Jorge Born hatte auf einem Hügel etwas außerhalb von Buenos Aires eine Villa in modernem, schnörkellosem Stil bauen lassen. Die Architektur war ein Statement, er suchte Abstand vom Geschmack, dem Kunstverständnis und dem Haus seiner Eltern. Er hatte Jean-Michel freie Hand gelassen, das heißt: Er hatte ihn beauftragt, eine Einrichtung zu entwerfen, die kompromisslos modern und zugleich klassisch sein sollte.

»Hat Jorge Born es dir völlig freigestellt, das Haus nach deiner Vorstellung einzurichten?«, fragte Ignacio, als sie den Speisesaal der Villa betraten.

»Mehr oder weniger. Bei unseren früheren Gesprächen in Paris machte Born mir klar, dass sein Haus eine Atmosphäre der Modernität atmen sollte, aber mit subtilen Verweisen auf die Tradition. Diese Mischung war prägend für den Stil, in dem seine Villa gebaut worden war, und er wollte, dass die Einrichtung auf diesen Baustil abgestimmt sein sollte. Ich habe ihm dann eine Führung durch meine anderen Interieurs gegeben, und Born sagte, meine Arbeitsweise entspreche genau dem Stil, den er vor Augen habe. Er gab mir *carte blanche* für die Einrichtung seiner Villa. Daraufhin habe ich Zeichnungen gemacht, wie ich die Zimmer Stück für Stück nach meiner Vorstellung einrichten würde. Er studierte sie aufmerksam, nickte zustimmend und sagte, mehr zur Ergänzung als zur Korrektur, dass er Wände für seine Kollektion moderner Gemälde, speziell seiner Picassos, haben wolle.

›Das passt wunderbar zu Ihrer Auffassung von Innenarchitektur‹, hat er gesagt, ›denn die Picassos haben die gleiche faszinierende Spannung zwischen Erneuerung und Tradition wie Ihre Interieurs, in denen Sie auch Beispielhaftes aus früheren glorreichen Zeiten verarbeiten.‹ Er hat auf den Entwurf des Esstisches gedeutet, der hier vor uns steht, ein Entwurf, auf den ich stolz bin, weil das sechs Meter lange massive Tischblatt auf vier Stützfüßen ruht, nach dem Beispiel eines massiven Marmortisches aus der Renaissance, den ich mal gesehen habe.

›Das wird leider nicht möglich sein‹, habe ich geantwortet. ›Darf ich Sie daran erinnern, dass Sie mir freie Hand gelassen haben für die Einrichtung? Nun, mein Entwurf erträgt keine Gemälde, schon gar nicht solche von Picasso. Sie stören die Atmosphäre, die, wie soll ich es ausdrücken, auf beschauliche Ruhe ausgerichtet ist, vielleicht ist das die beste Umschreibung.‹«

»Und wie hat er reagiert?«

»Du kennst Jorge Born. Er ist an Widerspruch nicht gewöhnt, schon gar nicht von einem Innenarchitekten. Ich dachte erst, er würde den Auftrag zurückziehen, aber nach einer langen Stille erklärte er sich einverstanden und sagte, dass er gespannt sei auf die Modelle, die ich ihm präsentieren würde. Übrigens bin ich ihm in den späteren Modellen entgegengekommen. Ich verstehe schon, dass Born nicht auf kahle Wände schauen will, dass sein Haus eine gewisse Grandeur ausstrahlen soll. Ja, vielleicht ist es vor allem Grandeur, die er vor Augen hat und die er in Zitaten aus früherer Zeit erkennt, die ich in meinen Möbeln verarbeite. Ich habe das Problem mit Alberto Giacometti besprochen, und Alberto kam mit dem Vorschlag, den du hier in ausgearbeiteter Form vor dir siehst: zwei meterhohe Reliefs, die in die Wand eingearbeitet sind, sich aber auf Konsolen zu stützen scheinen, die halb aus der Wand springen und deren gewölbte Füße an den Bogen einer Krone oder die gekrümmten Finger einer Hand, die ein Tablett trägt, erinnern.

Und dazu die Kronleuchter, die Alberto speziell für dieses Zimmer entworfen hat und die ihrerseits durch die nach oben gehobenen Arme etwas Majestätisches haben. Am Ende dieser Arme würde man Kerzenhalter erwarten, aber weil von der Schale nur elektrisches Licht auf die Decke geworfen wird, sind die Arme ihrer scheinbaren Funktion beraubt und bekommen etwas Hilfloses. Beachte auch kleine Details wie die Türgriffe: Alberto hat sie speziell in derselben Bronze entworfen wie die Kronleuchter und mit Blattgold veredelt, das da und dort Unebenheiten und Schäden aufweist. Wenn du das alles siehst, dann verstehst du, dass ich am Ende doch Señor Borns Wünschen entsprochen habe, aber eben auf meine Art.«

»Aber Alberto hat auf diesen Reliefs Darstellungen angebracht«, sagte Ignacio, während er seine Hand vorsichtig über die Kante des Reliefs und anschließend über die Figuren selbst gleiten ließ.

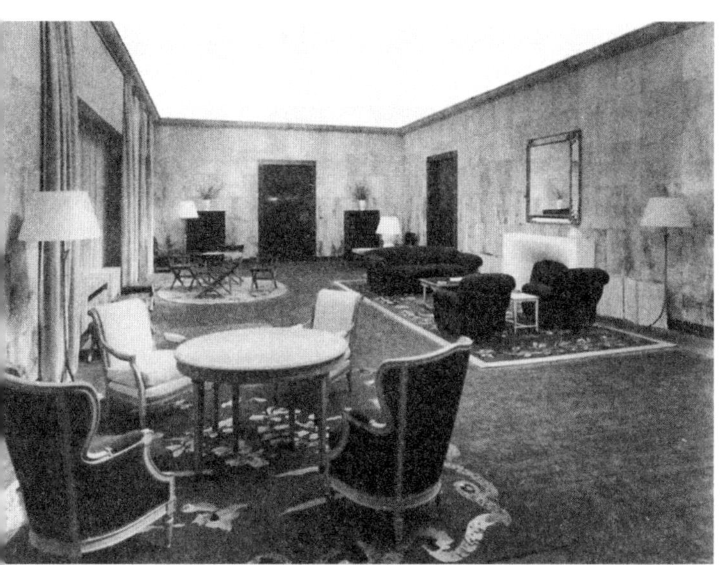

*Salon in Villa Born, 1939. Wände aus Pergament, Türen aus Bronze. Möbel nach dem Entwurf von Jean-Michel Frank und Paul Rodocanachi, Lampen und Vasen von Alberto Giacometti, Aubusson-Teppiche nach dem Entwurf von Christian Bérard.*

»Du hast insofern recht, als dass Alberto tanzende Mädchen abgebildet hat. Aber diese Abbildungen spielen keine Rolle. Sind es denn Abbildungen? Eigentlich nicht, denn die Mädchen treten kaum aus dem Relief hervor. Alberto hat ihre Umrisse gerade so weit herausgearbeitet, dass man sie als tanzende Figuren erkennen kann, aber sie haben kein Gesicht und tragen keine Kleidung. Es sind dekorative Motive. Sie erinnern an Figuren auf griechischen Vasen oder antiken Münzen. Alberto hat sie als Erinnerung an vergangene Zeiten eingearbeitet, so wie ich eine Erinnerung an die Renaissance in meinen Tisch eingearbeitet habe.

Villa Born strahlt ›Grandeur‹ aus. Das ist das Ziel, das wir im Team angestrebt haben. Ich habe die Grandeur natürlich in meine eigene Formensprache übersetzt. Die ganze Villa atmet Ruhe, Besinnlichkeit, Klarheit. Die Räume laden zu Einkehr und Meditation ein, wobei sich wie von allein und fast unvermeidbar die Idee der Größe ergibt, ohne dass diese Größe auf irgendeine Weise

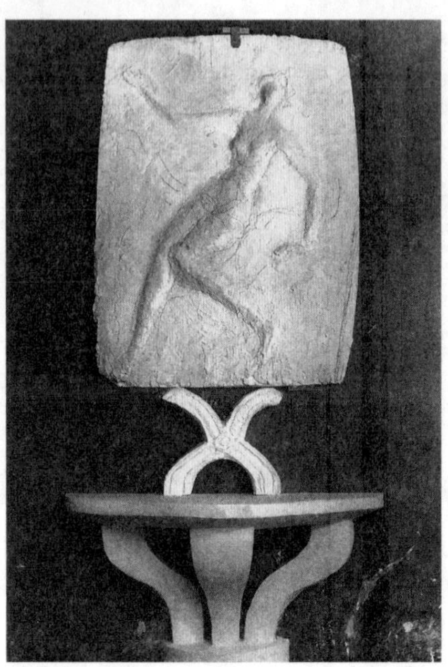

*Alberto Giacometti, Modell einer der Konsolen mit Reliefs im Speisesaal der Villa Born, 1939.*

konkret Gestalt annimmt, so wie in einer Kirche oder in einem Kloster die Anwesenheit Gottes nur durch die Einrichtung eines im übrigen kahlen Raumes spürbar gemacht wird.

Alberto Giacometti hatte einen großen Anteil am Erfolg der Villa Born. Sein Einfluss ist überall zu spüren, besonders aber in diesem Speisesaal. Es ist die Kombination der Reliefs, der Kronleuchter und des Kamins.«

Jean-Michel drehte sich um und ging zu dem monumentalen Kamin, dem Relief gegenüber. Der Kamin war aus schwarzem Marmor hergestellt, mit einigen winzigen weißen Strichen und Punkten da und dort, die auf dem Marmor ausgestreut zu sein schienen wie Puderzucker auf einem Schokoladenkuchen. Die Oberseite der breiten schwarzen Verkleidung besaß die Form einer geschweiften Klammer, auf deren Spitze sich ein großer schwarzer Vogel mit breit ausgestreckten, weit über den Kopf hinausragenden Flügeln erhob. Das Muster aus kleinen weißen Flecken, das jetzt eher an eine Wolke feiner Regentropfen erinnerte, die in dem Moment, als sie den eiskalten Vogel trafen, zu Eis erstarrt waren, trug zum Eindruck einer übernatürlichen Erscheinung bei. War es der Phoenix, der sich aus der Asche erhob? Oder war es ein dunkler Engel, der sich mit solcher Kraft aus dem Marmor erhob, dass er die Verkleidung dort verbog, wo er sich aus der beengenden Materie löste, um in den Himmel zu steigen?

# 22
# EUGENIA ERRÁZURIZ, *THE QUEEN OF CLEAN*

»Alles was ich weiß, habe ich Eugenia Errázuriz zu verdanken«, sagte Jean-Michel am 27. September 1940 während einer Lesung für die *Asociación Amigos del Arte*, zu der ihn Ignacio Pirovano eingeladen hatte. Ignacio war Vorsitzender des genannten Kunstkreises und entfernt verwandt mit der Frau, die in Jean-Michels Lesung im Mittelpunkt stand. Eugenia Errázuriz hatte ihm, wie er dem Publikum versicherte, drei wesentliche Lektionen beigebracht. Erstens: Behalte immer die klare Linie und die Proportionen der Möbel aus dem späten 18. Jahrhundert im Kopf. Zweitens: Eleganz bedeutet Eliminierung. Drittens: Vergiss nicht die Bequemlichkeit der Fauteuils in den Londoner Herrenclubs.

Eugenias Mädchenname war Huici. Sie kam ursprünglich aus Bolivien, wo sie 1860 geboren worden war. Ihr Vater emigrierte wegen einer drohenden Revolution nach Chile, als Eugenia fünf Jahre alt war. Im Alter von zwanzig Jahren heiratete Eugenia José Tomás Errázuriz, der aus einer Familie stammte, die durch die Ausbeutung von Kupferminen ein enormes Vermögen angehäuft hatte. José hatte unbedingt Künstler werden wollen, aber unter dem Druck der Familie wählte er eine Karriere als Diplomat. Sein erster Posten war Paris. Das Ehepaar freundete sich in Paris mit Graf und Gräfin Étienne de Beaumont an, mit Princesse de Polignac, Misia Sert und Laure Marie de Chévigné, der Großmutter von Marie-Laure de Noailles: adlige Personen, die sich leidenschaftlich für Kunst interessierten und unter diversen Pseudonymen in der Romanwelt von Marcel Proust vorkommen. Das Ehepaar bekam drei Kinder, einen Sohn und zwei Töchter. 1900 wurde José Errázuriz nach London versetzt. Auch dort freundete sich das Ehepaar mit Menschen aus Kreisen des Adels und der Kunst an. Eugenias Schönheit war legendär. Sie wurde von berühmten Malern porträtiert, von John Singer Sargent zum Beispiel mehrmals. Sie war bekannt als »die schöne Chilenin«.

1913 starb José Errázuriz an Tuberkulose. Eugenia kehrte nach Paris zurück und knüpfte an ihr früheres soziales Leben an. Über Misia Sert lernte sie Serge Djagilew kennen, den Tänzer der *Ballets Russes*. Im Frühjahr 1916 traf sie Picasso, der sich nach dem Tod seiner Partnerin Eva Gouel Ende 1915 verloren fühlte, und etwa um diese Zeit auch Jean Cocteau. Sie brachte Jean Cocteau in Kontakt mit Djagilew und Picasso. Cocteau suchte nach einer Möglichkeit, sich einen Namen als moderner Künstler zu machen. Er dachte sich das Projekt Parade aus, eine Art experimentelles Ballet, für das er namhafte Künstler interessieren wollte. Cocteau musste zwar als Soldat an die Front, aber er bekam ausreichend Gelegenheit, zwischen den Kriegshandlungen seine Parade auf die Beine zu stellen. Er engagierte Picasso für das Bühnenbild und die Kostüme und Eric Satie für die Musik. Serge Djagilew übernahm die Gesamtleitung.

Eugenia war sehr beeindruckt von Picassos Talent. Im ersten Brief an ihn, der erhalten geblieben ist (vom November 1916), spricht sie Picasso als »mein großer Meister« an. Eugenia lud ihn zu sich nach Hause ein, packte ihn in Watte, sorgte dafür, dass sich der Bohemien gut kleidete und stellte ihn einflussreichen potentiellen Kunden vor. Sie selbst kaufte ebenfalls Bilder von ihm, zum Beispiel das *Portrait de jeune fille* (1914), *Homme au chapeau melon assis dans un fauteuil* (1915) und das monumentale *Homme accoudé sur une table* (1915), das tonangebend war für eine kalte Variante des Kubismus, die »Kristall-Kubismus« genannt wurde und von der Cocteau meinte, dass sie »wie eine Diktatur auf dem Montmartre und dem Montparnasse woge«.

Man geht davon aus, dass Picasso dieses Bild, auf das er sehr viel

Wert legte, Eugenia als Dank für ihre Unterstützung in dieser schweren Zeit geschenkt hatte, aber aus Eugenias Korrespondenz geht hervor, dass sie es tatsächlich gekauft hatte. Ab 1916 überwies sie beträchtliche Summen an Picasso, als Gegenleistung für die Bilder. Im Herbst 1917 überwies sie ihm 5000 Francs als dreimonatigen Beitrag. Das bedeutet, dass sie Picasso jährlich das Vierfache dieses Betrages auszahlte: für die damalige Zeit ein Vermögen.

Im April 1918 mietete Eugenia in Biarritz *La Mimoseraie*, seit jeher ein Bauernhof, der zum Hotel d'Angleterre gehörte, dort züchtete man Blumen (im Winter Mimosen), und in einer Zeit, in der es noch keine guten Kühlanlagen gab, wurden Kühe gehalten, um immer frische Milch zu haben. Nach dem Ersten Weltkrieg wurde das Gebäude an Touristen vermietet. Picasso hatte während seiner Arbeit für die *Ballets Russes* die Tänzerin Olga Koklowa kennengelernt. »Hör zu, lieber Freund«, hatte Djagilew zu ihm gesagt, »das ist eine Russin, die du heiraten wirst.« Picasso heiratete Olga am 12. Juli 1918. Eugenia lud das Ehepaar ein, seine Flitterwochen auf *La Mimoseraie* zu verbringen. Eugenia schlug Picasso vor, ein paar Kisten mit Bildern mitzubringen. Er zeigte sie Paul Rosenberg (einem Bruder von Léonce) und Georges Wildenstein, wichtige Kunsthändler und Freunde Eugenias, die regelmäßig auf *La Mimoseraie* zu Gast waren.

Die Gäste wunderten sich über das Sommerquartier, das von der Einrichtung her an ein Kloster erinnerte: Die Wände waren weiß getüncht, die Böden mit roten Fliesen ausgelegt und ohne Teppiche. Abgesehen von einem große Kanapee und diversen nicht zueinander passenden Fauteuils, war das Wohnzimmer kahl und der Boden mit Kies bedeckt. Im Speisezimmer stand ein Tisch aus Massivholz. Über die ganze Länge der Wand war ein Holzbrett angebracht, das regelmäßig geschrubbt wurde und auf dem Schinken, Käse und Brot wie Stillleben unter Glasglocken ausgestellt waren. Die Tischwäsche bestand aus einer Art grobem Leinen, dessen Farbe durch das viele Waschen verblasst war. Das Tafelsilber stammte aus dem 18. Jahrhundert. Eugenia war ständig damit beschäftigt, ihr Haus zu putzen. Sie verwendete dazu selbst hergestellte Putzmittel: Wasser mit Lavendel und Rosmarin, die sie im eigenen Garten zog. Ihre Haare wusch sie mit Regenwasser. Ihre englischen Freunde nannten sie *the queen of clean*.

Picasso zeichnete viel während seines Aufenthalts in Biarritz, unter anderem ein Porträt von Frau Rosenberg und ihrer kleinen Tochter. Er sammelte die Zeichnungen in einem Album, das er bei seiner Abreise Eugenia schenkte. Darüber hinaus machte er eine große Zeichnung mit fünfzehn badenden Frauen, eigentlich immer dieselbe badende Frau in fünfzehn verschiedenen Haltungen, und ein kleines Bild, das ebenfalls den Titel *Die Badenden* trägt. Das Thema der Badenden wiederholt sich auf den Malereien, die Picasso an den Wänden seines Arbeitszimmers in *La Mimoseraie* anbrachte. Eines Tages schloss er sich mit drei Fässchen Waterman Füllertinte in diesem Zimmer ein und bemalte sieben Paneele. Sechs davon zeigen Badende in traditionellen Posen: die drei Grazien, vier Bacchantinnen, eine Frau mit dem Füllhorn, die Geburt der Venus. Auf das siebte Paneel malte er die Strophe eines Gedichts seines Freundes Apollinaire:

C'était un temps béni, nous étions sur les plages
Va-t-en de bon matin pieds nu et sans chapeau
Et vite, comme va la langue d'un crapaud
L'amour blessait au coeur les fous comme les sages.

[*Es war gesegnetes Wetter, wir lagen am Strand*
*In aller Frühe zogen wir los, barfuß und ohne Hut*
*Und schnell, wie die Zunge eines Reptils, traf*
*Die Liebe ins Herz der Narren wie der Weisen.*]

Das schönste Paneel ist *Vier Bacchantinnen, die die Weinernte feiern*. Sind es überhaupt vier Bacchantinnen? Die Bezeichnung trifft zweifellos auf die drei nackten Frauen zu, die in der Mitte der Wand einen Reigen tanzen. Sie sind mit traditionellen Motiven geschmückt: einer Weinrebe, Traubenblättern, Weintrauben und einem Weinglas. Die vierte Frau fällt aus dem Rahmen. Sie liegt am Boden und wendet sich von den drei anderen ab. Sie trägt die Kutte einer Nonne. Eine der Bacchanten zieht sie am Arm, um sie in den Reigen zu locken. Eine andere versucht, sie zu einem Glas Wein zu verführen. Vergeblich. Ist diese vierte Frau eine Anspielung auf Eugenia, die sich aufgrund ihrer religiösen Überzeugung von den Aktivitäten ihrer Gäste distanzierte, die sich den Annehmlichkeiten des Lebens hingaben?

Nachdem Eugenia wieder in ihr Pariser Appartement an der Avenue Montaigne zurückgekehrt war, bekam sie Besuch von Marcel Proust. Im Schlussteil von *Auf der Suche nach der verlorenen Zeit* widmet er ihr eine Betrachtung. Inhaltlich entspricht sie dem Paneel der vier Bacchantinnen. Proust schreibt, dass Damen, die er früher als lebenslustige Tänzerinnen kannte, aus dem Reigen ausgetreten seien, nun da ihre Haare grau geworden waren, um sich mit einer Ernsthaftigkeit der Kunst zu widmen, die an einen Eintritt in ein Kloster erinnere.

Die blonden Tänzerinnen von damals haben jetzt graue Haare, und »während sie früher nichts anderes getan haben, als zu tanzen, waren sie nun von der Kunst wie von der Gnade getroffen. Und so wie ruhmreiche Damen sich im 17. Jahrhundert ins Kloster zurückzogen, lebten sie nun in einem Appartement voller kubistischer Bilder von nur einem einzigen Maler, der nur für sie arbeitete, während sie nur für ihn lebten.«

Eugenia führte Picasso in die Welt der Kunsthändler und der vermögenden Kunstliebhaber ein. Sie organisierte Kontakte für ihn, unterstützte ihn mit Geld, kümmerte sich um ihn. Picasso war für sie der Christus der neuen Kunst, von dessen Gnade sie sich in zunehmendem Maße abhängig fühlte. In ihren Briefen an Picasso spricht sie den Maler als Erlöser an. »Der Brief Ihrer Mutter und Ihr Porträt sind immer zusammen, so wie das Christusbild, das ich mit großem Respekt bei mir trage, mich an Sie und Seine Mutter denken lässt, denn sie hat einem Sohn wie Sie das Leben geschenkt.« Picasso seinerseits löste sich nach dem Aufenthalt auf *La Mimoseraie* von Eugenia. Er bezog mit Olga ein neues Appartement in Paris. Besucher waren erstaunt, dass der frühere Bohemien sich in einen Spießer verwandelt hatte. Eugenia schrieb ihm, wie sehr sie danach verlange, ihn wiederzusehen. Sie lud ihn nach *La Mimoseraie* ein, das Gut, das mittlerweile von Eugenias Sohn Max gekauft worden war. Aber Picasso ließ sich nicht mehr sehen. Er antwortete nicht auf ihre Briefe. Eugenias einseitige Korrespondenz mit Picasso erinnert an die *Lettre Portugaises*, die *Liebesbriefe einer portugiesischen Nonne*, deren inständige Bitten an ihren Geliebten nie beantwortet werden. In ihren späteren Briefen bat sie Picasso, ihr in einer Zeit der finanziellen Notlage beizustehen, als sie Teile ihres Hausrats verkaufen musste. Als sie neunundsiebzig Jahre alt war, 1939, starb ihr Sohn Max bei einem Unfall. Eugenia hatte immer ein Porträt von ihm haben wollen, nun flehte sie Picasso an, ihr diesen Gefallen zu tun. Picasso antwortete nicht.

Jean-Michel hatte Eugenia etwa 1920 über Jean Cocteau kennengelernt. Jean-Michel erwähnte Eugenias Appartement an der Avenue Montaigne in Paris und ihr Landhaus in Biarritz. Er muss dort öfter zu Gast gewesen sein, das lässt sich seinen lobenden Bemerkungen zur Einrichtung der beiden Häuser entnehmen. Hat Jean-Michel alles von Eugenia gelernt? Ich nehme an, dass seine Bemerkung höfliche Komplimente an diese Frau waren, die er aufrichtig bewunderte, nicht die Anerkennung eines tatsächlich stattgefundenen Einflusses. Jean-Michel hatte seinen Stil bereits entwickelt, bevor er Eugenia kennenlernte. Außerdem war Eugenia weder Innenarchitektin noch Möbeldesignerin. Er fand seine eigenen Grundsätze bezüglich Interieurs in der Art und Weise bestätigt, wie Eugenia ihre Wohnung einrichtete, ebenso sein Streben nach Vergeistigung, das damit verbunden war.

Eugenia trat als Oblatin oder Laienschwester dem Franziskaner Orden bei, was bedeutete, dass sie weiterhin in ihrem eigenen Haus schlafen konnte und nicht im Kloster. Nach dem Ablegen des Gelübdes kleidete sie sich in eine einfache schwarze Kutte, die sie aber von ihrer Freundin Coco Chanel entwerfen ließ.

Die meiste Zeit verbrachte Eugenia auf *La Mimoseraie.* Sie reiste regelmäßig nach London, wo ihre Tochter lebte. In Paris wohnte sie zunächst an der Avenue Montaigne. 1928 zog sie in eine Etage mit eigenem Zugang in das *hôtel particulier* von Étienne de Beaumont an der Rue Masseran. Es schien die großzügige Geste eines alten Freundes, aber in Wirklichkeit kaufte Eugenia diese Gastfreundlichkeit, indem sie Beaumont kostbare Möbel und Bilder von Picasso überließ. Eugenia bat Jean-Michel, diese Etage für sie einzurichten. Jean-Michel fühlte sich durch ihre Bitte geehrt, aber auch ein wenig in Verlegenheit gebracht. »Ihr Appartement ist perfekt, so wie es ist. Sie brauchen gar nichts machen.« Doch Eugenia wollte, dass ein frischer Wind durch ihr Appartement wehen sollte. »Ein Interieur, in dem es keine Veränderungen gibt, ist wie stehendes Wasser«, sagte sie.

Jean-Michel skizzierte bei einem Treffen mit seinem argentinischen Kollegen Luis María Carreras Saavedra in Buenos Aires am 5. Dezember 1940 dieses Interieur. Darauf deutete er den Platz für zwei Picassos an. Es handelte sich um *Compotier, bouteille, guitare* (1925) und *Homme accoudé à une table* (1916), das Bild, auf das Eugenia am meisten Wert legte und dessen Bedeutsamkeit im Laufe der Zeit weiter zuzunehmen schien. Am 10. Oktober 1945 schrieb sie an Picasso, dass sie dieses Bild, das letzte, das noch in ihrem Besitz war, nicht verkaufen wolle, denn »es ist wie die Taube des Heiligen Geistes, die auf mich herabsinkt«. Aber am 3. November 1945 musste sie auch dieses letzte Bild verkaufen. An Blaise Cendrars schrieb sie: »Die Raffgier desjenigen, der mir das Bild abgekauft hat, macht mich manchmal wütend.« Der Käufer war Étienne de Beaumont.

Jean-Michel fühlte sich, wenn ich mich nicht irre, von den vier Prinzipien angesprochen, an die sich Eugenia bei der Einrichtung ihrer Wohnung hielt. Das erste war die Entfernung von allem Nippes, der unbemerkt in ein Haus eindringt und auf Brettern,

Tischen und Schränken liegen bleibt. »Wirf weg und hör nicht auf, wegzuwerfen.« Es handelte sich vor allem um Ziergegenstände, die an Ereignisse in häuslicher Atmosphäre erinnern: Fotos von Familientreffen, Marienbilder, Eiffeltürme. Eugenia besaß viele Porträtaufnahmen von sich selbst, ihrer Familie und den illustren Freunden, mit denen sie Umgang pflegte. Sie bewahrte sie in den Schubladen ihrer Kommode und zeigte sie ab und zu Gästen, die sich dafür interessierten. Aber sie stellte sie nicht aus. »Pas dé bibelots. Pas dé bibelots«, war einer ihrer mit spanischem Akzent ausgesprochenen Grundsätze: »Kein Nippes. Kein Nippes.«

Das zweite war, äußerste Schlichtheit in der Einrichtung walten zu lassen. Neben wenigen Gegenständen von unschätzbarem Wert, wie ihre Picassos, ein klassischer Tisch, Silberbesteck aus dem 18. Jahrhundert, lenkte sie ihre Aufmerksamkeit vor allem auf anspruchslose Gegenstände wie Schinken, Käse und Brote unter einer Glasglocke, eine Heckenschere, eine Gießkanne oder einen Gartenkorb, die sie als Kunstwerke ausstellte. Der Artikel über Eugenia Errázuriz, den Jean-Michel Frank im Februar 1938 unter dem Titel *Madame Errázuriz at home* publizierte, beginnt mit einem Foto der Eingangshalle des Appartements an der Rue Masseran. Die Treppe, die Körbe aus Rohrgeflecht auf dem Boden und der Regenschirm an der Garderobe illustrieren dieses Prinzip. Was an diesen Fotos am meisten auffällt, sind vielleicht die Gartenmöbel – Tisch und Stuhl –, laut Arthur Rubinstein ein Geschenk von Jean Cocteau, der sie aus dem Bois de Boulogne entwendet hatte. Das Detail der Gartenmöbel ist umso interessanter, weil Jean-Michel Frank ab 1930 genau diese Art von Gartenmöbeln aus Eisen in seine Interieurs eingeführt hatte. Sein zierlicher Beistelltisch war ab jenem Jahr fester Bestandteil seiner Interieurs im In- und Ausland. Es ist sehr wohl denkbar, dass Jean-Michel die Idee dazu bei Eugenia Errázuriz aufgefangen hat.

Drittens vertrat Eugenia, ebenso wie Jean-Michel, eine architektonische Auffassung von Wohnungseinrichtungen. Die Länge eines Sofas musste ihrer Meinung nach im Gleichgewicht zu den

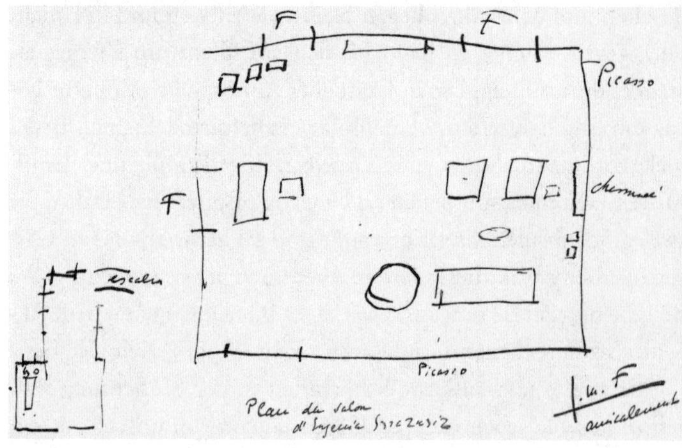


*Am 5. Dezember 1940 machte Jean-Michel Skizzen der Einrichtung des Appartements von Eugenia Errázuriz an der Rue Masseran. Kollektion Nestor Santa-Cruz.*

Maßen der Fenster sein, die ihrerseits zu der Höhe der Zimmerdecke passen sollten.

Viertens schließlich glaubte Eugenia an Mobilität. Ein Interieur sollte ständig in Bewegung sein. »Ein Haus, das sich nicht verändert, ist ein totes Haus. Man muss die Möbel oft ersetzen oder zumindest anders aufstellen. Die Schönheit und Kraft der Mode liegt in der ständigen Erneuerung. In einem Haus, wo sich nichts bewegt, sieht das Auge, das sich zu lange an dieselbe Szene gewöhnt hat, am Ende nichts mehr.« So zitierte Jean-Michel Eugenia in seinem Artikel in *Harper's Bazar.* Irgendwann sah Eugenia in einer spanischen Taverne einen wunderschönen Bergère-Stuhl aus dem 18. Jahrhundert. Sie kehrte in Gesellschaft ihrer Nichte, Patricia Lopez-Willshaw, und deren Mann in die Taverne zurück. Diese kauften den Stuhl für sie. Eugenia ersetzte den Polsterstoff, den sie scheußlich fand, durch ein blau-weißes Käsetuch und stellte den Stuhl ans Fenster. Als Patricia und ihr Mann einen Monat später zu Besuch kamen, bemerkten sie, dass der Stuhl nicht

Plan de la chambre à coucher
de Madame Eugenia Errazuriz

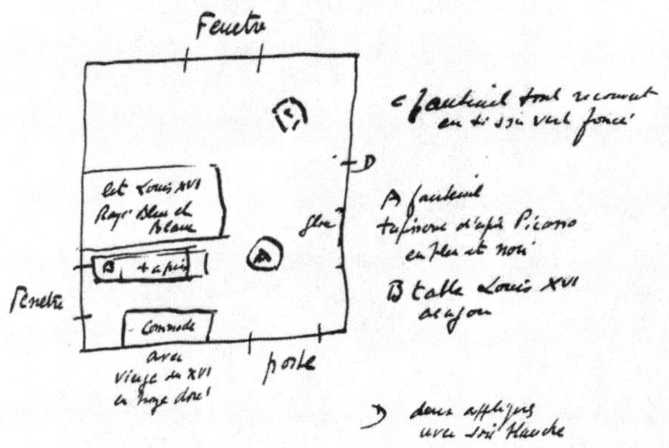


Buenos Aires 5 decembre 1940

Nos échanges me paraissent bien inégaux mais je signe ce témoignage amical avec une sincère reconnaissance

Jean Michel Frank

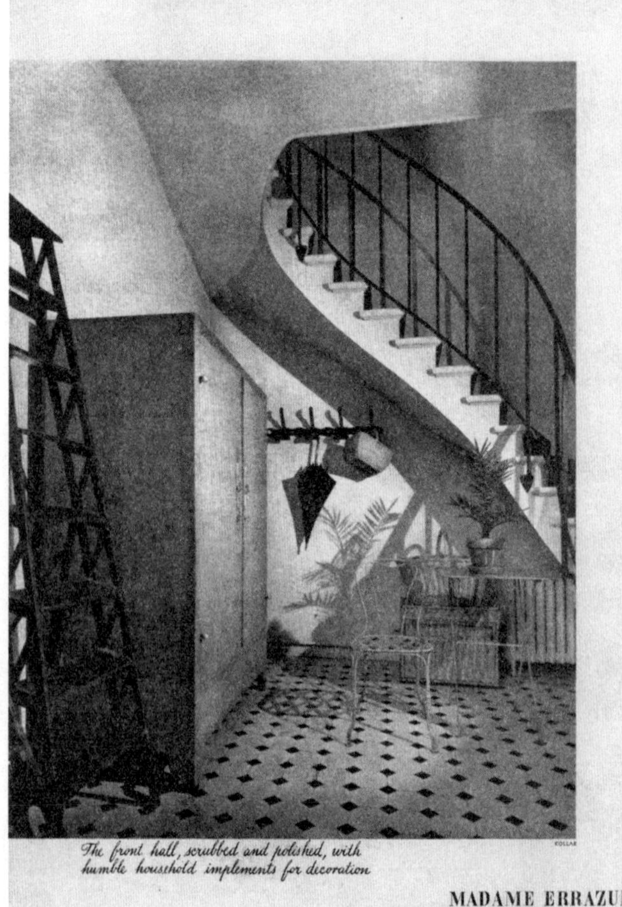

*The front hall, scrubbed and polished, with humble household implements for decoration*

KOLLAR

MADAME ERRAZURIZ

52

*Die Eingangshalle des Appartements von Eugenia Errázuriz an der Rue Masseran, Paris. Coverfoto von Jean-Michel Franks Artikel* »Madame Errázuriz at home« *in Harper's Bazar vom Februar 1938. Kollektion Nestor Santa-Cruz.*

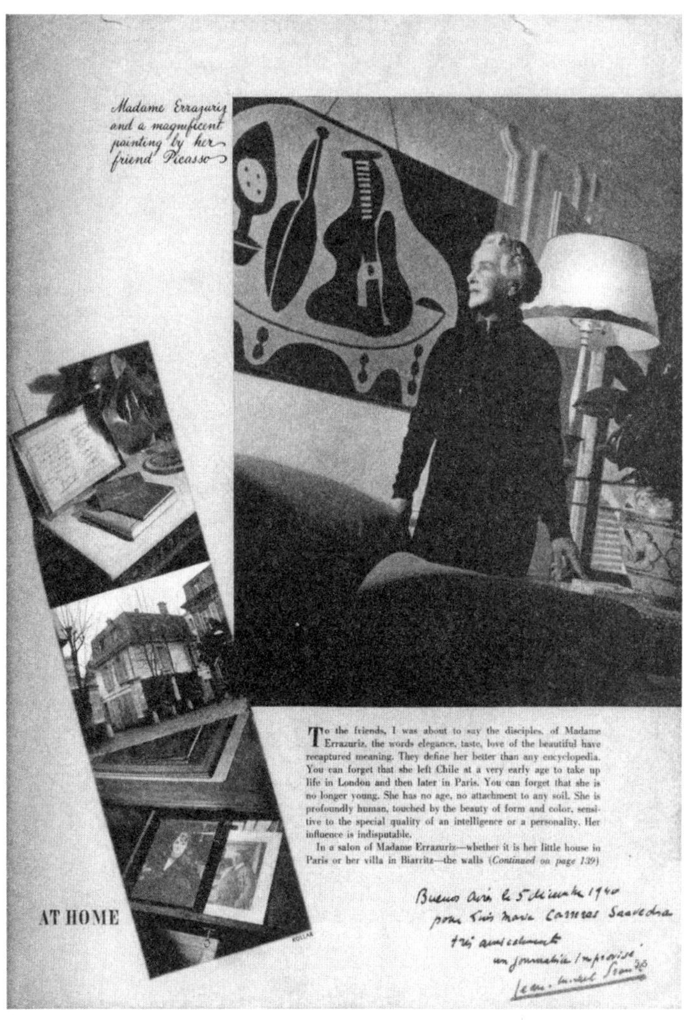

*Madame Errazuriz and a magnificent painting by her friend Picasso*

AT HOME

To the friends, I was about to say the disciples, of Madame Errazuriz, the words elegance, taste, love of the beautiful have recaptured meaning. They define her better than any encyclopedia. You can forget that she left Chile at a very early age to take up life in London and then later in Paris. You can forget that she is no longer young. She has no age, no attachment to any soil. She is profoundly human, touched by the beauty of form and color, sensitive to the special quality of an intelligence or a personality. Her influence is indisputable.

In a salon of Madame Errazuriz—whether it is her little house in Paris or her villa in Biarritz—the walls (*Continued on page 139*)

*Erste Seite des Artikels in* Harper's Bazar. *Jean-Michel gab Luis María Carreras Saavedra ein signiertes Exemplar. Auf dem Foto sieht man die damals 78-jährige Eugenia Errázuriz in ihrem Salon. Im Vordergrund ein Sofa von Jean-Michel Frank. Im Hintergrund eine Lampe von Giacometti, ein Tisch von Jean-Michel Frank. An der Wand* Compotier, bouteille, guitare *(1925) von Picasso. Siehe auch Jean-Michels Skizze von diesem Salon. Kollektion Nestor Santa-Cruz.*

mehr da war. »Ich konnte dem Bedürfnis nach Veränderung nicht widerstehen«, sagte Eugenia. »Ich sah etwas, das ich noch schöner fand, also habe ich Emilio Terry den Stuhl verkauft.«

# 23
# DAS APPARTEMENT VON NELSON ROCKEFELLER

Mitte Oktober 1940 beantragte Jean-Michel beim brasilianischen Konsulat in Buenos Aires ein Visum für Brasilien. Am 6. Dezember verließ er Buenos Aires, und am 11. Dezember fuhr er von Rio de Janeiro mit dem Dampfschiff *Brazil* in die Vereinigten Staaten. Am 23. Dezember erreichte er, wie aus einer auf den Tag datierten Liste des Immigrationsbeamten hervorgeht, New York: *List or Manifest of Alien Passengers for the United States Immigrant Inspector of Arrival.*

Warum reiste Jean-Michel nach New York? Der wichtigste Grund war ein Auftrag, der vielleicht in finanzieller Hinsicht nicht so bedeutend war wie der von Born, wohl aber wichtig hinsichtlich Prestige, Bekanntheit und Auswirkung, ein Auftrag, den er selbst beaufsichtigen wollte. Es handelte sich um das Appartement des Bankiers und Politikers Nelson Rockefeller im Rockefeller Centre in New York.

Rockefeller hatte Jean-Michel zwei Jahre zuvor gefragt, ob er bereit sei, sein privates Appartement im Rockefeller Centre einzurichten, und Jean-Michel hatte die Chance mit beiden Händen ergriffen.

Im Herbst 1938 war er schon einmal mit einem Passagierschiff nach New York gereist, um Nelson Rockefeller und Wallace Harrison, den Architekten des Rockefeller Centre, kennenzulernen. Harrison hatte beim Entwurf und bei der Realisierung des immensen Gebäudekomplexes der Kunst eine wichtige Rolle zugedacht. Monumentale Kunst, das heißt Kunst, die für jedes Gebäude geplant war und diesem nützen würde. Harrison organisierte ein Team, bestehend aus berühmten Künstlern aller möglichen Nationalitäten, zur Herstellung monumentaler Reliefs, Skulpturen und Wandmalereien.

Für die Wandmalereien fragte er Matisse und Picasso, doch diese trauten sich den enormen Auftrag nicht zu. Dann wandte er sich an Diego Rivera, der den Auftrag annahm. Rivera bemalte fast hundert Quadratmeter Fläche an Wänden und Decken der Empfangshalle mit einer Malerei, der er den Titel *Der Mensch am Scheideweg* gab. Der Auftraggeber verstand erst später, dass Diego mit diesem Scheideweg die Wahl zwischen Kapitalismus und Kommunismus meinte, dass er letzteren Weg bevorzugte und zur Illustration des empfohlenen Weges eine Szene der 1.-Mai-Feier in Moskau gemalt hatte, mit einer lebensgroßen Abbildung von Lenin.

Moskau und Lenin waren auf den in kleinem Maßstab vorgelegten Entwürfen nicht abgebildet gewesen, die Rivera Rockefeller und Harrison zur Genehmigung vorgelegt hatte. Rockefeller fühlte sich hinters Licht geführt. Er forderte Rivera auf, Lenins Gesicht zu anonymisieren. Rivera weigerte sich und schlug vor, eine Lincoln-Darstellung hinzuzufügen, doch Rockefeller war dagegen. »Ich lasse mein Zentrum nicht als Werbetafel für kommunistische Propaganda benutzen«, sagte er und ließ das Fresko vernichten. Er engagierte einen anderen Wandmaler, den Spanier José Maria Serl, Misias Ehemann, um eine neue Wandmalerei an den Flächen anzubringen, die wieder in ihren ursprünglichen weißen Zustand versetzt worden waren.

Aus der Wahl dieser Kunstwerke ging hervor, dass Rockefeller und Harrison modern, vielleicht sogar modernistisch dachten, im Sinne der Bedeutung, die diese Bezeichnungen in den dreißiger Jahren hatten, nämlich als das Wiederaufleben klassischer Formen. Die Wandmalereien von José Sert waren von den Wandmalereien Francisco Goyas inspiriert.

Jean-Michel vermutete, dass die Mischung aus Modernität und

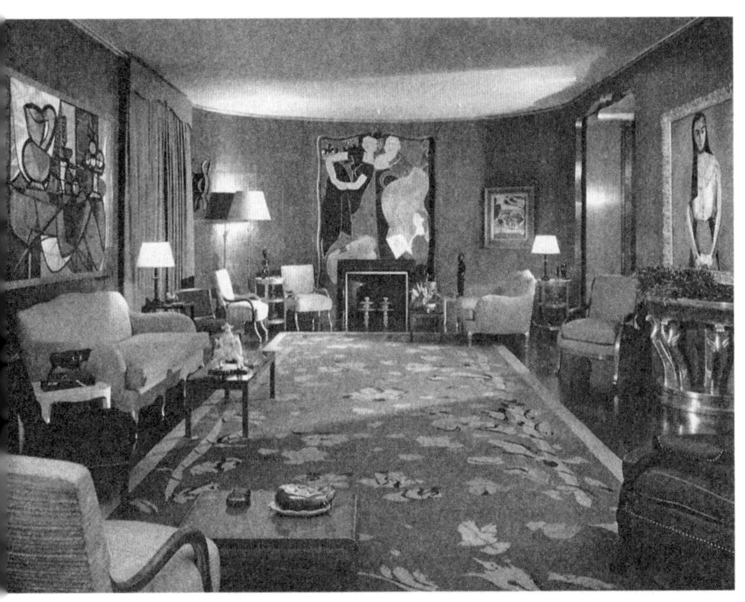

*Salon Nelson Rockefeller, 1939. Möbel (unter anderem der Tisch in grünem Galuchat) von Jean-Michel Frank, Stillleben von Pablo Picasso, Teppich von Christian Bérard, Kaminverkleidung von Alberto Giacometti, Bild von Henri Matisse, Konsole mit Blattgold von Alberto Giacometti, Frauenporträt von Henri Matisse.*

Tradition der Grund dafür war, dass er gebeten wurde, Nelson Rockefellers Appartement einzurichten. Er war zuversichtlich, dass die Vorschläge, die er Ende 1938 an Rockefeller schickte, auf fruchtbaren Boden fallen würden, und Rockefellers Reaktion bewies, dass er recht gehabt hatte.

Er hatte größere Probleme mit der Forderung seiner Auftraggeber, dass das Appartement Platz für eine Auswahl von Rockefellers schönsten Bildern bieten sollte. Rockefeller war kunstbesessen. Er war, kaum dreißig Jahre alt, Vorstandsvorsitzender des Museum of Modern Art. Er hatte eine Privatsammlung mit Bildern von Picasso, Matisse, Chagall, Miró, Léger, Braque, Kandinsky und zahllosen anderen Künstlern. Er bat Jean-Michel, beim Entwerfen des Interieurs vier Bilder von Picasso, Matisse und Léger zu berücksichtigen, von denen Rockefeller zwei (ein Diptychon von zwei auf drei Meter von Matisse und ein Landschaftsbild von Fernand Léger) für diesen Anlass bei den Künstlern bestellt hatte.

Jean-Michel war diesmal nicht in der Position, Forderungen zu stellen. Er passte seinen Entwurf den Wünschen des Auftraggebers an. Für den Rahmen des Diptychons von Matisse sparte er in der Holzwand über dem Kamin eine Öffnung von zwei mal drei Metern aus. Die obere Seite des Rahmens besteht aus zwei Kehlleisten, die durch einen kleinen Halbkreis miteinander verbunden werden: Zusammen bilden sie die Silhouette eines Vogels im Flug. Dieser Rahmen öffnet eine Nische in der Holzwand; das Diptychon von Matisse ist etwa zehn Zentimeter in die Wand eingelassen und ruht unter den Flügeln dieses enormen stilisierten Vogels. Jean-Michel wiederholte dieses Motiv mit genau denselben Maßen in der Türöffnung rechts und der Fensteröffnung links.

Alberto Giacometti fertigte auf Ersuchen Jean-Michels einen Konsolentisch, der auf geheimnisvolle Weise mit dem Entwurf an den Wänden korrespondiert. Der phantastische Entwurf, mehr Skulptur als Tisch, besteht aus einem scheibenförmigen Fuß, auf dem acht nach außen geneigte Stützen die breite, ebenfalls scheibenförmige Tischplatte tragen. Die Konsole ist mit Blattgold überzogen. Die nach außen geneigten Stützen erinnern mit ihren kleinen Köpfen und ihren biegsamen schlanken Körpern an kleine Raubtiere, Frettchen oder Hermeline, doch diesen ersten Eindruck muss man korrigieren, weil jedes der Figürchen mit einem Paar Flügel ausgestattet ist, die so klein sind, dass sie eher den Flossen von Pinguinen ähneln, die an den Rand des Bodenblatts gewatschelt sind, um in einer koordinierten Aktion die Tischplatte auf ihren Köpfen zu balancieren. Aber auch diesen Eindruck muss man korrigieren, wenn man sieht, dass die Stützen in Hüfthöhe noch ein zweites Flügelpaar besitzen. Der Tisch gleicht einem archaischen Möbelstück aus einem babylonischen Tempel, für einen Kult gedacht, dessen Bedeutung wir nur vermuten können.

Den Bildern nahm Jean-Michel einen Teil ihres individuellen Charakters, indem er sie in eine Farbkomposition einpasste, in die er die Werke von Picasso, Matisse und Léger aufnahm. Weil in den vier Bildern Grün dominiert, wiederholte Jean-Michel diese Farbe, allerdings blasser, in den Vorhängen und im Beistelltischchen, das er mit Galuchat im selben blassgrünen Ton ausstattete, wie den Hintergrund des Frauenporträts von Matisse an einer der Seitenwände. Die Couch und der Sessel haben gewölbte Füße, in denen sich die Doucine-Wölbung wiederholt. Sie stehen frei im Raum, um der Idee einer Sitzgruppe entgegenzuwirken. Die blassgelbe Farbe des Bezugs wiederholt sich im Teppich, den Jean-Michel bei d'Aubusson nach einem Entwurf von Christian Bérard weben ließ. In einem Muster aus Ästen, Blumen und Blumenblättern wiederholen sich das Gelb der Bezüge, das Braun der Holzwand und das Lila des Diptychons von Matisse. Es ist eine Farbexplosion, aber gedämpft, wie ein gutes Kaminfeuer glüht und Wärme verbreitet, ohne dass Flammen herausschlagen.

Nachdem Jean-Michel die Einrichtung fertiggestellt hatte, wurden Fotos zur Illustration verschiedener Artikel zur Innenarchitektur gemacht. Es sind fast die einzigen Farbfotos in der ausgedehnten Kollektion der Fotos, die aus allen Entwürfen Jean-Michel Franks zusammengestellt wurde. Beim Anblick der Fotos wurde mir bewusst, dass die Farbe bei Jean-Michel, seit er 1930 Direktor von Chanaux & Cie geworden war, zunächst eine zögernde, später eine immer prominentere Rolle zu spielen begann. Zuvor war es mir nicht aufgefallen, weil der Prozess ganz allmählich vonstattengegangen war und es, wie im Ballsaal des Baron de l'Espée, Gründe gab, von den beigen und weißen Farbtönen abzuweichen, die die früheren Interieurs dominierten. Auch beim Rockefeller-Interieur kann man behaupten, dass es einen Grund gab, warum Jean-Michel für seine Verhältnisse exzessiv Farbe benutzte, aber ich denke, dass dies nur von der Tatsache ablenkt, dass sich bei Jean-Michel etwas Grundlegendes verändert hatte, seit er angefangen hatte, mit einem Team von Künstlern zusammenzuarbeiten.

Der Grund für diese Veränderung liegt wohl in der Zusammenarbeit mit Christian Bérard. Bérards immer wieder vorgebrachten Bemerkungen, Jean-Michel solle etwas mehr Sonne ins Wasser scheinen lassen, etwas mehr Farbe in sein Leben und seine Werke bringen, Bemerkungen, die er mit Entwürfen unterstrich, in denen er alle möglichen fröhlichen Farben verarbeitete, hatten wohl eine viel tiefere Wirkung gehabt, als ich es anfangs für möglich gehalten hatte.

# 24
# JEAN-MICHEL FRANK UND PIET MONDRIAN

Jean-Michel Frank nahm seinen Wohnsitz in einem Appartement an der 63rd Street in New York. Von dort konnte er zu Fuß zum Rockefeller Centre laufen. Er befand sich in New York schon bald in derselben komfortablen Position wie in Buenos Aires. Er bekam Aufträge und Einladungen, um für die New York School of Applied Arts Vorträge zu halten. Er nahm Kontakt zu alten Freunden und Bekannten auf, die wie er aus Europa geflohen waren und sich in New York niedergelassen hatten: Elsa Schiaparelli, Julien Green, Salvador Dalí.

Im Herbst des Jahres 1940 floh Piet Mondrian aus London nach New York. Er fand ein Appartement mit Atelier in der 56th Street, sieben Straßen von Jean-Michels Wohnung entfernt. Vermutlich sind sie sich bei einem der Treffen von aus Europa geflohenen Künstlern begegnet. Ich stelle mir vor, dass Jean-Michel dem Maler einen Besuch abgestattet hat. Piet Mondrian brauchte dringend Menschen, die seine Arbeit bekanntmachten. Bestimmt hätte er Jean-Michel, der für den steinreichen Kunstkenner, Mäzen und Direktor des Museum of Modern Art arbeitete, gern empfangen. Er hätte Jean-Michel nach seinem Rockefeller-Projekt und nach anderen Projekten ausgefragt. Hat er Jean-Michel vielleicht eine Tasse Tee oder Kaffee angeboten? Eine Tasse Tee, bitte, wenn es nicht zu viel Mühe macht, sehr freundlich.

Und während Piet Mondrian Wasser für den Tee kochte, ging Jean-Michel durch das Atelier und betrachtete erstaunt die Wände, auf die Mondrian Rechtecke in verschiedenen Farben und Größen angebracht hatte. Er trat vor das Bild, das auf der Staffelei stand, und stellte fest, dass es ganz anders konzipiert war als die Bilder, die er mehr als zehn Jahre vorher bei Léonce Rosenberg gesehen hatte. Die Bilder aus jener Zeit waren vor allem rautenförmig gewesen, und der leere Mittelteil wurde durch einige horizontale und vertikale Linien begrenzt.

Das Bild, das jetzt auf der Staffelei stand, war anders. Es bestand aus einer großen Anzahl gelber und einiger blauer und roter vertikaler und horizontaler Linien, die über die ganze Oberfläche liefen, so dass ein Muster aus größeren und kleineren Rechtecken entstand, die an den Stellen, wo die zahlreichen Linien sich kreuzten, ausgespart wurden. Das Muster erinnerte an den Straßenplan von New York, den Jean-Michel in der Manteltasche trug, um sich zu orientieren. Die horizontalen Linien waren die Streets; sie wurden in regelmäßigen Abständen von den vertikalen Avenues geschnitten. Die ausgesparten Rechtecke waren die Häuserblocks und Straßen, die von den Streets und den Avenues eingerahmt waren.

»Angenommen, dieses Bild ist eine schematische Darstellung der Upper East Side«, murmelte Jean-Michel vor sich hin, »dann kann ich die Straßen von unten nach oben nummerieren, und wenn ich unten mit der 54th Street anfange, zähle ich eins, zwei, drei, vier, fünf, sechs, sieben, acht, neun, zehn, elf, zwölf Straßen, von denen die letzte hier oben die 67th sein müsste. Wenn ich die vertikalen Linien als Avenues betrachte, am äußeren rechten Rand beginnend mit York Avenue, dann First Avenue und weitergehend bis 7th Avenue ganz links, dann befindet sich Mondrians Atelier, mal sehen, zwei von unten, drei von rechts, in diesem kleinen Rechteck.« Er strich mit einer Fingerspitze über die weiße Aussparung zwischen zwei gelben Streifen. »Und ich wohne …, mal zählen, neun ab der untersten Straße und eins, zwei, drei, vier von der York Avenue, in diesem kleinen Rechteck hier.«

Er lächelte unwillkürlich, und weil Mondrian in diesem Moment das Studio betrat, ein Tablett mit einer Teekanne, zwei Tas-

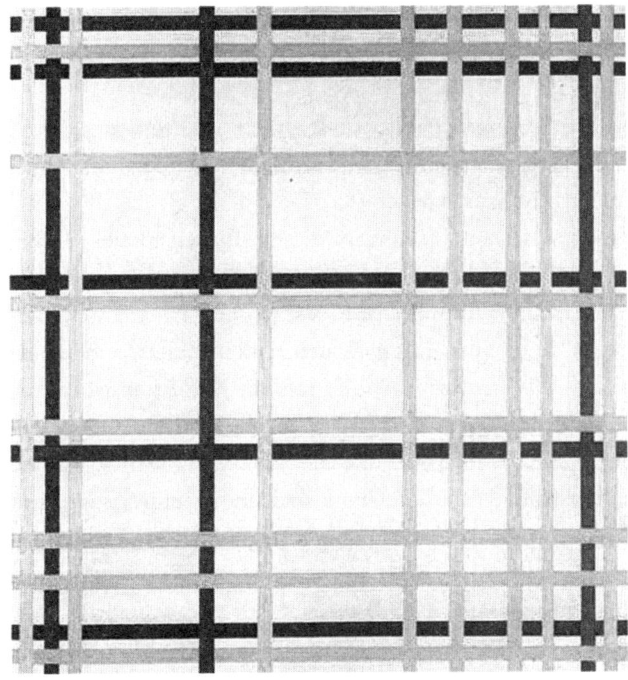

*Piet Mondrian,* New York City I, *1941.*

sen, einer Zuckerdose und ein Becher mit Löffeln in der Hand, drehte er sich zu Mondrian um, kurz davor, etwas zu dem Straßenplan zu sagen, aber er überlegte es sich gerade noch rechtzeitig und schluckte die Bemerkung hinunter. Es war bestimmt nicht Mondrians Absicht, auf seinem neuesten Bild einen Straßenplan wiederzugeben, schon gar nicht einen Straßenplan, auf dem man mit etwas gutem Willen sein Atelier finden würde.

»Rockefeller hat viel Geld für die Dekoration seines Zentrums aufgewandt«, sagte Mondrian, während er Jean-Michel bat, auf einem Klappstuhl Platz zu nehmen. »Ich habe mir die Skulpturen, die Reliefs und die Wandmalereien angesehen. Rausgeworfenes Geld. Eine verpasste Chance. Diese Wandmalereien von José Sert: *Progress in America, Man's Conquest over the Material World* – was für eine Rhetorik, was für eine Angeberei. Der Besucher wird klein und unbedeutend gemacht, er wird niedergeschrien wie auf einem Marktplatz.

Serts Darstellungen erinnern nur zu sehr an Propaganda. Was Form und Wirkung betrifft, sind sie den Plakaten und Filmen der Kommunisten und Faschisten ebenbürtig. Rockefeller hätte die Wände besser weiß gelassen. Oder mit Farben arbeiten sollen, wie ich es hier an den Wänden meines Atelier mache. Die Kompositionen, die Sie hier sehen«, Mondrian machte eine weite Bewegung zu den beiden Längswänden seines Studios, »nenne ich meine *Wall Works*, um jede Assoziation mit *Wall Paintings* wie die von Sert zu vermeiden. Sie bestehen, wie Sie sehen, aus äußerst einfachen Rechtecken, aber die Farben dieser Rechtecke, ihre Größe und vor allem ihre Stellung zueinander hinterlassen beim Betrachter eine räumliche Wirkung. Es sind Einladungen an den Betrachter, diesen Raum zu betreten. Ganz im Gegensatz zu Serts Wandmalereien.«

»Wohnräume bestehen aus Wänden«, antwortete Jean-Michel. »Das heißt, aus Quadraten oder Rechtecken, die fast immer senkrecht zueinanderstehen, wie die langen Seitenwände und die kurzen Rückwände Ihres Studios senkrecht zueinanderstehen. Die Seitenwände sind fast doppelt so lang wie die Rückwände, wenn ich das richtig sehe. Sie stehen in einem bestimmten Verhältnis zueinander, das ziemlich ausbalanciert ist, vielleicht sogar nach dem Goldenen Schnitt. Das wäre eine Bestätigung unseres intuitiven Gefühls, dass die Wände miteinander im Gleichgewicht sind. Was ich sagen möchte, ist Folgendes: Warum betrachten Sie die Wände nicht wie Flächen, und warum bemalen Sie sie nicht mit Farben, die dieses Gleichgewicht verstärken?«

»Sie haben recht, es wäre natürlich ideal, wenn ich die vorhandenen Flächen nützen könnte, aber Sie sehen selbst die Grenzen einer solchen Arbeitsweise. Ich kann die Größe der Wände nicht vergrößern oder verkleinern; ich kann auch ihre Position zueinander nicht verändern. Es wäre ideal, wenn ich selbst ein Haus entwerfen würde, dessen Wände, Böden, Fenster und Türen miteinander im Gleichgewicht stünden. Meine Bilder sind eigentlich Projektionen solcher Häuser.«

»Malerei und Architektur würden sich dann gegenseitig ergänzen.«

»Genau. Und das wäre ein enormer Erfolg. Die figurative Malerei wäre überflüssig und überwunden durch die abstrakte Malerei-Architektur. Ich schreibe gerade einen großen Artikel, in dem ich argumentiere, dass die totalitären Regime, Faschismus und Kommunismus, die Entwicklung der modernen Kunst unterdrücken. Sie kehren mit propagandistischen Zielen zu figurativen Vorstellungen zurück. Europa wird damit überschwemmt. Hitler versucht, die abstrakte Kunst als ›entartete Kunst‹ zu diffamieren. Aber die abstrakte Kunst wird sich gerade unter dem Druck dieser Regime zu einer reinen, nonfigurativen Kunst entwickeln. Eines Tages werden die Menschen einsehen, dass realistische Bilder benutzt werden, um sie zu manipulieren. Realismus ist eine Phase in der Entwicklung der Kunst, und diese Phase muss überwunden und vernichtet werden, um Platz für eine konstruktive, räumliche Kunst zu schaffen.«

# 25
## »I AM TOO ILL«

Von Elsa Schiaparelli erfuhr Jean-Michel, dass die Deutschen sich sofort nach der Besetzung Frankreichs darangemacht hatten, Ordnung zu schaffen, Ordnung nach ihrem Sinn. Elsa war es auf wundersame Weise gelungen, Anfang 1941 von New York nach Paris zu reisen und wieder zurück. In Paris hatte sie ihre geschäftlichen Interessen vertreten, Freunde besucht und sich über die Situation informiert.

Elsa berichtete, die Vichy-Regierung habe einige Monate nach der Besatzung Personen, die keinen französischen Vater hatten – »und mit Französisch meinten sie: nichtjüdisch«, betonte sie –, »verboten, als Beamte tätig zu sein. Und kurz danach haben sie beschlossen, eingebürgerten Franzosen die Staatsbürgerschaft zu entziehen.«

»Das heißt«, sagte Jean-Michel, »dass ich ab heute kein Franzose mehr bin.«

»Außerdem«, fuhr Elsa fort, »haben die Deutschen mit der ›wirtschaftlichen Arisierung‹ begonnen, wie sie die Beschlagnahmung jüdischer Unternehmen nennen. Juden müssen ab Oktober letzten Jahres all ihre Besitztümer bei der Polizeipräfektur ihres Arrondissements angeben.«

»L'histoire se répète«, sagte Jean-Michel. »1914 wurde meinen Eltern die französische Staatsbürgerschaft entzogen. Mein Vater musste seine Besitztümer angeben; er wurde unter Aufsicht gestellt. Demnächst werden sie mein Geschäft an der Rue du Faubourg Saint-Honoré und das Atelier beschlagnahmen.«

Am 8. März nahm sich Jean-Michel das Leben. Laut offizieller Darstellung war er aus dem Fenster seines Appartements an der 63rd Street gesprungen und sofort tot. Seine Cousine Milly Loewi habe die Leiche identifiziert. Die Studien zu Jean-Michels Leben und seiner Arbeit betonen die Parallele zwischen diesem Selbstmord und dem Selbstmord seines Vaters, der sich das Leben genommen hatte, indem er am 11. Oktober 1915 aus dem Fenster seines Appartements an der Avenue Kléber sprang.

Diese Selbstmorde erinnern an die Art und Weise, wie viele Juden, die keinen Ausweg aus ihrem Elend mehr sahen, ihr Leben beendeten. Charlotte Salomon, die jüdische Künstlerin, die 1943 in jugendlichem Alter in Auschwitz umgebracht wurde, kommt in ihrem Werk *Leben oder Theater* immer wieder auf diese unheimliche Art zurück, das eigene Leben zu beenden. Charlottes Mutter beging Selbstmord, indem sie 1926 aus dem Fenster sprang. Ihre Großmutter tat das Gleiche im Jahr 1940. Das Fenster als letzter Ausweg bildet ein Leitmotiv in den 769 Gouaches, aus denen *Leben oder Theater* besteht. Auf mehreren Bildern setzt sie Fenster prominent ins Bild. Sie unterstreicht die Tragik des Motivs, indem sie Texte oder musikalische Motive in die Bilder aufnimmt oder der Gouache einen Text hinzufügt. So zeigt die Gouache 140 ein kahles Dachzimmer, dessen offen stehendes Fenster Aussicht auf den blauen Himmel bietet. Darunter steht in Versform eine Anspielung auf ihre Mutter:

> Jetzt steht sie nicht mehr dort. – Ach an einem anderen Ort – weilt sie nun.

Aber dieses Lebensende trifft auf Jean-Michel Frank nicht zu. Aus meinen Recherchen im Gemeindearchiv von New York geht hervor, dass Jean-Michel Frank am 8. März 1941 an einer Überdosis Narkotika gestorben ist. Er wurde am Abend des 8. März leblos auf dem Bett in seinem Appartement an der 63rd Street aufgefunden. Sechs Dokumente berichten in amtlicher Sprache über den wahren Sachverhalt.

Am 8. März wurde um 8.27 p.m. im Office of the Chief Medical Examiner eine *Notice of Death* ausgestellt: 186E, 63rd Street. Alter: 47 Jahre. Todeszeitpunkt: 7.20 p.m. Todesursache: *Overdose of narcotics.*

Um 10.45 p.m. wurde im selben Office ein *Report of Death* ausgestellt. Das Alter wurde auf 46 Jahre korrigiert, der Todeszeitpunkt auf circa 7.30 abends. Unter der Überschrift »Zeugenaussagen« ist zu lesen:

> Left suicide note.
> Empty »Dial Ciba« bottle found next to body.
> Found lying in bed in nightclothes.
> Adult white male – Rigor + lividity present – Brown hair – Brown pigmentation of skin.

Eine Kritzelei am Rand erwähnt »Morgue«, das Leichenhaus, in das die Leiche für die Autopsie gebracht wurde.

Am Tag darauf, dem 9. März, wurde die Leiche von Robert Wolff identifiziert, laut *Identification of Body* ein Freund Jean-Michels, wohnhaft 14E, 60th Street. Er erklärte, dass er Jean-Michel am 8. März, dem Sterbetag, zuletzt gesehen (oder gehört) hatte.

Der drei Seiten umfassende Autopsiebericht, am 9. März im City Mortuarium von J. M. Ravid M. D. ausgestellt, bestätigt *acute suicidal barbiturate poisoning* als Todesursache.

Das *Certificate of Death*, ausgestellt am 10. März, fasst alle vorherigen Daten zusammen und erklärt, die Leiche sei Frau Milly L. Moschcowitz, einer »Cousine« des Verstorbenen, übergeben worden. Millys Mädchenname lautete Amalia Loewi. Sie wurde 1869 als Tochter von Valentin Loewi, einem Bruder von Oskar und Ottmar Loewi, geboren, der, wie seine beiden älteren Brüder, Mitte des 19. Jahrhunderts in die Vereinigten Staaten ausgewandert war. Milly war keine richtige Cousine von Jean-Michel. Ihre Onkel Oskar und Ottmar Loewi waren durch ihre Ehe mit Rebecca beziehungsweise Rosalia Frank Jean-Michels angeheiratete

Onkel. Milly war als Tochter von Valentin Loewi nicht einmal eine angeheiratete Verwandte. Sie war nur auf eine entfernte und indirekte Art mit Jean-Michel verwandt. Milly war mit dem aus Österreich-Ungarn stammenden Alexis Moschcowitz verheiratet. Mit diesem Namen hat sie das *Certificate of Death* unterschrieben. Das Zertifikat erklärt am Schluss, die Leiche solle am 12. März 1941 im Ferncliff Crematory in Ardsley New York eingeäschert werden.

Jean-Michel hinterließ folgenden Abschiedsbrief:

New York April 7th.

I do this for no reason but ill-health.
I ask my friends who have been so good to me to forgive me. I thank them deeply for trying to help me but I have no strength left to go on. I am too ill.

Jean-Michel Frank

Der auf Englisch geschriebene Brief trägt das Datum 7. April. Das ist erstaunlich, weil Jean-Michel allen Erklärungen zufolge erst am Abend des 8. März verstarb. Hat Jean-Michel sich in der Verwirrung der letzten Augenblicke im Datum geirrt und statt 8. März 7. März geschrieben? Das scheint mir nicht wahrscheinlich, denn Jean-Michel war immer sehr genau. Eher könnte man davon ausgehen, dass er nicht impulsiv, sondern wohlüberlegt gehandelt hat. Er schrieb seinen Abschiedsbrief am 7. März, traf am folgenden Tag seinen Freund Robert Wolff oder telefonierte mit ihm, und führte am späten Nachmittag seinen Plan aus.

Der Brief ist auch aus anderen Gründen erstaunlich. Jean-Michel erschöpft sich in Entschuldigungen gegenüber den Freunden, die ihn während seiner jahrelangen Krankheit unterstützt haben. Er betont explizit die Tatsache, dass es eine körperliche Krankheit sei (»no reason but ill-health«), die ihn so vollkommen erschöpfe, dass er keine Kraft mehr zum Weiterleben habe. Er wiederholt gleich drei Mal, dass körperliche Erschöpfung der einzige Grund für seine Tat sei und wiederholt knapp zusammengefasst die Argumente, die er seitenweise in seinem herzzerreißenden Brief an Léon Pierre-Quint zehn Jahre zuvor ausführlich dargelegt hatte. In diesem Brief hatte er ebenfalls ständig betont, dass er an einer körperlichen Krankheit leide, nicht an einer psychischen, zum Beispiel an einer Depression. Was ihn schwäche, hatte er damals geschrieben, sei eine ganze Reihe körperlicher Leiden, die sich zwar in Form einer tiefen Niedergeschlagenheit auf seine geistige Spannkraft auswirkten, aber diese Niedergeschlagenheit sei nicht die Ursache, warum er sich körperlich elend fühle, sondern die Folge.

Jean-Michel scheint sich bis zuletzt gegen die Idee zu wehren, dass Depressionen die plausibelste Ursache seines Elends waren. Von Jugend an versuchte er, diese Depressionen mit Hilfe von Drogen zu vertreiben. Die Drogen hatten eine starke Auswirkung auf seine körperliche Gesundheit und erschöpften ihn geistig noch mehr. Es war eine Spirale, deren Anfang die verheerenden Erfahrungen von 1915 gewesen sein müssen, und, allgemein gesehen, das Schicksal seiner Familie, die ständig vom Ort, wo sie sesshaft werden wollte, vertrieben wurde.

# EPILOG
# EINE ARISCHE NASE

Am frühen Morgen des 21. November 1941, ein halbes Jahr nach Jean-Michels Selbstmord, ereignete sich ein eigenartiger Unfall auf dem Boulevard du Montparnasse. Auf Höhe der Rue de Sèvre kam ein deutsches Auto mit hoher Geschwindigkeit ins Schleudern und prallte gegen eine Platane auf dem Bürgersteig des Boulevards. War der Fahrer Passanten ausgewichen, die auf dem Rückweg von einer abendlichen Kneipentour den Boulevard überquert hatten, ohne auf den herannahenden Verkehr zu achten? War ein anderes Auto, das aus der Rue de Sèvres kam, auf den von links kommenden Mercedes geprallt? Nichts von alledem. Es gab keinen Verkehr zu dieser nächtlichen Stunde, und Partygänger gab es im Herbst 1941 schon gar nicht. Alle Tanzlokale und fast alle Restaurants und Cafés waren geschlossen. Die meisten Pariser waren aus der Stadt geflüchtet und hatten versucht, bei Verwandten im Süden unterzukommen. Die Stadt war wie ausgestorben.

Der Grund, warum der Mercedes ohne ersichtlichen Grund gegen den Baum prallte, war, dass der Fahrer, ein deutscher Oberstleutnant, sich an seine Mitfahrer gewandt hatte, eine elegante Dame auf dem Beifahrersitz und ein korpulenter Herr hinter ihr auf dem Rücksitz, weil er ihnen etwas Lustiges erzählen wollte. Die französischen Wörter gingen ihm zu Beginn des Abends etwas mühsam über die Lippen, er hatte sich ständig die korrekte Form der Verben und Adjektive überlegen müssen. Vergiss nicht, mag er zu sich gesagt haben, dass nach »bien que« ein Konjunktiv kommt, also »bien que je *sois*«, und dass man bei »la lettre est bien *écrite«* das »t« deutlich ausspricht, um zu zeigen, dass man weiß, wie es richtig heißt. Doch im Lauf des Abends waren die Worte immer lockerer von seinen Lippen gerollt, obwohl er jetzt »sois« und »suis« verwechselte und die Adjektive in gemurmelten Halbvokalen enden ließ, in denen seine französischen Freunde jede gewünschte Endung, auch die korrekte, heraushören konnten.

Nach dem Abendessen waren seine Freunde und er zu einem Nachtcafé am Boulevard du Montparnasse gefahren und hatten dort einen angeregten Abend verbracht. Der Oberstleutnant hatte flaschenweise den besten Champagner bringen lassen. Sein Freund, der bekannte Komponist Georges Auric, hatte fröhliche Melodien auf dem Klavier gespielt; seine Freundin, Gräfin Marie Laure de Noailles, hatte mit Auric zusammen Lieder gesungen. Bei einem dieser Lieder, das ihm bekannt vorkam, hatte der Oberstleutnant mit eingestimmt: »Auprès de ma blonde, qu'il fait bon, fait bon. Auprès de ma blonde, qu'il fait bon dormir.« Er hatte seiner Freundin lachend zugenickt, und weil er sich nur an die ersten Zeilen des Lieds erinnerte, hatte Marie Laure ihm den weiteren Text vorgesungen.

Kurz, es war ein außerordentlich angenehmer Abend gewesen, und es blieb auch noch angenehm, nachdem sie in den Mercedes eingestiegen waren. Der Oberstleutnant summte noch mal »Auprès de ma blonde«, und die beiden anderen stimmten ein, es wurde viel gelacht, und als der Deutsche auf der Avenue du Montparnasse mit der rechten Hand die vom leichten, weißen Nebel beschlagene Windschutzscheibe sauberwischte, kam ihm die Idee, dass sein Kopf ebenso benebelt sei wie seine Windschutzscheibe.

»Deine Anwesenheit«, wollte er zu Marie Laure sagen, und erinnerte sich noch rechtzeitig, dass er »Votre présence« sagen musste, denn in Frankreich kann man sich in Anwesenheit Dritter nicht duzen, »Ihre Anwesenheit und der außerordentlich angenehme Abend, den wir zusammen verbracht haben, haben meinen Kopf genauso benebelt wie meine Windschutzscheibe.«

Er sprach dieses Kompliment langsam aus und achtete darauf, die Worte richtig zu artikulieren, denn ihm war klar, dass ihm das Französische zwar flott, aber nicht ganz korrekt von den Lippen ging, und es wäre doch schade, wenn sein *mot d'esprit* in unsicherem Gemurmel verlorengehen würde. Um sich besser verständlich zu machen, drehte er sich nach rechts, zu seiner Freundin, und um das Wort »benebelt« zu betonen (er war stolz, dass er den Ausdruck »embué« gefunden hatte, der ihm sehr treffend schien), legte er seine Hand auf die Rückenlehne des Beifahrersitzes und warf Georges Auric einen durchdringenden Blick zu, um sicherzugehen, dass sein Wortspiel auch nach hinten durchgedrungen war. Das war der Moment, in dem sich der Mercedes der Kreuzung der Rue de Sèvre näherte.

Angesichts der Geschwindigkeit, mit der das Auto gegen die Platane prallte, war es ein Wunder, dass niemand ums Leben kam. Die Insassen waren aber verletzt. Georges Auric am schwersten, sein rechtes Bein war zertrümmert. In einem letzten Versuch, den Aufprall zu verhindern, hatte der Oberstleutnant das Lenkrad nach links gerissen, wodurch der Mercedes die Platane mit der Seite gerammt hatte, genau an der Stelle mit Aurics ausgestrecktem Bein. Die beiden anderen waren nicht so schwer verletzt. Der Oberstleutnant hatte eine Gehirnerschütterung, und Marie Laure war mit dem Gesicht gegen das Armaturenbrett geknallt: Sie blutete, ihre Nase war gebrochen.

Marie Laure wurde ins Krankenhaus aufgenommen, ihre Nase wurde operiert, ihr Gesicht war komplett zugeschwollen. Sie wollte nicht, dass der Unfall bekannt wurde, und verbot dem Krankenhauspersonal, ihren Unfall zu erwähnen. Ihre Freunde wussten nicht, wo sie war. Nach einer Woche durfte sie zurück nach Bischoffsheim. Dort verschanzte sie sich, bis sie wieder vorzeigbar sein würde, und die Leute, die sie wegen des Unfallhergangs befragen würden, mit beiläufigen Worten abspeisen könnte.

Der Einzige, der freien Zugang zu Bischoffsheim hatte, war Jean Cocteau. Ihre Beziehung, die in den Jahren vor der Besatzung ziemlich vergiftet war – seitens Jean Cocteau wegen der vielen Freundschaften mit seinen schönen Jünglingen, aber vor allem wegen der Affäre mit Nathalie Paley, und seitens Marie Laure wegen ihrer Beziehungen zu jungen Pianisten und Geigern, die sie durch ganz Europa begleitete –, hatte sich durch die Kriegssituation wieder gebessert. Jean Cocteau war durch die deutsche Besatzung in eine prekäre Situation geraten. Er fühlte sich unsicher. Die Theater waren zwar nicht geschlossen, aber die Programme waren dem Geschmack der neuen Machthaber angepasst worden, Jean Cocteaus avantgardistische Stücke hatten darin keinen Platz mehr. Außerdem ließ die rechte Presse keine Gelegenheit ungenutzt, den »von Opium abhängigen, homophilen Schmarotzer« in schlechtes Licht zu rücken. Jean Cocteau fühlte sich bedroht.

Auch Marie Laure de Noailles musste vorsichtig sein. Die nationalsozialistische Presse hatte ihre Freundschaft mit den Surrealisten nicht vergessen, auch nicht den skandalösen Film *L'Âge d'or*, der in ihrem Auftrag gedreht worden war, ihre Unterstützung der spanischen Republikaner und ihre Freundschaft mit Kurt Weill, doch am schlimmsten war wohl die Tatsache, dass sie Jüdin war.

Nun war Marie Laure de Noailles nicht im selben Grade jüdisch wie Jean-Michel Frank, es gab Richtlinien, die nach dem Vorbild der Nürnberger Gesetze bestimmten, ob und in welchem Grad jemand als jüdisch betrachtet werden konnte. Marie Laure nutzte diese Abstufungen und ihren Status als Gräfin mit einem Familiennamen, der bis ins frühe Mittelalter zurückging, um zu suggerieren, sie sei so weiß wie eine Lilie. Tatsächlich gehörte sie zur komplizierten Gruppe der »Mischlinge«. Anhand eines umfangreichen Schemas, das den Nürnberger Rassengesetzen zur Verdeutlichung hinzugefügt worden war, konnte jeder erfahren, zu welcher der fünf Gruppen er gehörte.

Marie Laure hatte ausgerechnet, dass sie mit zwei jüdischen Großeltern väterlicherseits (zwei schwarze Punkte im Schema) und zwei arischen Großeltern mütterlicherseits (zwei weiße Punkte) das Kind eines volljüdischen Vaters (schwarzer Punkt) und einer

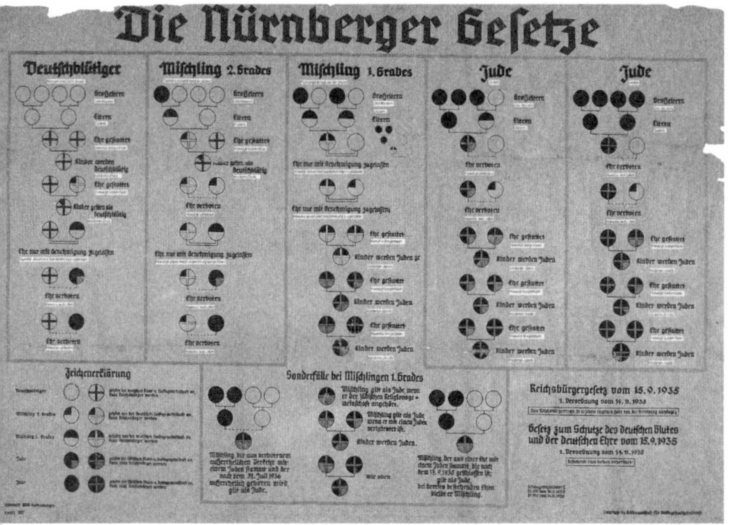


*Nürnberger Rassengesetze, 1935*

rein arischen Mutter (weißer Punkt) war (ein Punkt, dessen obere Hälfte schwarz und die untere Hälfte weiß war). »Mischling« bedeutete in ihrem Fall »zur Hälfte« jüdischen Blutes. Wäre einer ihrer Großeltern mütterlicherseits ebenfalls jüdisch gewesen, dann wäre ihr Punkt zu Dreiviertel schwarz gewesen und sie als Jüdin verfolgt worden. Marie Laure stammte als Mischling ersten Grades (zu Zweiviertel jüdischen Blutes) deutlich mehr von Juden ab als die Mischlinge zweiten Grades (zu einem Viertel jüdischen Blutes). Sie konnte ohne weiteres festgenommen werden, wenn ihr zweifelhafter »halbjüdischer« Status mit Aktivitäten in Zusammenhang gebracht würden, die den Nationalsozialisten unliebsam waren, wie Mitgliedschaft in der kommunistischen Partei oder Unterstützung entarteter Künstler.

»Du willst dein Verhältnis mit dem Oberstleutnant publik machen, nehme ich an?«, fragte Jean Cocteau sie mit einem Grinsen.

»Ach bitte, Jean. Die Situation ist ohnehin schon unangenehm genug. Ich möchte nicht an den Unfall erinnert werden, und wenn man dich auffordert, etwas zum Hergang zu sagen, dann war der Unfall die Folge eines Zusammenstoßes *mit* einem deutschen Auto und nicht *in* einem deutschen Auto. Hast du das verstanden?«

»Ein sehr appetitlicher Mann übrigens, dein Oberstleutnant. Ich weiß deine Männerwahl zu schätzen. Wir haben einen ähnlichen Geschmack, das habe ich dir schon öfters gesagt.«

»Können wir bitte das Thema wechseln?«

»Und was den Unfall betrifft«, sagte Cocteau, »du solltest ihn als peinliches, aber glückliches Missgeschick betrachten. Er hat dein Schicksal in die richtige Richtung geschubst, denn durch die Operation hast du jetzt eine arische Nase bekommen.«

# ANHANG
# STAMMBAUM DER FAMILIE FRANK

Zacharias Frank, Jean-Michel Franks Großvater, wurde 1811 in Niederhochstadt, einem Dorf in der Nähe von Landau (Rheinland-Pfalz) geboren. 1840 heiratete er Barbara Hammelfett, 1841 zog das Ehepaar nach Landau. Dort gründete Zacharias eine Bank. Er kaufte ausgedehnte Weinberge, und 1870 erwarb er das prachtvolle, mit Säulengängen um einen Innenhof herum gebaute Gasthaus *Zur Blum* im Zentrum von Landau.

Zacharias und Barbara bekamen elf Kinder: Rebecca (1842), Jacob (1843), Rosalia (1844), Sophie (1846), Emil (1847), Veronica (1849), Arnold (1850), Michael (1851), Leon (1853), Carolina (Lina, 1854) und Caroline (1855).

Die Schreibweise der Namen ist unterschiedlich. Der Nachname wurde abwechselnd Frank oder Franck geschrieben. Erst Ende des 19. Jahrhunderts wurde die Schreibweise auf Frank festgelegt, aber auch danach wurde der Name noch häufig mit ck geschrieben. In den Sterberegistern von Jean-Michels Brüdern Oscar und Georges-Ottmar steht der Nachname Franck. Zacharias' Ehefrau wurde in den offiziellen Dokumenten manchmal Barbara, dann wieder Babette genannt. Babette scheint eine Koseform von Barbara zu sein.

Die Schreibweise der Namen schwankt zwischen dem Französischen und dem Deutschen, einige Namen werden französisch geschrieben, wie Rebecca statt Rebekka, Jacob statt Jakob, Veronica statt Veronika, andere dagegen deutsch: Emil statt Émile, Michael statt Michel und Leon statt Léon.

Die Vornamen konnten, wie es gerade passte, den französischen oder den deutschen Verhältnissen angepasst werden. Typisch deutsche oder typische französische Vornamen fehlen. Man wird keinen einzigen Jungen in der Familie Frank finden, der Friedrich, Wilhelm oder Jürgen heißt, ebenso wenig wie Louis, François oder Jules. Allerdings entstammen diverse Vornamen dem Alten Testament oder sind den Namen katholischer Heiliger entlehnt.

Die Namen scheinen so gewählt worden zu sein, dass sie sowohl auf französische wie auf deutsche Art geschrieben werden können. Leon Frank, Jean-Michels Vater, änderte seinen Vornamen in Léon, als er sich 1879 in Paris niederließ. Vielleicht hätte er aber selbst gesagt, er ziehe im Moment eine der beiden Varianten vor, die ihm bei der Geburt mitgegeben worden waren. Die Vornamen der Frank-Kinder sollten eigentlich wie Rebecca / Rebekka, Veronica / Veronika, Jacob / Jakob, Emil / Émile, Michael / Michel, Leon / Léon gelesen werden. In Briefen an Michael, Otto Franks Vater, nennt Léon seinen Bruder immer wieder Michel, nicht Michael. Die Vornamen von Léons in Frankreich geborenen Söhnen Oscar, Georges-Ottmar und Jean-Michel sind im Melderegister von Landau mit der deutschen Schreibweise Oskar, Georg-Ottmar und Johann-Michael registriert. Im Melderegister von Landau steht hinter ihren Namen die folgende Notiz: »Am 05. November 1911 wegen Auswanderung nach Frankreich aus dem königlichen bayerischen Staatsverband entlassen.« Ich entnehme daraus, dass die Brüder bis dahin Teil dieses Staatsverbandes und damit deutsche Untertanen waren.

Die Mitglieder der Familie Frank waren als Eingesessene der Pfalz (des heutigen Bundeslandes Rheinland-Pfalz) keine typischen Deutschen. Die Pfalz liegt, wie das Elsass, im Grenzgebiet zwischen Deutschland und Frankreich und gehörte, wie das Elsass, im Laufe der Geschichte mal zu Frankreich, mal zu Deutschland. Ab dem 17. Jahrhundert war die Pfalz französisches Staatsgebiet. Landau wurde am Ende des 17. Jahrhunderts von Vauban zu einer französischen Festung umgebaut. Erst 1816 wurde die Pfalz beim Wiener Kongress Frankreich weggenommen und zunächst Bayern, später dem Deutschen Bund zugewiesen, um noch später (nach dem Ersten und dem Zweiten Weltkrieg) wieder für kurze Zeit unter französische Verwaltung gestellt zu werden.

Die Familie Frank fühlte sich mehr französischen denn als deutschen Ursprungs. Vielleicht sollte man besser sagen, dass die Familienmitglieder gelernt hatten, sich den vielen Bewegungen anzupassen, die die Bevölkerung eines umstrittenen Grenzgebietes zu Untertanen mal des einen, mal des anderen Staates machte, so dass sich diese Grenzbevölkerung eher als Französisch / Deutsch oder Deutsch / Französisch betrachtet als Französisch oder Deutsch. Léon Frank sah sich selbstverständlich als Franzose. Diese Annahme führte in der Zeit vor dem Ersten Weltkrieg zu entsetzlichen Problemen.

Von Zacharias' elf Kindern blieben nur zwei in Landau. Sophie heiratete Leo Loeb, einen örtlichen Bankier; Arnold wurde Bierbrauer. Die acht übrigen Kinder (Veronica starb kurz nach der Geburt) zogen in andere deutsche Städte oder wanderten aus. Die älteste Tochter Rebecca (1842) heiratete Oskar Loewi (1830), einen Sohn des Stadt- und Distriktsrabbiners von Fürth in Bayern. Dieser Oskar, dessen Name im Fürther Stadtarchiv manchmal als Oscar aufgeführt wird, war ein *Handlungscommis* (Büroangestellter) und kein Rabbiner, wie ihm zu Unrecht in einigen Büchern zugeschrieben wird. Er wanderte 1849 in die Vereinigten Staaten aus, ließ sich in Philadelphia nieder und zog später nach New York. Als er auswanderte, war Rebecca Frank erst sieben Jahre alt. Sie muss erst viel später nach Amerika ausgewandert sein, um sich diesem Mann anzuschließen, mit dem sie vermählt worden war. Rosalia, die zweite Tochter von Zacharias und Barbara Frank, heiratete Ottmar Loewi (1836), Oskars jüngeren Bruder. Auch sie wanderten nach Amerika aus.

Im Stadtarchiv von Fürth befinden sich drei verschiedene Auswanderungsakten nach Nordamerika (New York) von Oskar, Ottmar und ihrem jüngeren Bruder Valentin Loewi (1838). Die Auswanderungsakte von Ottmar ist auf 1853 datiert. Das heißt, dass Ottmar erst siebzehn Jahre alt war, als er auswanderte. Rosalia Frank war zu dem Zeitpunkt neun Jahre alt. Das heißt, dass Ottmar, wie Oskar, sich allein in die Vereinigten Staaten aufgemacht und sich seinem Bruder angeschlossen hatte. Die Brüder wurden erst etwa zehn Jahre später, wie ich annehme über ihre Verwandten in Deutschland, mit den Frank-Schwestern in Kontakt gebracht, denen sie dann, möglicherweise gemeinsam, einen Heiratsantrag machten und sie nach Amerika kommen ließen. Das muss in der Mitte des 19. Jahrhunderts ein heikles Abenteuer gewesen sein.

Oskars und Rebeccas Kinder wurden in New York geboren. Sie bekamen drei Töchter, Nanette (1861), Fanny (1862) und Rosie (1867), und einen Sohn, Hugo (1870). Nach Oskar Loewis Tod 1875 kehrten Rebecca und ihre Kinder nach Europa zurück. Sie ließen sich zunächst in Deutschland nieder, wahrscheinlich in Frankfurt, danach, 1882, in Paris.

Léon Frank, der elf Jahre jüngere Bruder von Rebecca, zog im Mai 1879 von Landau aus nach Paris. Er lernte bei einem Familientreffen seine Nichte Nanette kennen, Rebeccas älteste Tochter. Sie heirateten am 12. Januar 1882. Nanette zog im Mai 1882 zu ihrem Ehemann nach Paris. Das Paar wohnte in einem Appartement an der Rue Rossini Nr. 3. Dort wurden ihre Söhne geboren: Oscar (1883), Georges-Ottmar (1887) und Jean-Michel (1895).

Vermutlich wurden die beiden älteren Brüder Jean-Michels nach ihrem Großvater Oskar Loewi beziehungsweise ihrem Onkel Ottmar Loewi benannt. Jean-Michel selbst wurde nach dem Bruder seines Vaters Michael / Michel benannt.

Nanettes Schwester Fanny Loewi lernte über Léon Frank in Paris den Effektenhändler Willy Wolfsohn kennen. Beide, Léon Frank und Willy Wolfsohn, waren Partner in dem Teil des Effektenhandels, der *Coulisse* genannt wurde. Ihr Unternehmen hieß Frank, Wolfsohn & Co. Willy Wolfsohn und Fanny Loewi heirateten, und 1882 wurde ihre Tochter Olga geboren. Diese Olga heiratete ihrerseits den aus Ungarn stammenden Arthur Spitzer, der sich in kurzer Zeit zu einem der wichtigsten und mächtigsten Bankiers Frankreichs entwickelte.

Ich erwähne diese Personen deshalb so nachdrücklich, weil sie das soziale Umfeld bildeten, in dem Jean-Michel Frank aufwuchs. Willy Wolfsohn war der Geschäftspartner von Jean-Michels Vater. Willys Frau Fanny Loewi war Jean-Michels Tante mütterlicherseits und seine Cousine väterlicherseits. Arthur Spitzer und Olga Wolfsohn spielten eine enorme Rolle im Leben Jean-Michels. Nach dem Tod seines Vaters und seiner beiden älteren Brüder im Jahr 1915 nahmen die beiden Jean-Michel bei sich auf. Arthur Spitzer war Jean-Michels Hauptstütze während seines ganzen Lebens. Arthur beriet Jean-Michel und unterstütze ihn finanziell bei der Gründung seines eigenen Unternehmens in den dreißiger Jahren.

Um den Überblick über die oft sehr komplizierten Verwandtschaftsbeziehungen zu behalten, füge ich einen »Stammbaum der Familie Frank« hinzu, in dem ich das Netzwerk der Beziehungen schematisch dargestellt habe. Um den Familienzweig, zu dem Jean-Michel gehörte, besser zu verstehen, werde ich etwas näher auf die Familien Léon Franks und seines Bruders Michael eingehen.

Michael Frank, das achte Kind von Zacharias und Barbara, ließ sich Ende des 19. Jahrhunderts in Frankfurt am Main nieder. Er gründete dort eine Bank, das *Bankgeschäft Michael Frank*. Er heiratete Alice Betty Stern. Sie bekamen vier Kinder: Robert (1886), Otto (1889), Herbert (1891) und Helene (Leni 1893). Robert wurde Kunsthändler. Er heiratete Charlotte Witt. Anfang der dreißiger Jahre wanderten Robert und Charlotte nach London aus, wo Robert seinen eigenen Kunsthandel begann.

Otto Frank wurde für das internationale Geschäftsleben und das Bankgeschäft ausgebildet. Er heiratete 1925 Edith Holländer. Edith wurde 1944 im Konzentrationslager Auschwitz umgebracht, ihre Töchter Margot und Anne im Konzentrationslager

Bergen-Belsen. Otto überlebte den Krieg, ebenfalls seine Brüder Herbert und Robert und seine Schwester Leni. Leni war mit Erich Elias verheiratet, dem Geschäftspartner von Otto Frank. Erich hatte Otto unter anderem bei der Gründung seiner Firma Opekta in Amsterdam im Jahr 1933 geholfen.

Léon und Nanette Frank unterhielten eine enge Beziehung zu Michael und Alice Frank. Die Kontakte zwischen beiden Familien waren intensiver als die mit den anderen Brüdern und Schwestern der Familie Frank. Das wird mit dem Altersunterschied der Geschwister zu tun gehabt haben. Michael und Léon waren das achte beziehungsweise neunte Kind von Zacharias Frank, sie waren nur anderthalb Jahre auseinander, zudem auch mit dem Finanzsektor, in dem beide Karriere machten: Michael war Direktor einer Bank,

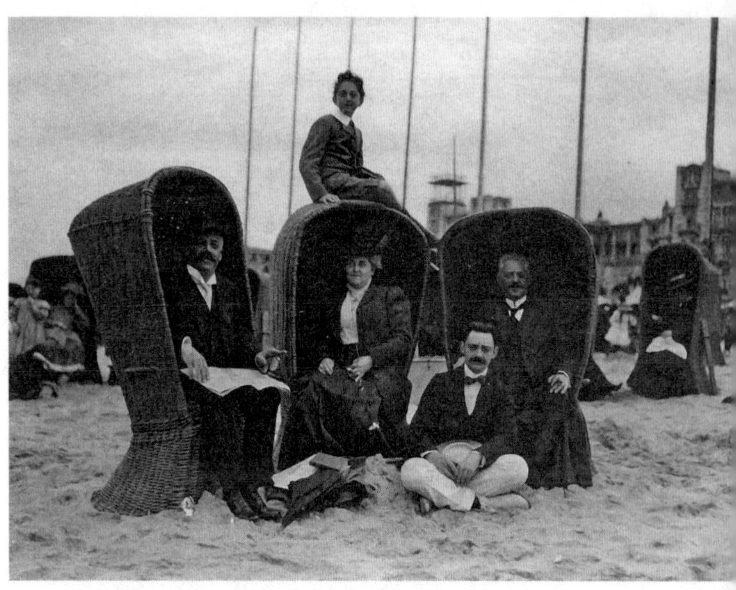

*Die Familie Frank am Strand, ungefähr 1907. Von links nach rechts: Léon Frank, Nanette Frank, ihr Sohn Oscar im Schneidersitz, und Michael Frank. Auf dem Strandsessel seiner Mutter sitzend: Jean-Michel Frank. Foto Anne Frank Stichting Amsterdam/AFF Basel.*

die auf den Devisenhandel spezialisiert war, und Léon war als Coulissier in derselben Branche. Die Brüder nutzten die Tatsache aus, dass der eine in Frankfurt und der andere in Paris wohnte, um ihren Devisenhandel auszubreiten und zu stärken.

Die Familien von Michael und Léon waren vergleichbar. Michael hatte drei Söhne und eine Tochter, Léon hatte drei Söhne. Michaels älteste Söhne Robert (1886) und Otto (1889) waren brillante junge Männer. Das war vielleicht noch mehr der Fall bei Léons ältesten Söhnen Oscar (1883) und Georges-Ottmar (1887), die beispiellose schulische Leistungen mit geschäftlichem und künstlerischem Talent kombinierten. In beiden Familien gab es eine Altersgrenze, die die älteren Brüder von den Nachzüglern trennte. Oscar und Georges-Ottmar waren sieben beziehungsweise zwölf Jahre älter als Jean-Michel, der jüngste Sohn, der mit allerlei körperlichen Beeinträchtigungen kämpfte. Robert und Otto Frank waren fünf beziehungsweise zwei Jahre älter als der etwas kränkliche Herbert und sieben beziehungsweise vier Jahre älter als Leni. Oscar und Georges-Ottmar unterhielten herzliche Kontakte mit Herbert und vor allem mit Leni, aber nicht mit Robert und Otto.

## Stammbaum

**Zacharias Frank** ⚭ **Barbara Hammelfett**

| Zacharias Frank | Barbara Hammelfett |
|---|---|
| * 19.4.1811 | * 28.5.1814 |
| Niederhochstadt | Fürth |
| † 27.7.1884 | † 10.10.1891 |
| Landau | Landau |

KINDER VON ZACHARIAS UND BARBARA

| 1 Rebecca | 2 Jacob | 3 Rosalia | 4 Sophie | 5 Emil | 6 Veronic |
|---|---|---|---|---|---|
| * 25.2.1842 | * 10.8.1843 | * 23.1.1844 | 28.5.1846 | * 21.1.1847 | * 26.3.18 |
| Landau | Landau | Landau | Landau | Landau | Landau |
| ⚭ | † 2.11.1878 | ⚭ | † 8.3.1927 | | † 28.8.18 |
| **Oskar Loewi** | Frankfurt a.M. | **Ottmar Loewi** | Landau | | Landau |
| * 28.9.1830 | | * 3.12.1836 | ⚭ | | |
| Fürth | | Fürth | Leo Loeb | | |
| † 1.11.1875 | | † 23.6.1917 | | | |
| New York | | | | | |

KINDER VON REBECCA FRANK UND OSKAR LOEWI

| 1 Nanette Loewi | 2 Fanny | 3 Rosie | 4 Hugo |
|---|---|---|---|
| * 8.4.1861 | * 3.12.1862 | * 3.2.1867 | * 15.9.1870 |
| New York | New York | New York | New York |
| † 14.10.1928 | † 3.9.1926 | | |
| Paris | ⚭ | | |
| | **Willy Wolfsohn** | | |
| | * 10.8.1849 | | |
| | Raszkow (Polen) | | |
| | † 22.4.1920 | | |
| | Lausanne | | |

KIND VON FANNY LOEWI UND WILLY WOLFSOHN

**Olga Wolfsohn**
* 5.11.1882
Paris
† 9.1.1971
Paris
⚭
**Arthur Spitzer**
* 16.11.1871
Sopron (Ungarn)
† 1.10.1944
Pau

**rnold**
.5.1850
dau
5.9.1872
dau

**8 Michael**
* 9.10.1851
Landau
† 17.9.1909
Frankfurt a.M.
⚭
**Alice Betty Stern**
* 20.12.1865
Frankfurt a.M.
† 20.3.1953
Basel

**9 Leon**
* 27.5.1853
Landau
† 11.11.1915
Paris
⚭
**Nanette Loewi**
* 8.4.1861
New York
† 14.10.1928
Paris

**10 Carolina** (Lina)
* 23.4.1854
Landau
† 20.10.1930
Luxemburg
⚭
**Albert Reinhard**

**11 Caroline**
* 17.7.1855
Landau
† 29.11.1928
Frankfurt a.M.
⚭
**Ferdinand Emanuel**

KINDER VON MICHAEL FRANK UND ALICE BETTY STERN

**1 Robert**
* 7.10.1886
Frankfurt a.M.
† 23.5.1953
London
⚭
**Charlotte Witt**
* 26.1.1900
Magdeburg

**2 Otto**
* 12.5.1889
Frankfurt a.M.
† 19.8.1980
Basel
⚭
**Edith Holländer**
* 16.1.1900
Aachen
† 6.1.1945
KZ Auschwitz

**3 Herbert**
* 13.10.1891
Frankfurt a.M.
† 20.3.1987
Basel

**4 Helene** (Leni)
* 8.9.1893
Frankfurt a.M.
† 2.10.1986
Basel
⚭
**Erich Elias**
* 6.11.1890
Zweibrücken
† 2.10.1984

KINDER VON LEON FRANK UND NANETTE LOEWI

**1 Oscar**
* 13.5.1883
Paris
† 6.7.1915
Neuville St. Vaast
⚭
**Suzanne Hirsch**
* 22.10.1893
Paris
† 16.8.1945
Algier

**2 Georges-Ottmar**
* 9.12.1887
Paris
† 23.5.1915
Neuville St. Vaast

**3 Jean-Michel**
* 28.2.1895
Paris
† 8.3.1941

KIND VON OSCAR FRANK UND SUZANNE HIRSCH

**Alice Frank**
* 26.10.1914
Paris

IDER VON OTTO FRANK UND EDITH HOLLÄNDER

**Margot Betti**
6.2.1926
nkfurt a.M.
1945
Bergen-Belsen

**2 Anne** (Annelies Marie)
* 26.2.1926
Frankfurt a.M.
† 3.1945
KZ Bergen-Belsen

# FAKTEN UND FIKTION

Jean-Michels Auffassung von Kunst steht im Zeichen der Leere. Diese Leere hängt mit den fatalen Ereignissen zusammen, die ihn im Jahr 1915 trafen: dem Tod seiner beiden Brüder, dem Selbstmord seines Vaters und dem Nervenzusammenbruch seiner Mutter. Diese Ereignisse hängen ihrerseits mit der Verfolgung zusammen, deren Opfer die Juden waren, die am Ende des 19. Jahrhunderts von Deutschland nach Frankreich ausgewandert waren. Zu Beginn des 20. Jahrhunderts war die Judenverfolgung in Frankreich schlimmer als in Deutschland.

Dieses Buch ist der Versuch, einen Eindruck vom tragischen Leben Jean-Michel Franks und von seiner Auffassung der Kunst des Wohndesigns zu vermitteln. Jean-Michel diskutierte oft und gern mit seinen Freunden über sein Kunstverständnis. Diese Diskussionen sind nicht aufgezeichnet worden. In diesem Buch versuche ich, einige dieser Diskussionen nachzuempfinden. Ich stütze mich bezüglich Jean-Michels Ansichten auf Zeugnisse Dritter, auf Interviews, die er gab, auf den Artikel, den er in *Harper's Bazar* veröffentlichte, und auf die vielen Briefe, die er an Freunde und Kollegen schrieb. Was die Meinungen seiner Gesprächspartner betrifft, stütze ich mich auf ihre Memoiren oder Publikationen, in denen sie sich zu Jean-Michel Frank und ihrem eigenen Kunstverständnis äußerten.

Um ein Beispiel zu geben: In Kapitel 16 lasse ich Jean-Michel ein Gespräch mit François Mauriac anlässlich dessen Einrichtung führen, Ende 1930, Anfang 1931. Ich entnahm Mauriacs Argumente einem kritischen Artikel, den Mauriac zu dieser Einrichtung schrieb. Er erschien unter dem Titel »L'esthétique de la sécurité dans le renoncement« in *Art et Médicine*, Oktober 1932, pp. 36–39. Zusätzliche Informationen entnahm ich dem Briefwechsel zwischen Mauriac und Jean-Michel Frank über Mauriacs neues Interieur und den Tagebucheinträgen, in denen ein Freund Mauriacs, der Maler Jacques Émile Blanche, sich abschätzig über Mauriacs neue Einrichtung ausließ (François Mauriac & Jacques-Émile Blanche, *Correspondance 1916–1942*, Grasset, Paris 1976, pp. 38–40).

Ebenso begründe ich die Geschichte der gemeinsamen Ferien von Jean-Michel Frank und Mireille Havet im Sommer 1923 auf Capri (Kapitel 8). Ich entnahm die Fakten aus Mireille Havets Tagebuch, *Journal 1919–1924*, Éditions Claire Paulhan, Paris 2005, in dem sie diese Ferien ausführlich beschrieb.

Piet Mondrians Theorien, die ich teilweise Jean-Michel Frank in den Mund lege (Kapitel 9 und 14), teilweise dem Künstler selbst (Kapitel 24), sind buchstäblich Publikationen Mondrians entliehen, veröffentlicht in Harry Holzman, Martin James, *The New Art – The New Life: The Collected Writings of Piet Mondrian,* Thames and Hudson, London 1987.

Die erstaunliche Auffassung, die Salvador Dalí in Kapitel 21 bezüglich Adolf Hitler vorbringt, habe ich Dalís Äußerungen in seiner Autobiographie entnommen, *La vie secrète de Salvador Dalí*, Éditions de La Table Ronde, Paris 1952, und Ian Gibson, *The Shameful Life of Salvador Dalí*, Faber and Faber, London 1997.

# PERSONEN

Ich danke folgenden Personen und Instanzen, die mir beim Schreiben dieses Buches mit Rat und Tat zur Seite standen:
Yves Kugelmann, Anne Frank Fonds Basel.
Comité Jean-Michel Frank, Vorsitzender Thierry Spitzer, stellvertretende Vorsitzende Marie Haddou, Generalsekretär Pierre-Emmanuel Martin-Vivier.
Anne Frank Stichting, Sammlungsleiterin Teresien da Silva, Archivar Erika Prins.
Marie J. Gomes, Sousa Mendes Foundation.
Thomas Kiefer, Archivar des Stadtarchivs Landau.
Paul Lagneau-Ymonet, Maître de Conférence an der Universität Paris-Dauphine, für die Informationen bezüglich der Pariser *coulisse*. Autor (mit Angelo Riva) von *Histoire de la Bourse*, La Découverte, Paris 2012.
Ronald Langer, Archivar des Stadtarchivs Fürth.
Drs. Carl-Eric Linsler, der an einer Dissertation über das Schicksal der Familie Frank um die Zeit des Ersten Weltkriegs arbeitet. Wir haben im Lauf unserer Untersuchung viele Informationen ausgetauscht. Carl-Eric verdanke ich vor allem das Naturalisierungsdossier von Léon Frank und das Denaturalisierungsdossier von Arthur Spitzer, einschließlich der Publikation über Arthur Spitzer in *Le Petit Bleu*. Ferner die *Journeaux des Marches et Opérations* der 28. und 160. Infanterieregimente, zu denen Jean-Michels Brüder Oscar und Georges-Ottmar gehörten.
Theresa Nota, Archives of the City of New York.
Dr. Marijke Peyser für ihre Ratschläge bezüglich Eugenia Errázuiz, festgelegt in ihrer Dissertation *Salvador Dalí et le mécénat du Zodiaque*, Dissertation Universität Utrecht, 2008.

Dagmar de la Tour d'Auvergne für ihre außerordentliche Bereitschaft, mir Einsicht in die Korrespondenz zwischen Jean-Michel Frank und Emilio Terry zu gewähren, die sich in ihrem Besitz befindet.
Erika Verloop, Archivarin des Stadtarchivs Vlaardingen.

# ARCHIVE

*Anne Frank Stichting* Amsterdam: Etwa zehn Briefe von Jean-Michel Frank, Léon Frank, Otto Frank und der Brief des Leutnants Istria von Juli 1915 anlässlich des Todes von Oscar Frank. Außerdem etwa fünfzehn Familienfotos mit Jean-Michel Frank.
*Archives Emilio Terry* im Besitz von Frau Dagmar de la Tour d'Auvergne, Paris. Die Korrespondenz enthält zehn Briefe und Karten, teils undatiert, teils datiert, aus dem Zeitraum 1929–1930. Außerdem Notizen in den Tagebüchern von Emilio Terry anlässlich der Begegnung mit Jean-Michel Frank.
*Archives Nationales*, Pierrefitte-sur-Seine: Einbürgerungsakte Léon Frank, Ausbürgerungsakte Arthur Spitzer.
*Archives of the City of New York*: Sieben Dokumente anlässlich des Todes von Jean-Michel Frank am 8. März 1941.
*Bibliothèque Doucet*, Paris: Brief von Jean-Michel Frank an François Mauriac, als Antwort auf einen eingeschriebenen Brief, in dem Jean-Michel der Preisüberschreitung beschuldigt wird.
*Bibliothèque du Musée de l'Opéra* in Paris. Der Fonds Kochno-Bérard enthält fünf Briefe von Jean-Michel Frank an Christian Bérard.
*Bibliothèque Nationale de France*, Paris. Im Fonds Léon Pierre-Quint befindet sich die Korrespondenz zwischen Jean-Michel Frank und Léon Pierre-Quint, insgesamt sechsundneunzig Dokumente. Ebenfalls *Le Petit Bleu* vom 11. Juni 1919.
*Collection Nestor Santa-Cruz*, Washington. Ich danke Nestor für seine Bereitschaft, mir zu erlauben, folgende Dokumente aus seinem Besitz zu benutzen: den von Jean-Michel Frank unterzeichneten Artikel in Harper's Bazar vom Februar 1938 und die beiden Skizzen, die Jean-

Michel für die Neugestaltung des Appartements von Eugenia Errázuriz machte.

*Fondation Alberto et Annette Giacometti*, Paris. Die Fondation ist im Besitz von zweiundzwanzig Karten und Briefen, die Jean-Michel Frank in der Zeit zwischen Juli 1931 und September 1940 an Alberto Giacometti schrieb.

*Service Historique de la Défense, Département de l'Armée de Terre* in Paris: Journaux des Marches et Opérations du 28e Régiment d'Infanterie 1915, 27 mai – 1er octobre; 160e Régiment d'Infanterie, 7 septembre 1914 au 7 septembre 1915.

*Stadtarchiv Landau*: Personendaten über die in Landau geborenen Kinder von Zacharias und Babette Frank.

*Stadtarchiv Fürth*: Personendaten über die Brüder Loewi (Oskar, Ottmar und Valentin) und die kompletten Akten ihrer Auswanderung in die Vereinigten Staaten in der Mitte des 19. Jahrhunderts.

# STUDIEN

Von den vielen Buchveröffentlichungen, die ich benutzt habe, nenne ich nur die Studien, die Jean-Michel Frank betreffen. Die wichtigsten schrieb Pierre-Emmanuel Martin-Vivier, der Jean-Michel Frank-Experte schlechthin.

François Baudot, *J. M. Frank*, Éditions Assouline, Paris 1998. Englische Übersetzung 1999, Universe Publishing, New York.
Pierre-Emmanuel Martin-Vivier, *Jean-Michel Frank, l'Étrange luxe du rien*, Norma Éditions, Paris 2006.
Pierre-Emmanuel Martin-Vivier, *Jean-Michel Frank, Un décorateur dans le Paris des années 30*, Norma Éditions, Paris 2009.
Diego Sanchez, *Jean-Michel Frank*, Éditions du Regard, 1997.
Teitelbaum, Mo Amelia, *The Stylemakers, Minimalism and Classic Modernism 1915–1945*, Philip Wilson Publishers, London 2010.

Mirjam Pressler
Gerti Elias

**Grüße und Küsse an alle**

Die Geschichte der Familie von Anne Frank

Band 18410

Wie durch ein Wunder haben zahllose Briefe, Dokumente und Fotos auf dem Dachboden des Hauses der Familie Frank in der Baseler Herbstgasse überlebt und wurden dort vor einiger Zeit entdeckt – ein Sensationsfund. Die wunderbare Erzählerin Mirjam Pressler hat daraus die so einzigartige wie exemplarische Geschichte der deutsch-jüdischen Familie Frank zusammengefügt.

»Dieses Buch porträtiert Anne Franks Vorfahren und ist dabei so reich an schillernden Figuren, dass man meint, man stecke mitten in einem packenden Familienroman.«
*Brigitte*

Fischer Taschenbuch Verlag

fi 18410 / 1

Sarah Thornton
**Sieben Tage in der Kunstwelt**
Aus dem Englischen
von Rita Seuß
Band 18443

Was Robert Altmans Film »Prêt-à-Porter« für die Modewelt war, ist Sarah Thorntons Buch für die Welt des riesigen Boom-Marktes der Gegenwartskunst: Nach welchen Regeln funktioniert sie? Wer entscheidet, welcher Künstler einer der ganz großen (und ganz teuren) wird? Was treibt die Sammler, die Galeristen – und was bedeutet all das für die Kunst und die Künstler selbst?
Mit dem Handwerkszeug einer Ethnologin erkundet Sarah Thornton diese einzigartige Welt aus Kreativität, Geschmack und Macht, aus Status, Hoffnung, Geld und Intrigen. Sie hat mit über 250 Insidern, Künstlern, Galeristen, Kritikern, Kuratoren und Sammlern gesprochen und ist als kritische Beobachterin für eine Zeit selbst Teil der Kunstwelt geworden. Ihr Buch schildert lebensprall und gespickt mit intelligentem Klatsch und Tratsch die Menschen und Institutionen, die die Kunstgeschichte der Zukunft schreiben.

Die glitzernd-glamouröse Welt der Gegenwartskunst:
»Höchst informativ und unterhaltsam.«
*Vogue*



fi 18443 / 1

Dominique Bona

*GALA*

Ein Leben

*Aus dem Französischen von Katrin Seebacher und Una Pfau*

Band 14268

Ihren Namen hat sich Gala, Muse und Ehefrau von Éluard und Dalí, selbst gegeben. Etwas Theatralisches, ja Pompöses haftet ihm an – und als Maske, Meduse und Madonna begegnet uns Gala in den Bildern, die ihre Männer von ihr entwerfen. Paul Èluard, den sie im Sanatorium kennenlernt, besingt in immer neuen Gedichten ihren verführerischen Zauber; Max Ernst, ihr zeitweiliger Geliebter, räumt ihr als einziger Frau einen Platz ein auf seinem berühmten Gemälde »Au rendez-vous des amis«, wo sich die surrealistischen Freunde ein Stelldichein geben; Dalí schließlich, für den sie Mann und Kind verließ, erhebt sie vollends in den Rang einer Göttin. Gala selbst war bemerkenswert schweigsam, was ihre eigene Person betraf. Zeit, das Rätsel des sibyllinischen Wesens zu lösen, fand Dominique Bona. Wer hätte der 18jährigen, nicht einmal besonders schönen Russin, die mutterseelenallein in die Schweiz gekommen war, um dort ihre Tuberkulose auszukurieren, schon prophezeit, daß sie ihre Tage als Gattin eines exzentrischen Genies in einem katalonischen Palast beschließen würde?

Fischer Taschenbuch Verlag

fi 1057 / 5